普通高等教育高职高专"十二五"规划教材

物流信息管理实务
——技术基础与系统实训

主　编　丁传奉
副主编　许　彤　周晟成　王海永

中国水利水电出版社
www.waterpub.com.cn

内 容 提 要

物流信息管理是现代物流管理运作的重要技术基础，本书结合高等职业教育的特点，以技术理论为基础，注重实际应用。全书分为技术基础模块、系统概述模块、系统实训模块三大部分。其中技术基础模块介绍了物流信息管理、条形码技术、射频识别技术、电子数据交换（EDI）技术、地理信息系统（GIS）技术、全球定位系统（GPS）技术；系统概述模块介绍了仓储管理信息系统、运输管理信息系统、配送中心信息系统；系统实训模块分为商务管理操作项目、配送管理操作项目、仓储管理操作项目、运输管理操作项目等内容。

本书适合作为高职高专物流管理专业的教学用书，亦可作为从事物流管理工作有关技术人员的参考用书。

图书在版编目（CIP）数据

物流信息管理实务：技术基础与系统实训/丁传奉主编．—北京：中国水利水电出版社，2012.2（2017.7重印）
普通高等教育高职高专"十二五"规划教材
ISBN 978-7-5084-9457-9

Ⅰ.①物… Ⅱ.①丁… Ⅲ.①物流-信息管理-高等职业教育-教材 Ⅳ.①F253.9

中国版本图书馆 CIP 数据核字（2012）第 019732 号

书　名	普通高等教育高职高专"十二五"规划教材 **物流信息管理实务——技术基础与系统实训**
作　者	主编 丁传奉
出版发行	中国水利水电出版社 （北京市海淀区玉渊潭南路1号D座　100038） 网址：www.waterpub.com.cn E-mail: sales@waterpub.com.cn 电话：（010）68367658（营销中心）
经　售	北京科水图书销售中心（零售） 电话：（010）88383994、63202643、68545874 全国各地新华书店和相关出版物销售网点
排　版	中国水利水电出版社微机排版中心
印　刷	北京嘉恒彩色印刷有限责任公司
规　格	184mm×260mm　16开本　11.5印张　273千字
版　次	2012年2月第1版　2017年7月第2次印刷
印　数	3001—5000册
定　价	**28.00元**

凡购买我社图书，如有缺页、倒页、脱页的，本社营销中心负责调换
版权所有·侵权必究

前言

当前我国的物流业和物流信息化正处在一个加速发展的新时期,物流信息化已成为现代物流的重要内容,物流企业信息化建设问题,也已成为我国所关注、探讨和实践的热点。目前,我国物流企业信息化程度还很低,信息化日益成为制约我国物流企业发展的瓶颈。如何加快物流企业信息化建设,提高我国物流企业信息化水平,是物流界、信息界共同面对的一个重要问题。如何培养造就社会发展需要的物流业合格技能型人才,已成为高等职业教育院校研究的对象。为了适应高职高专院校物流管理专业应用型人才培养的需要,特编写了这本教材。

本书以创新的编排理念、独创的知识结构为基础,采用模块引领项目为主体结构,以项目介绍、走进项目、知识梳理、问题思考、项目实训等进行项目情景学习设计。其编写体现出以下特色:体例风格新颖,结构安排合理;定位准确,突出实践,以项目为核心,以业务流程为主线,贯穿在学习情景中;理论知识简洁明了,突出技能实训;是一部实用、通俗易懂的实务教材。

全书分为技术基础模块、系统概述模块、系统实训模块三部分。其中技术基础模块共分六个项目,主要学习情景介绍必要的理论和技术基础,包括项目 1 物流信息管理、项目 2 条形码技术、项目 3 射频识别技术、项目 4 电子数据交换(EDI)技术、项目 5 地理信息系统(GIS)技术、项目 6 全球定位系统(GPS)技术等;系统概述模块共分三个项目,包括项目 7 仓储管理信息系统、项目 8 运输管理信息系统、项目 9 配送中心信息系统;系统实训模块共分四个项目:包括项目 10 商务管理操作、项目 11 配送管理操作、项目 12 仓储管理操作、项目 13 运输管理操作等。

本书由安徽水利水电职业技术学院丁传奉任主编,中山职业技术学院许彤、江西财经职业技术学院周晟成、国泰安科信息技术有限公司王海永任副主编。其中丁传奉进行教材体例设计,并编写了技术基础模块六个项目、系统实训模块项目 10、项目 13;许彤编写了系统概述模块项目 9、系统实训模块项目 11、项目 12；周晟成编写了系统概述模块项目 7、项目 8；王海永主持了系统实训模块编写和技术指导工作。全书修改、统稿工作由丁传奉完成。

本书在编写过程中吸收和借鉴了大量相关教材，在此向相关作者表示诚挚的感谢！

由于编写时间仓促，加之编者知识面和水平的局限，书中难免有疏漏和不足之处。殷切希望广大读者批评指正。

编者

2012 年 1 月

目　　录

前言

模块一　物流信息管理技术基础

项目1　物流信息管理 ··· 2
　　[项目介绍] ·· 2
　　[走进项目] ·· 2
　　[知识梳理] ·· 4
　　[问题思考] ·· 18
　　[项目实训] ·· 18

项目2　条形码技术 ·· 20
　　[项目介绍] ·· 20
　　[走进项目] ·· 20
　　[知识梳理] ·· 22
　　[问题思考] ·· 33
　　[项目实训] ·· 34

项目3　射频识别技术 ·· 35
　　[项目介绍] ·· 35
　　[走进项目] ·· 35
　　[知识梳理] ·· 37
　　[问题思考] ·· 50
　　[项目实训] ·· 50

项目4　电子数据交换（EDI）技术 ·· 51
　　[项目介绍] ·· 51
　　[走进项目] ·· 51
　　[知识梳理] ·· 53
　　[问题思考] ·· 66
　　[项目实训] ·· 66

项目5　地理信息系统（GIS）技术 ·· 67
　　[项目介绍] ·· 67

　　　　［走进项目］ ………………………………………………………………………… 67
　　　　［知识梳理］ ………………………………………………………………………… 70
　　　　［问题思考］ ………………………………………………………………………… 75
　　　　［项目实训］ ………………………………………………………………………… 75

　项目 6　全球定位系统（GPS）技术 ……………………………………………………… 76
　　　　［项目介绍］ ………………………………………………………………………… 76
　　　　［走进项目］ ………………………………………………………………………… 76
　　　　［知识梳理］ ………………………………………………………………………… 77
　　　　［问题思考］ ………………………………………………………………………… 86
　　　　［项目实训］ ………………………………………………………………………… 86

模块二　物流信息系统概述

　项目 7　仓储管理信息系统 ………………………………………………………………… 88
　　　　［项目介绍］ ………………………………………………………………………… 88
　　　　［走进项目］ ………………………………………………………………………… 88
　　　　［知识梳理］ ………………………………………………………………………… 89
　　　　［问题思考］ ………………………………………………………………………… 90
　　　　［项目实训］ ………………………………………………………………………… 91

　项目 8　运输管理信息系统 ………………………………………………………………… 92
　　　　［项目介绍］ ………………………………………………………………………… 92
　　　　［走进项目］ ………………………………………………………………………… 92
　　　　［知识梳理］ ………………………………………………………………………… 94
　　　　［问题思考］ ……………………………………………………………………… 100
　　　　［项目实训］ ……………………………………………………………………… 100

　项目 9　配送中心信息系统 ……………………………………………………………… 102
　　　　［项目介绍］ ……………………………………………………………………… 102
　　　　［走进项目］ ……………………………………………………………………… 102
　　　　［知识梳理］ ……………………………………………………………………… 104
　　　　［问题思考］ ……………………………………………………………………… 113
　　　　［项目实训］ ……………………………………………………………………… 113

模块三　第三方物流系统实训

　项目 10　商务管理操作 …………………………………………………………………… 121
　　　　［项目介绍］ ……………………………………………………………………… 121
　　　　［实训目的］ ……………………………………………………………………… 121

［实训内容与步骤］……………………………………………… 122
项目 11　配送管理操作 ……………………………………………… 135
　　　［项目介绍］………………………………………………………… 135
　　　［实训目的］………………………………………………………… 136
　　　［实训内容与步骤］……………………………………………… 136
项目 12　仓储管理操作 ……………………………………………… 148
　　　［项目介绍］………………………………………………………… 148
　　　［实训目的］………………………………………………………… 148
　　　［实训内容与步骤］……………………………………………… 148
项目 13　运输管理操作 ……………………………………………… 161
　　　［项目介绍］………………………………………………………… 161
　　　［实训目的］………………………………………………………… 161
　　　［实训内容与步骤］……………………………………………… 161
参考文献 ………………………………………………………………… 176

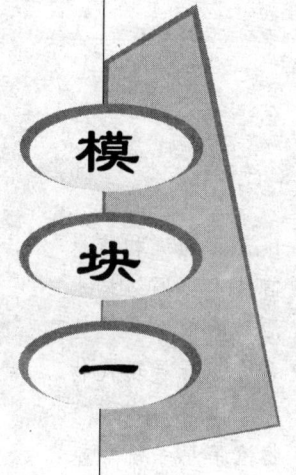

模块一 物流信息管理技术基础

项目1 物流信息管理

现代物流的重要特征是物流的信息化,现代物流也可以看作是实物流和信息流的结合。在现代物流运作过程中,通过使用计算机技术、通信技术、网络技术等手段,大大加快了物流信息的处理和传递速度,从而使物流活动的效率和快速反应能力得到提高。建立和完善物流信息系统,对于构筑物流系统,开展现代物流活动是极其重要的一项工作内容。

本项目主要介绍了现代物流、物流信息、物流信息管理、物流信息系统等基本概念和基本知识,同时也介绍了物流管理信息系统开发的主要方法。

信息化助推天士力

中国加入WTO后,经济的信息化与全球化从根本上改变了中国医药企业的内外关系,医药企业必须快速、及时地应对千变万化的医药市场。谁能快速有效地获取数据信息,并对需求迅速准确地作出反应,谁就能在严酷的全球化竞争中取胜。

天士力集团,自成立伊始,就十分重视企业信息化建设,视信息化为公司发展的推进器,借助信息化推进集团大健康产业深入发展,成为天津市制造业信息化领跑者。

1. 提高生命质量做大健康产业

"天士力集团的发展战略很明晰,就是要全面推进国际化,打造大健康产业第一品牌"。天士力集团信息中心负责人向记者介绍,成立于1994年的天士力集团,在短短的14年时间里,现已发展成为以大健康产业为主线,以制药业为中心,包括现代中药、化学药、生物制药、保健品、功能性食品等,涵盖科研、种植、生产、营销等领域的高科技跨国企业集团。

据了解,天士力集团目前形成了由心脑血管系统用药、肿瘤与免疫系统用药、肠胃肝胆系统用药、抗病毒与感冒用药构成的产品体系。现代中药复方丹参滴丸、养血清脑颗粒、穿心莲内酯滴丸等成为中药市场的知名产品。复方丹参滴丸连续6年销售额超过10

亿元，位居全国中成药单产品年销售额之首。

此外，天士力素来以"追求天人合一，提高生命质量"作为企业理念，从一个药厂发展成为一个高科技跨国企业集团，始终是改革开放、自主创新的排头兵。14年间，天士力率先提出打造现代中药先进数字化制造平台战略目标，创立了现代中药生产的"天士力"模式。自主研发的制造体系，具有完全自主知识产权，成为国内最大滴丸生产基地；率先在国内建立了GAP药源基地，首批获得国家GAP（中药种植质量管理规范）认证；第一个提出并建立了中药提取质量管理规范GEP，解决了现代中药有效成分萃取，毒性成分、重金属含量和农残的纯化处理问题，并以此建立了完备的产业链。如今，他们又提出了大健康产业战略，开拓医药行业经济发展新方式。

2. 信息化有利于提高企业竞争力

天士力集团信息中心负责人向媒体介绍，天士力发展大健康产业，打造的是高科技的跨国企业集团，提高企业核心竞争力。在这样明确的战略目标下，天士力不仅需要研究大健康产品，同时需要强调产业链概念，迫切需要通过信息化与工业化的融合，通过IT系统对企业的业务流程和管理流程的全面支撑，提供快捷、安全、优质的信息服务，实现运营和管理、决策能力的全面提升，进而提高运营效率、降低运营成本，从而真正提高企业核心竞争力。基于此，天士力集团自成立伊始，就十分重视企业信息化建设，视信息化为公司发展的推进器。1998年开始使用计算机进行销售业务管理，2000年初开始在股份公司实施和利用ERP系统，2002年成立集团信息中心对集团信息化建设进行统一的规划、管理，2003年承接国家高技术研究发展计划（863计划）课题研究，开始实施物流条码管理系统、一卡通系统、生产物流大屏看板系统、供应商JIT送货系统。2005年在集团总体IT规划的指导下，全面启动"天士力现代中药企业信息化建设工程"项目，开始企业网络基础设施、数据中心、应用系统等各系统的建设与优化。

"目前已完成集团局域网的升级改造，完成集团广域网和NAS/SAN数据中心的规划建设，集团信息化不断完善。2007年，天士力集团展开对'集团财务信息化'系统的选型工作，分为方案选型、产品与技术选型、典型用户考察三个阶段。天士力集团选型小组成员付出了极大的辛苦，认真考察每一个供应厂商。用友软件凭借在三个阶段的鼎立配合与卓越表现，从国内、国外众多管理软件厂商中脱颖而出，最终中标天士力集团—集团财务信息化系统项目。2007年10月10日，双方项目组召开项目启动会，并就集中财务核算、合并报表、预算管理、资金管理、决策支持系统等内容结成战略合作伙伴。合作至今，集中财务核算、合并报表、资金管理已正式上线应用，双方项目组正在就预算管理展开更为深入的合作，相信与用友软件的合作能对天士力在财务核算体系、核算制度方面做到标准化、规范化的同时，并对降低整体集团财务风险、加强企业内控起到关键作用。"该负责人说。

3. 信息化实现企业的飞速发展

该负责人告诉媒体，通过集团系列信息管理系统的实施应用，使企业极大地加强了对人流、物流、资金流、信息流的有序及有效监控管理，提高了有限资源的共享利用率，实现了企业资源的优化配置，很大程度地节约了企业运营成本，实现更多的营业利润。

该负责人同时表示，实施信息化后，他深刻体会到信息化对一个企业所起到至关重要的作用，可以说信息化是实现企业飞速发展的重要一步。"有了信息化，能够让企业各层管理人员和工作人员从繁重、琐碎的人工管理劳动中解放出来，提高工作效率和管理效率；有了信息化，企业经营的关键业务流程得到了梳理，有力地推动了整个集团范围内的业务流程重整和信息共享；有了信息化，海外合作渠道的不断拓展，为现代中药进军国际主流医药市场奠定了坚实基础；有了信息化，有效增加员工与客户的沟通，把握客户信息，提高客户服务水平，从而提高客户满意度，同时根据客户的偏好动态，及时提高产品质量，减少成本投入，安排最佳生产计划，能够更好的让利用户，消费者也能得到具体的实惠。"

知识梳理

一、现代物流

1. 含义

什么是现代物流？现代物流不仅单纯的考虑从生产者到消费者的货物配送问题，而且还考虑从供应商到生产者对原材料的采购，以及生产者本身在产品制造过程中的运输、保管和信息等各个方面，全面、综合性地提高经济效益和效率的问题。现代物流追求的是产品供应链整体的最优，效率、效益、成本和服务质量的不断追求完善。同时，现代科学技术融入物流中，形成了以信息技术为支撑、物流信息网络平台为特征的物流。因此，现代物流是以满足消费者的需求为目标，把制造、运输、销售等市场情况统一起来考虑的一种战略措施。这与传统物流把它仅看作是"后勤保障系统"和"销售活动中起桥梁作用"的概念相比，在深度和广度上又有了进一步的含义。

因此，现代物流指的是将信息、运输、仓储、库存、装卸搬运以及包装等物流活动综合起来的一种新型的集成式管理。可以说，现代物流是指在信息网络平台基础上，以信息技术为支撑，对各种物流资源进行优化处理，最大限度地降低物流成本，提高物流效率，满足客户对物流服务的需求过程。

2. 现代物流的主要特征

根据国外物流发展情况，将现代物流的主要特征归纳为以下几个方面：

（1）物流反应快速化。物流服务提供者对上游、下游的物流、配送需求的反应速度越来越快，前置时间越来越短，配送间隔越来越短，物流配送速度越来越快，商品周转次数越来越多。

（2）物流功能集成化。现代物流着重于将物流与供应链的其他环节进行集成，包括：物流渠道与商流渠道的集成、物流渠道之间的集成、物流功能的集成、物流环节与制造环节的集成等。

（3）物流服务系列化。现代物流强调物流服务功能的恰当定位与完善化、系列化。除了传统的储存、运输、包装、流通加工等服务外，现代物流服务在外延上向上扩展至市场调查与预测、采购及订单处理，向下延伸至配送、物流咨询、物流方案的选择与规划、库存控制策略建议、货款回收与结算、教育培训等增值服务；在内涵上则提高了以上服务对决策的支持作用。

(4) 物流作业规范化。现代物流强调功能、作业流程、作业、动作的标准化与程式化，使复杂的作业变成简单的易于推广与考核的动作。

(5) 物流目标系统化。现代物流从系统的角度统筹规划一个公司整体的各种物流活动，处理好物流活动与商流活动及公司目标之间、物流活动与物流活动之间的关系，不求单个活动的最优化，但求整体活动的最优化。

(6) 物流手段现代化。现代物流使用先进的技术、设备与管理为销售提供服务，生产、流通、销售规模越大，范围越广，物流技术、设备及管理越现代化。计算机技术、通信技术、机电一体化技术、语音识别技术等得到普遍应用。世界上最先进的物流系统运用了 GPS（全球卫星定位系统）、卫星通信、射频识别装置（RF）、机器人，实现了自动化、机械化、无纸化和智能化，如 20 世纪 90 年代中期，美国国防部（DOD）为在前南地区执行维和行动的多国部队提供的军事物流后勤系统就采用了这些技术，其技术之复杂与精坚堪称世界之最。

(7) 物流组织网络化。为了保证对产品促销提供快速、全方位的物流支持，现代物流需要有完善、健全的物流网络体系，网络上点与点之间的物流活动保持系统性、一致性，这样可以保证整个物流网络有最优的库存总水平及库存分布，运输与配送快速、机动，既能铺开又能收拢。分散的物流单体只有形成网络才能满足现代生产与流通的需要。

(8) 物流经营市场化。现代物流的具体经营采用市场机制，无论是企业自己组织物流，还是委托社会化物流企业承担物流任务，都以"服务—成本"的最佳配合为总目标，谁能提供最佳的"服务—成本"组合，就找谁服务。国际上既有大量自办物流相当出色的"大而全"、"小而全"的例子，也有大量利用第三方物流企业提供物流服务的例子，比较而言，物流的社会化、专业化已经占到主流，即使是非社会化、非专业化的物流组织也都实行严格的经济核算。

(9) 物流信息电子化。由于计算机信息技术的应用，现代物流过程的可见性（Visibility）明显增加，物流过程中库存积压、延期交货、送货不及时、库存与运输不可控等风险大大降低，从而可以加强供应商、物流商、批发商、零售商在组织物流过程中的协调和配合以及对物流过程的控制。

3. 现代物流与传统物流的区别

传统物流一般指产品出厂后的包装、运输、装卸、仓储，而现代物流提出了物流系统化或叫总体物流、综合物流管理的概念，并付诸实施。具体地说，就是使物流向两头延伸并加入新的内涵，使社会物流与企业物流有机结合在一起，从采购物流开始，经过生产物流，再进入销售物流，与此同时，要经过包装、运输、仓储、装卸、加工配送到达用户（消费者）手中，最后还有回收物流。可以这样讲，现代物流包含了产品从"生"到"死"的整个物理性的流通全过程。

传统物流与现代物流的区别主要表现在：传统物流只提供简单的位移，现代物流则提供增值服务；传统物流是被动服务，现代物流是主动服务；传统物流实行人工控制，现代物流实施信息管理；传统物流无统一服务标准，现代物流实施标准化服务；传统物流侧重点到点或线到线服务，现代物流构建全球服务网络；传统物流是单一环节的管理，现代物

4. 现代物流业的发展趋势

现代物流的发展趋势呈现出全球化、多功能化、系统化、信息化和标准化的特征，其中信息化是现代物流的核心。现代物流充分利用现代信息技术，打破了运输环节独立于生产环节之外的行业界限，通过供应链建立起对企业产供销全过程的计划和控制，从而实现物流信息化，即采用信息技术对传统物流业务进行优化整合，达到降低成本、提高水平的目的。

（1）第三方物流日益成为物流服务的主导方式。从欧美看，生产加工企业不再拥有自己的仓库，而由另外的配送中心为自己服务，已经成为一种趋势。1998年美国某机构对制造业500家大公司的调查显示，将物流业务交给第三方物流企业的货主占69%（包括部分委托）。同时研究表明，美国33%和欧洲24%的非第三方物流服务用户正积极考虑使用第三方物流服务。

（2）信息技术、网络技术日益广泛用于物流领域，物流与电子商务日益融合。20世纪70年代电子数据交换技术（EDI）在物流领域的应用曾简化了物流过程中繁琐、耗时的订单处理过程，使得供需双方的物流信息得以即时沟通，物流过程中的各个环节得以精确衔接，极大地提高了物流效率。而互联网的出现则促使物流行业发生了革命性的变化，基于互联网的及时准确的信息传递满足了物流系统高度集约化管理的信息需求，保证了物流网络各点和总部之间以及各网点之间信息的充分共享。

（3）物流全球化。物流全球化包含两层含义，一是指经济全球化使世界越来越成为一个整体，大型公司特别是跨国公司日益从全球的角度来构建生产和营销网络，原材料、零部件的采购和产品销售的全球化相应地带来了物流活动的全球化。另一层含义是指，现代物流业正在全球范围内加速集中，并通过国际兼并与联盟，形成愈来愈多的物流巨无霸。1998年，欧洲天地邮政（TNT）以3.6亿美元兼并法国第一大国内快递服务公司Jef Service。1999年，英国邮政以5亿美元兼并德国第三大私人运输公司German Parcel。这些兼并活动不仅拓宽了企业的物流服务领域，同时也大大增强了企业的市场竞争力。

二、物流信息管理

进入21世纪以后，物流业逐渐成为一个国家或地区国民经济的重要产业部门，有些国家和地区甚至把物流业作为区域经济的支柱产业来发展。随着现代物流业的不断发展壮大，物流的信息化管理日益被从业者和管理信息系统提供商所重视。

企业的物流管理很大程度上是对信息的处理，管理组织中存在的大量岗位只是发挥着信息的收集、挑选、重组和转发的"中转站"作用。如果这些工作由专门的信息系统来承担，会变得更快、更准、更全面。物流管理人员和决策人员如何利用现代信息技术，充分发挥现代物流管理理论的作用，已经成为企业所面临的一个不容回避的问题。

（一）物流信息

前面已经阐述了现代物流是指在信息网络平台基础上，以信息技术为支撑，对各种物流资源进行优化处理，最大程度降低物流成本，提高物流效率，满足客户对物流服务的需求过程。它的重要特征是：物流的信息化。它是实物流和信息流的结合。

物流信息是指与物流活动（如运输、仓储、装卸、搬运、包装、流通加工和配送）有关的信息,是反映物流各种活动内容的知识、资料、图像、数据、文件的总称。物流信息的产生与物流活动的开展密不可分,一般是随着从生产到消费的物流活动的产生而产生,与物流过程中的运输、保管、装卸、包装、配送各种职能有机结合在一起,是整个物流活动顺利进行所不可少的重要部分。

物流信息概念的内涵和外延:

(1) 狭义的物流信息。从狭义范围来看,物流信息是指与物流活动(如运输、保管、包装、装卸、流通加工等)有关的信息。在物流活动的管理与决策中,如运输工具的选择,运输路线的确定,每次运送批量的确定,在途货物的跟踪,仓库库存的有效利用,最佳库存数量的确定,订单管理,如何提高顾客服务水平等,都需要详细和准确的物流信息,因为物流信息对运输管理、库存管理、订单管理、仓库作业管理等物流活动具有支持保证的功能。

(2) 广义的物流信息。从广义的范围来看,物流信息不仅指与物流活动有关的信息,而且包括与其他流通活动有关的信息,如商品交易信息和市场信息。

(二) 物流与信息的关系

物流信息是伴随着物流而产生的,经过采集处理、传播形成的"信息流",它引导和调节物流的数量、方向、速度,使物流按规定的目标和方向运动。

物流和信息关系十分密切,物流从一般活动成为系统活动,也赖于信息的作用。如果没有信息,物流则是一个单向的活动;只有靠信息的反馈作用,物流才成为一个有反馈作用的,包括了输入、转换、输出和反馈四大要素的现代系统。

(三) 物流信息的特点

物流信息除了具有准确性、完整性、实用性、共享性、增值性等信息的一般特点外,与其他信息(如:市场信息、生产信息)等相比,因物流的复杂性和相关性,有着自己的特性。

1. 物流信息来源广、信息量大

这是由于物流系统涉及范围广、内容复杂而形成的。由于物流是联系生产和消费(包括生产消费和生活消费)的桥梁,涉及的部门环节众多,从上游的原材料供应商直到生产商再到批发商,一切与企业生产和消费有关的情况都是物流信息的组成部分。

2. 物流信息的时效性强

物流信息动态性强,信息的价值衰减速度快,这就要求物流信息管理工作具有较强的及时性。

3. 物流信息种类多,广泛且繁杂

不仅本系统内部各环节有不同种类的信息,而且由于物流系统与其他系统,如生产系统、销售系统、消费系统等密切相关,因而还必须收集这些类别的信息。因为物流信息的广泛性,所以企业必须对物流信息进行反复的加工处理后,挑选出对企业的经营最有用的物流信息进行管理,并据此来指导企业的物流活动。这本身就是一个复杂的过程。

4. 物流信息间密切的相关性

因为物流本身就与生产流、商流有着密切的关系,如:原材料采购与生产计划的相关性，运输配送情况与企业库存水平的相关性，销售计划与商品库存结构的相关性，所以作为体现物流状况的物流信息在物流各功能环节间存在有密切的联系性。

（四）物流与商流、信息流的关系

1. 物流与商流的关系

物流和商流是从商品流通职能中引申和分解而来的。就生产资料流通来说，商流是指生产资料商品在流通买卖中发生形态变化的过程，即由货币形态转化为商品形态，以及由商品形态转化为货币形态的过程；物流是指生产资料商品物理移动的过程，即伴随商流过程发生的产品从生产地到消费地的移动过程。

商流和物流是同一个生产资料流通过程中相伴发生的两个方面，表现在流通领域中生产资料商品的价值和使用价值的运动，因此商流和物流是互相依存的关系。但是，商流和物流又有不同的内容、特点和规律性，因此可以把商流和物流作为两个独立的范畴加以研究。

一般来讲，商流和物流是前后继起的运动。在商品经济的条件下，商流是物流的前提，而物流是商流的继续和完成。只有通过商流，才能实现产品所有权、支配权、使用权的转移；而在商流的基础上必须通过物流才能实现产品由生产领域向消费领域的运动。因此，物流要受商流的制约，而商流要靠物流来完成。它们之间的相互关系，主要表现在：

（1）商流反映一定生产关系，决定着生产资料流通的社会性质，也决定着物流的社会性质。

（2）流通的实质是实现商品价值和使用价值，商流是实现商品价值形式的更替，物流是实现商品使用价值位置的变换，它们共同保证商品价值和使用价值在流通领域顺利地得到实现。

（3）商流的价值运动方向和规模，决定着物流的使用价值运动的方向和规模，而物流的交通运输、储存、保管、包装等条件，也制约着商流交换中人们彼此接触的范围和广度。

（4）商流阻塞、停滞会直接涉及物流的顺畅与发展，而物流阻塞、不通畅也会直接影响商品到达消费者手中的速度和商品价值实现的时间，影响商流的发展。

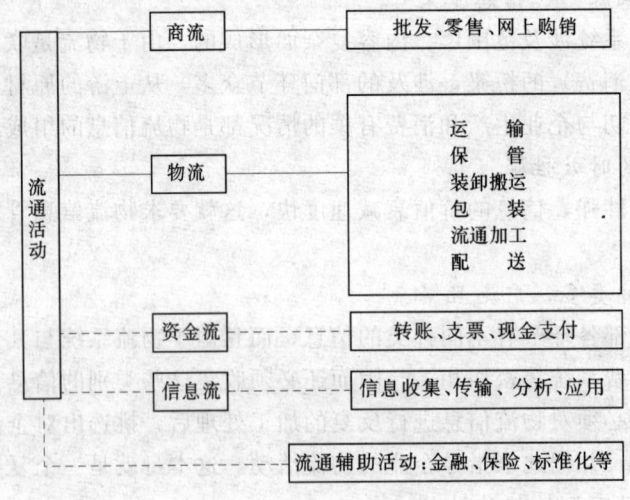

图1-1 商流、物流、资金流和信息流的关系

2. 物流、商流和信息流之间的关系（图 1-1）

物流、商流和信息流是从商品流通内部结构描述流通过程的概念，称为流通过程中的"三流"。物流、商流和信息流之间关系极为密切，可以说，失去了其中任何一"流"，另外两"流"都不会长期存在下去。"三流"是互为依存的前提条件，又是互为依存的基础。具体表现在：

（1）信息流是由商流和物流引起并反映其变化的各种信息、情报、资料、指令等等在传送过程中形成的经济活动。因此，信息是具有价值和使用价值的。没有信息流，商流和物流就不能顺利地进行。

（2）信息流既制约着商流，又制约着物流，是为商流和物流提供预测和决策依据。同时，信息流又是将商流和物流相互沟通，完成商品流通的全过程。

（3）"三流"之间相辅相成，紧密联系，互相促进。因此，"三流"不仅有利于提高流通企业的经济效益，而且也有利于提高社会效益。

流通过程的信息流，从其信息的载体及服务对象来看，又可分成物流信息和商流信息两类。两类信息中，有一些是交叉的、共同的，又有许多是商流或物流所特有的，非共同的信息。商流信息主要包含进行商品交易有关的信息，如资源信息、价格信息、市场信息、资金信息、合同信息、需求信息、付款结算信息等。物流信息则主要是输入、输出物流的结构、流向与流量、库存储备量、物流费用、市场动态等信息。商流中的商品交易、供需合同等信息，不但提供了商品交易的结果，也提供了物流的依据，是两种信息流主要的交汇处。而物流信息中的库存量信息，不但是物流的结果，也是商流的依据，还是两种信息流的交汇处。所以，物流信息不仅作用于物流，也作用于商流，是流通过程不可缺少的预测和决策依据。因此，在商品经济条件下，迅速、准确、完整地掌握商流信息和物流信息就成为企业、部门、地区和国家经济是否能够持续、快速、健康发展的重要前提。

（五）物流信息的分类

1. 按信息产生和作用的领域分类

（1）物流系统内信息。是伴随物流活动而发生的信息，包括物料流转信息、物流作业信息、物流控制层信息和物流管理层信息。其作用不但可以指导下一个物流循环，也可提供于社会，成为经济领域的信息。

（2）物流系统外信息。是指在物流活动以外的其他经济领域、工业领域产生的，对物流活动有作用的信息，主要用于指导物流，包括供货人信息、顾客信息、订货合同信息、交通运输信息、市场信息、政策信息，还有来自企业内生产、财务等部门的与物流有关的环境信息。

2. 按信息的应用性质不同分类

（1）计划信息。指尚未实现的，但已当作目标确认的一类信息，是制定战略决策、方案设计的依据。

（2）控制及作业信息。指物流活动过程中发生的信息，如库存种类、库存量、在运量、运输工具状况、物价、运费等。

（3）统计信息。指在物流活动结束后，对整个物流活动进行总结、归纳的信息。物流统计信息也是国民经济中非常重要的一类信息。

（4）支持信息。指能对物流计划、业务、操作有影响或有关的文化、科技、产品、法律、教育、民俗等方面的信息，如物流技术的革新、物流人才需求等。这些信息不仅对物流战略发展有价值，而且也能对控制、操作起到指导、启发的作用，是可以从整体上提高物流水平的一类信息。

3．按信息的加工程度不同分类

（1）原始信息。指未被加工过的信息，是最有权威性的凭证性信息。采集原始信息是加工信息可靠性的保证。

（2）加工信息。加工信息是对原始信息进行分类、汇总、整理、检索等处理后的信息；这种信息是原始信息的提炼、简化和综合。加工信息对使用者有更大的使用价值。

4．按活动领域分类

物流各个分系统、各不同功能要素领域，由于物流活动性质有区分，信息业有所不同；按这些领域分类，有采购供应信息、仓库信息、运输信息等，甚至更细化分成集装箱信息、托盘交换信息、库存量信息、汽车运输信息等。

5．按在物流活动中的不同作用分

（1）订货信息——采购物流中的最基本信息。订货信息反映了企业对物资（原材料或相关商品）的品种、规格、数量、批量的需求，是进行外部订货或补货作业的基本原始数据。

（2）库存信息——物流活动进行库存分析的基本数据。库存信息反映了企业仓库商品结构、数量、状态等资料，是企业库存水平的集中表现。是企业库存作业中对滞销、畅销商品分析所需要的原始数据之一。

（3）生产信息——有关生产物流方面的相关数据。生产信息反映了企业的生产规模、水平、结构以及产品生产计划和为市场可提供物资的数量、产品在市场上的占有率等情况，是企业进行销售物流分析的基础。

（4）发货信息——企业进行物流运输活动的基本数据。发货信息作为商品实物流动的信号，反映了企业销售物流的形态、规模、方向、状况水平等情况，是企业进行物流运输配送作业计划与安排的主要信息之一。

（5）物流管理信息——物流活动中最重要的信息。通过对上述的有关订货、库存、生产、发货信息从管理控制的角度进行汇总、分析、统计、提炼，就得到了物流管理的相关信息，它是物流管理层进行物流活动具体安排的主要信息依据。

（六）物流信息的作用

物流信息在物流活动中具有十分重要的作用，通过物流信息的收集、传递、存储、处理、输出等，成为决策依据，对整个物流活动起指挥、协调、支持和保障作用，其主要作用有以下几点。

1．沟通联系的作用

物流系统是由许多个行业、部门以及众多企业群体构成的经济大系统，系统内部正是通过各种指令、计划、文件、数据、报表、凭证、广告、商情等物流信息，建立起各种纵向和横向的联系，沟通生产厂、批发商、零售商、物流服务商和消费者，满足各方的需要。因此，物流信息是沟通物流活动各环节之间联系的桥梁。

2. 引导和协调的作用

物流信息随着物资、货币及物流当事人的行为等信息载体进入物流供应链中，同时信息的反馈也随着信息载体反馈给供应链上的各个环节，依靠物流信息及其反馈可以引导供应链结构的变动和物流布局的优化；协调物资结构，使供需之间平衡；协调人、财、物等物流资源的配置，促进物流资源的整合和合理使用等。

3. 管理控制的作用

通过移动通信、计算机信息网、电子数据交换（EDI）、全球定位系统（GPS）等技术实现物流活动的电子化，如货物实时跟踪、车辆实时跟踪、库存自动补货等，用信息化代替传统的手工作业，实现物流运行、服务质量和成本等的管理控制。

4. 缩短物流管道的作用

为了应付需求波动，在物流供应链的不同节点上通常设置有库存，包括中间库存和最终库存，如零部件、在制品、制成品的库存等，这些库存增加了供应链的长度，提高了供应链成本。但是，如果能够实时地掌握供应链上不同节点的信息，如知道在供应管道中，什么时候、什么地方、多少数量的货物可以到达目的地，那么就可以发现供应链上的过多库存并进行缩减，从而缩短物流链，提高物流服务水平。

5. 辅助决策分析的作用

物流信息是制定决策方案的重要基础和关键依据，物流管理决策过程的本身就是对物流信息进行深加工的过程，是对物流活动的发展变化规律性认识的过程。物流信息可以协助物流管理者鉴别、评估经比较物流战略和策略后的可选方案，如车辆调度、库存管理、设施选址、资源选择、流程设计以及有关作业比较和安排的成本—收益分析等，均是在物流信息的帮助下才能作出的科学决策。

6. 支持战略计划的作用

作为决策分析的延伸，物流战略计划涉及物流活动的长期发展方向和经营方针的制订，如企业战略联盟的形成、以利润为基础的顾客服务分析以及能力和机会的开发和提炼，作为一种更加抽象、松散的决策，它是对物流信息进一步提炼和开发的结果。

7. 价值增值的作用

物流信息本身是有价值的，而在物流领域中，流通信息在实现其使用价值的同时，其自身的价值又呈现增长的趋势，即物流信息本身具有增值特征。另一方面，物流信息是影响物流的重要因素，它把物流的各个要素以及有关因素有机地组合并联结起来，以形成现实的生产力和创造出更高的社会生产力。同时，在社会化大生产条件下，生产过程日益复杂，物流诸要素都渗透着知识形态的信息，信息真正起着影响生产力的现实作用。企业只有有效地利用物流信息，投入生产和经营活动后，才能使生产力中的劳动者、劳动手段和劳动对象最佳结合，产生放大效应，使经济效益出现增值。物流系统的优化，各个物流环节的优化所采取的办法、措施，如选用合适的设备、设计最合理路线、决定最佳库存储备等，都要切合系统实际，也即都要依靠准确反映这实际的物流信息。否则，任何行动都不免带有盲目性。所以，物流信息对提高经济效益也起着非常重要的作用。

模块一 物流信息管理技术基础

三、物流信息系统

（一）物流信息系统的定义

物流信息系统是指由人员、计算机硬件、软件、网络通信设备及其他办公设备组成的人机交互系统，其主要功能是进行物流信息的收集、存储、传输、加工整理、维护和输出，为物流管理者及其他组织管理人员提供战略、战术及运作决策的支持，以达到组织的战略竞优，提高物流运作的效率与效益。

物流系统包括运输系统、储存保管系统、装卸搬运、流通加工系统、物流信息系统等方面，其中物流信息系统是高层次的活动，是物流系统中最重要的方面之一，涉及到运作体制、标准化、电子化及自动化等方面的问题。由于现代计算机及计算机网络的广泛应用，物流信息系统的发展有了一个坚实的基础，计算机技术、网络技术及相关的关系型数据库、条码技术、EDI 等技术的应用使得物流活动中的人工、重复劳动及错误发生率减少，效率增加，信息流转加速，使物流管理发生了巨大变化。

（二）物流信息系统产生的背景

随着物流供应链管理的不断发展，各种物流信息的复杂化，各企业迫切要求物流信息化，而计算机网络技术的盛行又给物流信息化提供了技术上的支持。因此，物流信息系统就在企业中扎下了根，并且为企业带来了更高的效率。企业是基于以下背景才大力开发物流信息系统的。

1. 市场竞争加剧

在当今世界中，基本上都是买方市场，由消费者来选择购买哪个企业生产的产品，他们基本上有完全的决策自由。而市场上生产同一产品的企业多如牛毛，企业要想在竞争中胜出，就必须不断地推陈出新，以较低的成本迅速满足消费者时刻变化着的消费需求，而这都需要快速反应的物流系统。要快速反应，信息反馈必须及时，这必然要求企业建立自己的物流信息系统。

2. 供应链管理的发展

现代企业间的竞争在很大程度上表现为供应链之间的竞争，而在整个供应链中，环节较多，信息相对来说就比较复杂，企业之间沟通起来就困难得多。各环节要想自由沟通，达到信息共享，建立供应链物流信息系统就势在必行。

3. 社会信息化

电子计算机技术的迅速发展，网络的广泛延伸，使整个社会进入了信息时代。在这个网络时代，只有融入信息社会，企业才可能有较大的发展。更何况，信息技术的发展已经为信息系统的开发打下了坚实的基础。企业作为社会的一员，物流作为一种社会服务行业，必然要建立属于物流业自己的信息系统。

（三）物流信息系统的分类

1. 按管理决策的层次分类

可分为物流作业管理系统、物流协调控制系统、物流决策支持系统。

2. 按系统的应用对象分类

可分为面向制造企业的物流管理信息系统、面向零售商、中间商、供应商的物流管理信息系统、面向物流企业的物流管理信息系统（3PLMIS）。

3. 按系统采用的技术分类

可分为单机系统、内部网络系统、与合作伙伴、客户互联的系统。

（四）物流信息系统的功能

物流信息系统是物流系统的神经中枢，它作为整个物流系统的指挥和控制系统，可以分为多种子系统或者多种基本功能。通常，可以将其基本功能归纳为以下几个方面。

1. 数据的收集和输入

物流数据的收集首先是将数据通过收集子系统从系统内部或者外部收集到预处理系统中，并整理成为系统要求的格式和形式，然后再通过输入子系统输入到物流信息系统中。这一过程是其他功能发挥作用的前提和基础，如果一开始收集和输入的信息不完全或不正确，在接下来的过程中得到的结果就可能是实际情况完全相左，这将会导致严重的后果。因此，在衡量一个信息系统性能时，应注意它收集数据的完善性、准确性，以及校验能力和预防和抵抗破坏能力等。

2. 信息的存储

物流数据经过收集和输入阶段后，在其得到处理之前，必须在系统中存储下来。即使在处理之后，若信息还有利用价值，也要将其保存下来，以供以后使用。物流信息系统的存储功能就是要保证已得到的物流信息能够不丢失、不走样、不外泄、整理得当、随时可用。无论哪一种物流信息系统，在涉及信息的存储问题时，都要考虑到存储量、信息格式、存储方式、使用方式、存储时间、安全保密等问题。如果这些问题没有得到妥善的解决，信息系统是不可能投入使用的。

3. 信息的传输

物流信息在物流系统中，一定要准确、及时地传输到各个职能环节，否则信息就会失去其使用价值了。这就需要物流信息系统具有克服空间障碍的功能。物流信息系统在实际运行前，必须要充分考虑所要传递的信息种类、数量、频率、可靠性要求等因素。只有这些因素符合物流系统的实际需要时，物流信息系统才是有实际使用价值的。

4. 信息的处理

物流信息系统的最根本目的就是要将输入的数据加工处理成物流系统所需要的物流信息。数据和信息是有所不同的，数据是得到信息的基础，但数据往往不能直接利用，而信息是从数据加工得到，它可以直接利用。只有得到了具有实际使用价值的物流信息，物流信息系统的功能才算发挥。

5. 信息的输出

信息的输出是物流信息系统的最后一项功能，也只有在实现了这个功能后，物流信息系统的任务才算完成。信息的输出必须采用便于人或计算机理解的形式，在输出形式上力求易读易懂，直观醒目。

这五项功能是物流信息系统的基本功能，缺一不可。而且，只有五个过程都没有出错，最后得到的物流信息才具有实际使用价值，否则会造成严重的后果。

四、物流管理信息系统的开发

企业管理信息系统的开发是一个复杂的社会化系统工程，难度较大。它涉及计算机技术、系统理论、组织结构、管理功能、管理知识等各方面的问题。

（一）企业管理信息系统建设的条件

在管理自动化方面，20世纪70年代末80年代初我国一些企业就开始了信息系统的建设。经过多年的努力，一些企业建成了管理信息系统，但总体上说是硬件设备安装的多，软件应用的少；在应用方面，是简单的单项应用多，而能支持管理和决策的应用少。我国管理信息系统的建设难尽人意。

1. 企业要有实际的迫切需要

企业信息系统开发的首要条件是企业真正具有实际的需要。企业开发管理信息系统，投资巨大，技术高新，存在着管理、体制、机构和人的习惯观念、利益机制等社会因素，难度很大。

2. 企业要有自己的技术和管理人才

由于管理信息系统客观上或者本质上是一个"不完整产品"，它的功能可能随着管理体制的变化而增减，它的应用可能随着用户的思维变化而提出新的要求，它的技术由于时间的推移需要更新，它的某些缺陷可能在日后暴露，等等。这个"不完全产品"总需要人维护。

3. 企业要具有一定的管理基础

企业科学合理的管理基础工作是建设管理信息系统的前提，只有在具备合理的管理体制、完善的规章制度、稳定的市场秩序、配套的科学管理方法和完备、准确、系统的数据基础上，才能有效地建立以计算机为基础的管理信息系统。因此，管理信息系统建设与企业管理基础是相辅相成、共同发展的。

（二）管理信息系统开发策略应明确的问题

1. 系统要解决的问题

如采取何种方式解决组织管理和信息处理方面的问题，对企业提出的新的管理需求该如何满足等。

2. 系统可行研究，确定系统所要实现的目标

通过对企业状况的初步调研得出现状分析的结果，然后提出可行性方案并进行论证。可行性论证包括：目标和方案的可行性、技术的可行性、经济方面的可行性和社会影响方面的考虑。

3. 系统开发的原则

在系统开发过程中，应遵循：领导参与、优化创新、实用高效、处理规范化的原则。

4. 系统开发前的准备工作

开发前的人员的组织准备和企业基础准备工作。

5. 系统开发方法的选择和开发计划的制定

目前，管理信息系统的开发方法很多，但任何一种方法都有一定的适用范围，不可能一种方法适合各种应用环境。比较流行的开发方法有生命周期法、原型法、面向对象方法等。开发计划的制定是要明确系统开的工作计划、投资计划、工程进度计划和资源利用计划等。

（三）物流信息系统开发的过程

1. 物流信息系统的开发条件

开发物流信息系统是一项规模较大的系统工程，难度较大。它涉及物流企业内外方方面面的因素，受到各种条件的影响和制约。从众多物流信息系统的开发实践来看，一个成功的物流信息系统开发必须遵循以下几点：

（1）高层管理人士的重视。实践表明，企业高层领导对信息系统开发的介入程度，对系统能成功与否有着直接的影响和决定作用。为了更好地组织和领导系统的开发工作，必须建立由企业高层领导参加的信息系统开发领导团队。

（2）先进的企业管理。物流信息系统的建立，要求企业的管理工作必须跟上内外环境的变化，要求企业有合理的管理体制、完善的规章制度、稳定的业务程序、科学的管理方法和完整准确的基础数据。数据的完整、齐全和真实直接决定了信息的数量和质量。

（3）有必要的投资保证。

（4）具有技术开发团队。信息系统的开发和设计是一项复杂的系统工程，涉及管理、计算机、通信等多个学科。信息系统的设计和开发团队应当既懂得各种信息技术，又要熟悉物流的业务运作流程。

2. 物流信息系统的开发原则

（1）完整性原则。物流的不同层次通过信息流紧密地结合起来，在物流系统中，存在对物流信息进行采集、传输、存储、处理、显示和分析的信息系统。

物流信息管理要保证系统开发的完整性，制订出相应的管理规范，例如开发文档的管理规范、数据格式规范、报表文件规范，以保证系统开发和操作的完整和可持续性。

（2）可靠性原则。系统在正常情况下是可靠运行的，实际上就是要求系统的准确性和稳定性。

系统的准确性依赖于物流信息的精确性和及时性，物流信息必须精确地、及时地反映企业当前的状况和定期活动，以衡量顾客订货和存货水平。

（3）可行性原则。系统目标是系统设计的出发点，制定切实可行的开发目标既可以防止总体规模过大、过高，导致难以实现，又可以避免盲目开发及水平重复建设。系统目标应在调查研究的基础上，并以需求和约束两方面的情况为依据进行合理设计。

（4）经济性原则。软件开发费用必须在保证质量的情况下尽量压缩。一个经济实用的物流信息系统必须层次结构分明，不同层次上的部门和人员，要的可能是不同类型的信息。

另外，必须借助最先进的科学技术。如电子数据交换、互联网技术、现代通信技术、条码技术等，使信息传递速度大大高于传统的方法，实现不同企业之间信息的实时传递。

3. 物流信息系统的开发步骤

物流信息系统的开发过程一般包括系统开发准备、系统调查、系统分析、系统设计、系统实现、系统转换、系统运行与维护、系统评价等步骤。根据开发系统的大小、复杂、投入、方式、方法等因素的不同，各步骤的要求和内容也不同，用户需要根据实际情况进行取舍和计划。

（1）开发准备。系统开发准备工作主要包括提出系统开发要求、成立系统开发小组、制订系统开发计划等工作。

(2) 系统调查。新系统的系统分析与系统设计工作都要建立在对现行系统调查的基础上，即必须调查现行系统的运行情况、问题等，明确用户的需求，特别是合作开发和委托开发方式。其调查的主要内容有：

1) 现行系统概况：该组织的发展历史、目前组织的规模、工作状况、管理水平、与外界的主要联系等。调查该项内容的目的主要是为了划分系统界限、系统与外界的输入输出接口等。

2) 组织机构：画出组织的组织结构图，弄清组织的行政关系、人员编制、工作范围、地理位置等。发现不合理问题及新系统启动后可能对现有组织的影响。

3) 业务流程：按照业务种类的不同和处理时间的先后不同，深入了解现行系统的业务流程，画出现行系统业务流程图，并与业务人员反复讨论，得到认可。调查中要注意定性与定量相结合，注意人、财、物、信息的流向、规格、频率、要求以及需要解决的问题等。

4) 报表、数据处理：了解各种统计报表、数据的格式、内容、处理时间及上报时间、频率、规律，存在的问题，对新系统的要求、希望等并收集各种报表。

5) 问题：现行系统中存在的主要问题和薄弱环节，可以按照严重程度分成不同的等级。新系统的建立应能解决大部分问题，并改善薄弱环节。

6) 新系统的功能和目标：了解各级领导和各类业务工作人员对新系统功能的要求，为进一步完善新系统的目标做准备。

7) 其他：如对新系统的各种约束条件、需要说明的其他问题等。

(3) 系统分析。系统分析（又称逻辑设计）是管理信息系统开发的关键环节，要求在系统调查的基础上，对新系统的功能进行细致的分析，并建立一个新系统的逻辑模型。

新系统的逻辑模型由系统数据流程图、概况表、数据字典、数理逻辑表达式及有关说明组成。最后要完成系统分析报告（也称为系统逻辑设计说明书）。系统逻辑模型就像在根据需要建设一座学校前，按照学校教育的层次（初等、中等、高等）、规模、投资、地理环境、技术水平等条件的要求和约束，先由建筑设计院进行设计，保证学校建成后的各种功能得以实现，之后才能进行工程设计和施工一样。在系统设计阶段要做认真、细致的分析、研究工作，避免新系统在功能上存在先天不足或缺陷。

因为新系统模型是建立在对现行系统的分析及要求的基础上的，所以系统调查工作要进行得深入、细致、全面。用户可以对新系统的逻辑模型提出意见，双方经过讨论、修改，最后达成共识，并完成系统分析报告（系统逻辑设计说明书），经有关领导审批通过之后，转入系统设计（又称系统物理设计）阶段。

(4) 系统设计。系统设计又称系统物理设计。系统设计要根据系统分析报告中的系统逻辑模型综合考虑各种约束，利用一切可用的技术手段和方法进行各种具体设计，确定新系统的实施方案，解决"系统怎么做"的问题。

结构化系统设计是指利用一组标准的图表工具和准则，确定系统有哪些模块，用什么方法连接，如何构成良好的系统结构，并进行系统输入、输出、数据处理、数据存储等环节的详细设计。这一阶段的重点是设计好系统的总体结构，选择最经济合理的技术手段。

系统设计阶段的文件是系统设计报告（又称系统物理设计说明书）。

管理信息系统的开发是一项系统工程，为了保证系统的质量，设计人员必须遵守共同的设计原则，尽可能地提高系统的各项指标（系统可变性、可靠性、工作质量、工作效率、经济性等）。

（5）系统实施与转换。系统实施阶段的主要工作包括：系统硬件的购置与安装、程序的编写（购买）与调试、系统操作人员的培训、系统有关数据的准备和录入、系统调试和转换。

在系统实施阶段要成立系统实施工作量到小组，组织各专业小组组长和有关部门的领导共同编制新系统实施计划。可以应用各种项目管理的软件和方法进行管理，实行项目经理负责制，保证系统实施工作的顺利进行和成功。

硬件的购置和安装包括计算机硬件、外设、网络、电源、机房、环境等有关设备的购买、验收、安装与调试工作等，这些工作主要由专业技术人员完成。

数据准备与录入工作主要是指由手工操作转入计算机处理所需的各种数据的整理、录入及计算机系统中为新系统所用数据的转换工作。数据准备与录入工作要注意数据的准确性，在整理、录入、校验等各个环节把好关，为系统的顺利转换打好基础。

在进行以上各个环节的同时展开人员培训工作，包括管理信息系统只是的普及教育、新制度的学习、计算机操作训练等。使所有人员了解新系统的基本功能、新系统对使用人员的要求、建立管理信息系统的目的、管理信息系统的建立可以为组织和个人带来的帮助和便利、个人在新系统中应该承担的工作等，是用户关心、支持新系统的实现。

（6）系统维护和评价。管理信息系统是一个复杂的人机系统。系统外部环境与内部因素的变化，不断影响系统的运行，这时就需要不断地完善系统，以提高系统运行的效率与服务水平，这就需要自始至终地进行系统的维护工作。

系统评价主要是指系统建成后，经一段时间的运行后，要对系统目标与功能的实现情况进行检查，并与系统开发中设立的系统预期目标进行对比，及时写出系统评价报告。

系统维护与评价阶段是系统生命周期中的最后一个阶段，也是时间最长的一个重要阶段，就像汽车的维护工作好可以延长汽车的使用寿命和提高其使用效率一样，系统维护工作的好坏可以决定系统的生命周期的长短和使用效果。

4. 物流信息系统的开发方法

（1）生命周期法。生命周期法的依据是软件生存期的概念。一个管理信息系统从它的提出、开发、应用到系统的更新，经历了一个从孕育、生长到消亡的过程。这个过程周而复始，循环不息，每一次循环称为它的一个生命周期。

生命周期法是一种自顶向下的结构方法，是目前应用得最普遍、最成熟的一种开发方法。

1）基本思想。用系统的思想和系统工程的方法，按照用户至上的原则，采用结构化、模块化自顶向下对系统进行分析和设计。具体来说，它将整个信息系统开发过程划分为独立的五个阶段，包括系统分析、程序设计、系统测试、运行和维护以及系统评估。这五个阶段构成信息系统的生命周期。

结构化生命周期法就是管理信息系统开发的全过程,按其生命周期分成若干阶段,每个阶段有相对独立的任务,每个阶段与结束都规定了严格的标准。

2) 开发五个阶段。

ⅰ系统开发规划阶段。该阶段的范围是整个业务系统,目的是从整个业务的角度出发确定系统的优先级。

ⅱ系统分析阶段。主要活动包括可行性分析和需求分析,其范围是列入开发计划的单个信息系统开发项目,目的是分析业务上存在的问题,定义业务需求。

ⅲ系统设计阶段。系统设计的目的是设计一个以计算机为基础的技术解决方案以满足用户的业务需求。总体设计的主要任务是构造软件的总体结构;详细设计包括人机界面设计、数据库设计、程序设计。

ⅳ系统实施阶段。系统实施的目的是组装信息系统技术部件,并最终使信息系统投入运行,如用户手册等。包括的活动有编程、测试、用户培训、新旧系统之间的切换等。

ⅴ运行和维护阶段。目的是对系统进行维护,使之能正常地运作。

(2) 快速原型法。主要考虑那些对用户是可见的系统方面的需求描述(如屏幕格式及输入操作过程、输出结果形式等),进而构造了一个初始原型,用户评审该原型,从而可能进一步修改某些需求,根据修改意见调整原型,循环反复使它满足需要。然后演示这个原型(建立工作原型),在用户参与情况下,按照用户的合理而可行的要求,与用户共同调整和完善这些原型,直到用户满意为止,最后成为要开发的信息系统。

原型法的开发过程可分为:确定系统的基本要求和功能——依据、构造初始原型、运行、评价、修改原型、确定原型后处理等如图1-2所示。

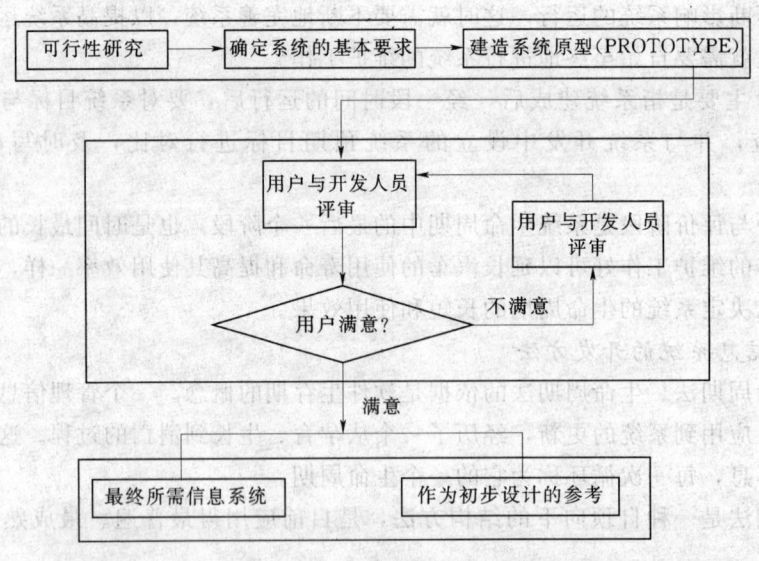

图1-2 原型法的开发过程图

【问题思考】

1. 试述物流信息的定义、特点及分类。

2. 举例说明物流信息在物流系统中的作用。

项目1 物流信息管理

3. 什么是物流信息系统？物流信息系统的特点、类型是什么？
4. 物流信息系统在开发过程中要遵循哪些原则？
5. 试述物流信息系统的开发条件。

【项目实训】

1. 实训目标

(1) 使学生认识物流信息及在日常生活中物流信息技术，理解现代物流企业的竞争力新源泉是什么。

(2) 使学生掌握物流信息的特点，了解物流信息的功能，认识物流信息的分类。

(3) 了解物流管理信息子系统的主要功能。

2. 实训内容与要求

(1) 实训内容。网上搜索相关物流信息管理的相关知识及在物流信息管理在企业中的应用情况。

(2) 实训要求：

1) 每个同学要根据自己在网络搜索相关内容，写出一篇对物流信息管理认识报告。

2) 要求通过课堂学习和网络学习，认识为什么要学习物流信息管理这门课程。

项目2 条形码技术

条形码技术是物流信息管理系统的一部分。应用条形码的主要目的是为了及时而准确地获取信息。通过及时掌握准确的物流信息，实现对客户的需求做出快速响应，从而最大限度地占有市场份额。通过条形码获取货品的信息比人工抄写或键盘输入速度要快得多，准确率也非常高，从而极大地加快货品的流通速度，减少配送过程中的差错。当今在欧美等发达国家兴起的ECR、QR、自动连续补货等供应链管理决策，都离不开条形码的应用。条形码是实现POS系统、EDI、电子商务、供应链管理的技术基础，是物流管理现代化、提高物流企业管理水平和竞争能力的重要技术手段。

本项目主要介绍条码的基本概念和基础知识，以及常用一维条码、二维条码以及商品条码的种类及编码原则，掌握常用物流单元条码的码制类型，了解条码在物流中的应用，学会制作和实际操作条形码。

走进项目

威海华羽服装有限公司物流运作中的条码应用

威海华羽服装有限公司是集产品开发、服装设计、生产加工、产品营销及自营外贸进出口为一体的中型企业，该公司是山东省羽绒服装行业的龙头企业，年生产羽绒系列服装300余万件，销售额每年以近50%的速度增长。无论在企业规模、产品产量、市场占有率等方面，在国内同行业名列前茅，是国内服装业百强企业之一。生产的"寒思"牌羽绒系列服装2002年在国家首次公布的名牌产品中，被评为"中国名牌"产品。公司已经通过ISO 9001（2000）国际质量体系认证、ISO 14001国际环境体系认证。

一、企业面临的问题

由于条码技术具有输入速度快、信息量大、准确度高、成本低、可靠性强等优点，因而发展十分迅速。目前国内知名品牌的服装企业也都在着手解决企业的信息化管理。充分运用条码技术，实现对服装的款式、颜色、规格进行生产计划管理，对物流和质量进行跟踪管理。结合专卖店、计算机信息系统实现及时销售信息管理,研制条码管理软件,实现与企业 ERP 系统数据库有效链接,规范服装业条码管理。随着企业规模的不断扩大,企业的管理面临许多危机,其中服装的生产和销售环节最为迫切。所以急需运用自动识别技术对企业的物流进行跟踪和管理。威海华羽服装有限公司在 2002 年 5 月开始开发商品条码自动识别系统,率先在国内服装业应用条码技术对服装实行物流跟踪管理和产品质量跟踪管理。目前该系统已经正式运行在零售、生产线跟踪、库存管理和销售情况反馈等环节。运行结果表明,系统的设计比较合理,并给企业带来了良好的社会效益和经济效益。

二、系统设计的目的

服装行业的竞争已达到了白热化的程度,而市场竞争对服装的款式设计、面料的选择以及颜色的搭配,都提出了很高的要求,尤其是季节性很强的产品,面临着严峻的挑战。传统方式下那种几个人设计定样,大批量下订单生产,大面积推向市场的做法,已无生存之地。如何及时了解不同地区的流行款式,不同的颜色适应哪种消费群体,如何利用信息渠道的快捷畅通,保证数据传递的准确与真实,几乎是所有具有自己品牌服装企业都在努力解决的问题。就华羽公司而言,在全国有近 20 个销售分公司,产品在北方地区大商场几乎都有专柜,有专卖店近百家,销售商家 1000 多个,公司的产品季节性很强,随着服装品种、服装数量的不断增加,公司管理出现了以下问题:

(1)商品销售货款从商店到办事处再到总公司不能及时回笼,财务账与实物账不能同步生成,物流与资金流分离,导致内部投资和信用风险。

(2)服装在生产、销售等渠道的各个环节丢失、损坏找不到责任人。

(3)由于商品在各个地区销售的价格不同,导致商品串货现象,即商品退货与销售处不能一一对应。

(4)服装销售淡季回收货物不能及时、准确、完整地到位,致使回收的货物混乱。

以上问题,已经严重地影响了公司生产、销售、经营和决策。如何运用现代信息技术为企业强身健体,用信息技术支持企业的决策,已经成为企业目前全力解决的技改项目。为此公司决定开发一套条码自动识别跟踪系统,使得每一件服装生产车间加工完成后贴上条码,通过条码扫描入库,然后由仓库配送到各个分销机构,分销机构收到货物以后,再次进行扫描确认。由分销机构向商店配送。通过专卖店、产品专柜对当天销售的服装实行 POS 机扫描出售,经计算机将销售产品的货号、颜色、规格进行汇总,汇总的结果经互联网传至公司数据库进行统计处理,公司决策层结合每天各地区的销售情况,制定公司营销策略,决定产品的发展目标。

1. 系统设计的原则

为实现公司能对每一件服装自成品检验包装开始至服装的入库、物流到实现销售或有销售退回的产品,有效实现及时的物流跟踪和产品质量跟踪信息管理,系统在条码设计时遵循以下原则:

(1)服装代码的标准化。参照中华人民共和国国家标准 GB 12904—1998《商品条码》、《服装鞋帽标准汇编》和《商品条码管理办法》规定商品条码的编码原则、代码结构等进行代码设计。

(2)根据企业特性建立特殊属性描述。服装企业有其自身的特点,根据产品特殊属性在国标的基础上进行编码。这样做既满足了行业规范化,又兼顾了个体灵活性需求。

(3) 商品代码的唯一性。根据商品的基本特征属性以"一码一物"的原则编码。

基于上述考虑公司对服装进行编码:

1 2 3 4 5 6 7 8 9 10 11 12 13 14 15 16

其中第1位表示加工单位,第2~5位表示产品货号,第6~8位表示规格,第9、10位表示颜色,第11~16位表示序列号。

2. 系统设计

条码技术在服装业物流运作中应用,分两个阶段进行,其中条码技术在分销管理中的应用已经实施。在该阶段条码技术主要用于产品的物流管理和质量管理。

3. 分销阶段的工作流程

打印标签—成品检验贴标签—每件扫描装箱、打印装箱单—封箱贴装箱单—扫描入库、打印入库清单—扫描出库、打印出库清单—分销公司或专卖店入库—分销公司扫描出库打印受订清单或专卖店扫描销售—销售信息统计传回公司—销售退回。

公司在每件产品的标签印上公司标准条形编码,并将每件服装的生产单位、货号、颜色、规格及产品编号内容,用不干胶印制16位128条码表示,产品经检验合格后,贴上产品条码标签。通过对每件服装的扫描进行包装,并相应生成代表本箱服装数量、货号、颜色、规格及时间的箱码。通过扫描箱码对产品物流实现有效控制,通过扫描件码对每件服装实现有效的物流控制和销售控制。无论哪件服装出现质量问题,只要扫描一下件码,就能准确地知道是哪个单位生产,什么时间发货,在哪个商场销售的。通过条码技术,有效地对产品实现了信息管理。

三、公司管理模式的转变

公司借助自动识别系统已经实现商品从生产、内部配送、销售、盘货等环节的一元化管理,使公司的管理模式实现三个转变:从传统的依靠经验管理转变为依靠精确的数字统计分析管理;从事后管理转变为实时管理(隔一段时间进行结算或盘点);从"商品分类"管理(某商品大类或部门的销售总账)转变为"单品"管理(对每一商品项目,如品种、规格、包装样式等细账的管理)。这样一来,公司可随时掌握服装早晚销售情况,以调整计划,组织生产,从而减少脱销和滞销带来的损失,并可加速资金周转,有利于物流管理的现代化。

目前公司正准备实施企业第二阶段ERP系统管理项目。对采购入库的原材料应用条码技术管理。实现自材料的计划、采购、仓储、生产计划安排、车间领用,材料消耗、质量问题处理、过程控制等进行管理。使系统能最大限度减少资金占用,合理安排采购和生产计划,达到信息共享、职责明确、有效控制、提高效率的目的。

知识梳理

一、条码技术概述

自20世纪70年代在全球推广应用的商品条码系统诞生以来,条码技术以种飞速发展的态势占领了从商业到工业、从仓储到流通的几乎所有数据管理的应用领域。

条码技术是条形码自动识别技术的简称。条码技术的核心是条码符号,它是一种十分有效的识别工具,它能方便地被机器识读,以提供准确及时的信息来支持供应链管理中各环节对信息采集和录入的需要,从而改进业务操作,提高工作效率。条码技术被广泛地应用在物品追踪、库存控制、生产流程控制、质量控制、分类、订单输入、送货与收货、仓库管理、运输路线管理、售货点作业等方面。

(一)条码

条码是利用光电扫描阅读设备识读并实现数据输入计算机的一种特殊代码,是由一组按特定规则排列的条、空及其对应字符组成的表示一定信息的符号。条码中的条、空分别由深浅不同且满足一定光学对比度要求的两种颜色(通常为黑、白色)表示。条为深色,空呈浅色。一组条、空和相应的字符代表相同的信息。前者用于机器识读,后者供人直接识读或通过键盘向计算机输入数据使用。这种用条、空组成的数据编码很容易译成二进制和十进制数。这些条和空可以有各种不同的组合方法,从而构成不同的图形符号,即各种符号体系,也称码制,适用于不同的场合。

(二)条形码识别系统的组成

为了阅读出条形码所代表的信息,需要一套条形码识别系统,它由条形码扫描器、放大整形电路、译码接口电路和计算机系统等部分组成,如图2-1、图2-2所示。

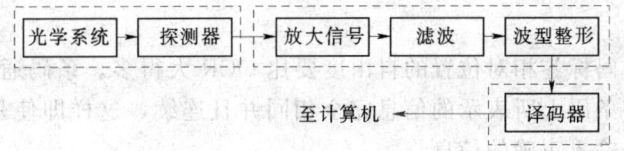

图2-1 条形码识别系统组成

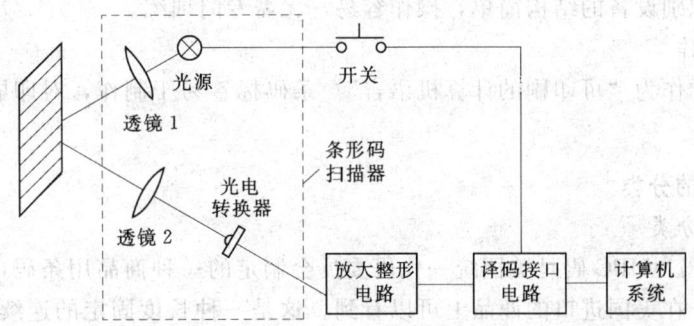

图2-2 条形码识别系统示意图

(三)条形码的工作原理

由于白色反射率比黑色高很多,而且黑白条粗细不同,在用光电扫描器进行扫描后,可通过光电转换设备将这些不同的反射效果转换为不同的电脉冲,从而形成可以传输的电子信息。

在技术上,条码是由一组黑白相间的线条组成。这种线条由若干个黑色的"条"和白色的"空"所组成,其中"条"由于是黑色,对光线反射率低,而"空"由于是白色,对光线反射率较高,再加上条与空的宽度不同,就能使扫描光线产生不同的反射接收效果,在光电转换设备上转换成不同的电脉冲,形成了可以传输的电子信息。由于光的运动速度极快,可以准确无误地对运动中的条码予以识别,并将条码上的商品名称、规格、价格等转换成计算机兼容的二进制以及人们习惯的容易接受的信息。

(四) 条码技术的特点

条码是迄今为止最经济、实用的一种自动识别技术。条码技术具有以下几个方面的优点。

1. 可靠性高

键盘录入数据,出错率为三千分之一,利用光学字符识别技术,出错率约为万分之一,而采用条码扫描录入方式,误码率仅有百万分之一,首读率可达98%以上。

2. 信息采集速度快

普通计算机的键盘录入速度是200字符/min,而利用条码扫描录入信息的速度是键盘录入的20倍。

3. 经济便宜

与其他自动化识别技术相比较,推广应用条码技术,所需费用较低。

4. 灵活、实用

条码符号作为一种识别手段可以单独使用,也可以和有关设备组成识别系统实现自动化识别,还可和其他控制设备联系起来实现整个系统的自动化管理。同时,在没有自动识别设备时,也可实现手工键盘输入。

5. 自由度大

识别装置与条码标签相对位置的自由度要比OCR大得多。条码通常只在一维方向上表达信息,而同一条码上所表示的信息完全相同并且连续,这样即使是标签有部分缺欠,仍可以从正常部分输入正确的信息。

6. 设备简单

条码符号识别设备的结构简单,操作容易,无需专门训练。

7. 易于制作

可印刷,称作为"可印刷的计算机语言"。条码标签易于制作,对印刷技术设备和材料无特殊要求。

(五) 条码的分类

1. 按码制分类

(1) UPC码。UPC码是美国统一代码委员会制定的一种商品用条码,主要用于美国和加拿大地区,在美国进口的商品上可以看到。这是一种长度固定的连续型数字式码制,其字符集为数字0~9。UPC码有两种类型,即UPC—A码和UPC—E码,如图2-3、图2-4所示。

图2-3 UPC—A码

图2-4 UPC—E码

（2）EAN码。这是欧洲经济共同体各国按照UPC码的标准制定的欧洲物品编码，与UPC码兼容，而且两者具有共同的符号体系。EAN码的字符编号结构与UPC码相同，也是长度固定的，连续型的数字式码制，主要应用于商标识别EAN码是国际物品编码协会制定的一种商品用条码，通用于全世界。EAN码符号有标准版（EAN－13）和缩短版（EAN－8）两种，我国的通用商品条码与其等效。我们日常购买的商品包装上所印的条码一般就是EAN码。EAN码是当今世界上广为使用的商品条码，已成为电子数据交换（EDI）的基础，如图2－5、图2－6所示。

6 901234 567892

图2－5　EAN－13码

6901 2341

图2－6　EAN－8码

（3）交叉25码。交叉25码是一种条和空都表示信息的条码，是一种长度可变的连续型自校验数字式码制，其字符集为数字0～9，只应用于包装、运输以及国际航空的机票顺序编号等跟踪系统，如图2－7所示。

（4）39码。39码是一种可表示数字、字母等信息的条码，是目前国内企业内部自定义的码制，主要用于工业生产线领域、图书及票证的自动化管理，目前使用极为广泛，如图2－8所示。

1234567890

图2－7　交叉25码

* 1 2 3 A B C *

图2－8　39码

（5）Code 93码。与39码具有相同的字符集，但它的密度要比39码高，所以在面积不足的情况下，可以用93码代替39码，如图2－9所示。

（6）库德巴码（Code Bar）。出现于1972年，库德巴码也可表示数字和字母信息，主要用于医疗卫生、仓库、血库和航空快递包裹中，如图2－10所示。

BJ100080

图2－9　Code 93码

a000800a

图2－10　库德巴码

（7）128码。开始于1981年推出，是一种长度可变、连续性的字母数字条码。128码的内容大致也分为起始码、资料码、终止码、检查码等四部分，其中检查码是可有可无的。可运用于货运标签、携带式资料库、连续性资料段、流通配送标签等，如图2－11所示。

除上述码外,还有其他的码制,例如 25 码主要用于航空系统机票的顺序编号;11 码主要用于电子元器件标签;矩阵 25 码是 11 码的变形;Nixdorf 码已被 EAN 码所取代;Plessey 码主要用于图书馆等。

图 2-11 128 码

2. 按维数分类

(1) 普通的一维条码。普通的一维条码自本问世以来,很快得到了普及并广泛应用。但是由于一维条码的信息容量很小,如商品上的条码仅能容 13 位的阿拉伯数字,更多地描述商品的信息只能依赖数据库的支持,离开了预先建立的数据库,这种条码就变成了无源之水,无本之木,因而条码的应用范围受到了一定的限制。

(2) 二维条码。一维条码所携带的信息量有限,如商品上的条码仅能容纳 13 位(EAN—13 码)阿拉伯数字,更多的信息只能依赖商品数据库的支持,离开了预先建立的数据库,这种条码就没有意义了,因此在一定程度上也限制了条码的应用范围。基于这个原因,在 20 世纪 90 年代发明了二维条码。二维条码除了具有一维条码的优点外,同时还有信息量大、可靠性高、保密、防伪性强等优点。

美国 SYMBOL 公司 1991 年正式推出名为 PDF417 的二维条码,简称为 PDF417 条码,即"便携式数据文件"(如图 2-12 所示)。PDF417 条码是一种高密度、高信息含量的便携式数据文件,是实现证件及卡片等大容量、高可靠性信息自动存储、携带并可用机器自动识读的理想手段。

PDF417 码具有如下特点:

图 2-12 PDF417 码

1) 信息容量大。根据不同的条、空比例,每平方英寸可以容纳 250~1100 个字符。在国际标准的证卡有效面积上(相当于信用卡面积的 2/3,约为 76mm×25mm),PDF417 码可以容纳 1848 个字母字符或 2729 个数字字符,约 500 个汉字信息。这种二维条码比普通条码信息容量高几十倍。

2) 编码范围广。PDF417 条码将可数字化的信息(照片、指纹、掌纹、签字、声音、文字)等进行编码。

3) 保密、防伪性能好。PDF417 条码具有多重防伪特性,它可以采用密码防伪、软件加密及利用所包含的信息,如照片、指纹等进行防伪,因此具有极强的保密防伪性能。

4) 译码可靠性高、修正错误能力强。普通条码的译码错误率为 2% 左右,而 PDF417 码的误码率不超过 1‰,译码可靠性极高。修正错误能力强,PDF417 条码采用了世界上最先进的数字纠错理论,如果破损面积不超过 50%,条码由于污点、破损等所丢失的信息,可以照常破译出来。

5) 容易制作且成本很低。利用现有的点阵、激光、喷墨、热敏/热转印、制卡机等打印技术,即可在纸张、卡片、PVC,甚至金属表面上印出 PDF417 二维条码。由此所增加的费用仅仅是油墨的成本,因此人们又称 PDF417 是零成本技术。

6) 条码符号的形状可变。同样的信息量,PDF417 条码的形状可以根据载体面积及美工设计等进行自我调整。

（六）条码阅读器

1. 什么是条形码阅读器

条形码阅读器也称为条形码扫描枪、条形码扫描器，是用于读取条形码所包含的信息的一种设备。在电脑输入输出设备中，它和键盘都属于输入设备。

2. 条形码阅读器的种类

（1）按光源不同可以分为虹光条形码阅读器（也称为CCD扫描枪）和激光条形码阅读器。

激光条形码阅读器从扫描速度，扫描距离，扫描灵敏度等都优于虹光条形码阅读器，目前市场上主要应用是激光条形码阅读器。

激光条形码阅读器是利用激光二极管作为光源的单线式扫描器，它主要有转镜式和颤镜式两种。转镜式是采用高速马达带动一个棱镜组旋转，使二极管发出的单点激光变成一线。颤镜式的制作成本低于转镜式，但这种原理的激光枪不易提高扫描速度，一般为33次/s，最高可以达到100次/s。

CCD虹光条形码阅读器是利用光电耦合（CCD）原理，对条形码印刷图案进行成像，然后再译码。它的优势是：无转轴、马达，使用寿命长；价格便宜。

（2）按应用的不同和条形码的类型可分为有线式条码扫描器（一维、二维）、无线条码扫描器（一维、二维）和扫描平台。

3. 条形码阅读器的优点

（1）可靠准确。有资料可查键盘输入平均每300个字符一个错误，而通过扫描条形码录入资料，平均每15000个字符一个错误。如果加上校验位，出错率是千万分之一。

（2）数据输入速度快。键盘输入，一个每分钟打90个字的打字员1.6s可输入12个字符或字符串，而使用条形码，做同样的工作只需0.3s，速度提高了5倍。

（3）经济便宜。与其他自动化识别技术相比较，推广应用条形码技术，所需费用较低。

（4）设备简单，如图2-13所示。

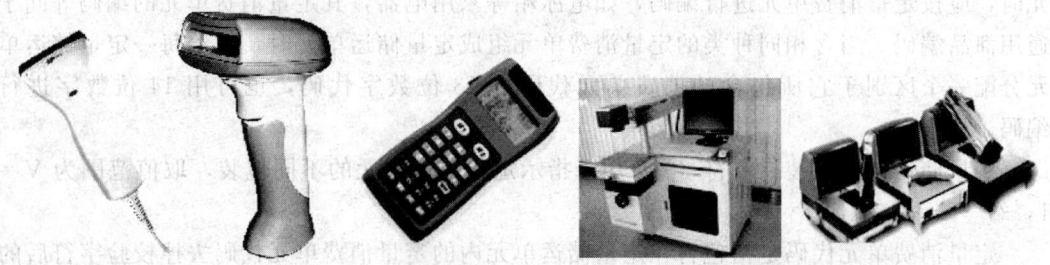

图2-13 各种条码阅读器

二、物流常用条码

以条码符号的形式表示编码，使编码可以自动、快速、准确地采集、识别和处理。表示物流标识编码的条码符号有不同的码制，其中，有的码制只能标识一个内容，而有的码制则能标识更多的内容，用于表示物流标识编码的条码码制主要有商品条码，储运单元条码以及贸易单元128条码等。

1. 商品条码

商品条码是用于标识国际通用的商品代码的条码。包括 EAN 商品条码（EAN-13 商品条码和 EAN-8 商品条码，如图2-14、图2-15所示）和 UPS 商品条码。物流条码应用的是 EAN 码制中的 EAN-13 条码，详见 GB 12904—2003：商品条码。

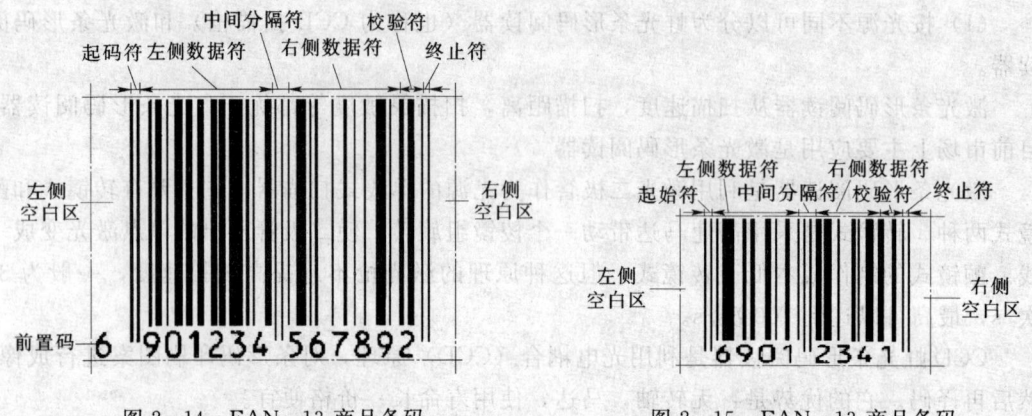

图2-14　EAN-13 商品条码　　　　图2-15　EAN-13 商品条码

商品条码可以做到不同商品的标识不同，同种商品有统一的标识，严格遵循在国际及国内范围里商品与标识的一一对应关系，确保了商品标识的统一性、规范性、通用性和国际性，如图2-11所示。

2. 储运单元条码

储运单元条码是专门表示储运单元编码的一种条码，这种条码常见用于搬运、仓储、订货和运输过程中，一般由消费单元组成的商品包装单元构成。在储运单元条码中，又分为定量储运单元（由定量消费单元组成的储运单元）和变量储运单元（由变量消费单元组成的储运单元）。

定量储运单元一般采用13位或14位数字编码。当定量储运单元同时又是定量消费单元时，应按定量消费单元进行编码，如电冰箱等家用电器，其定量消费单元的编码等同于通用商品编码。当含相同种类的定量消费单元组成定量储运单元时，可给每一定量储运单元分配一个区别于它所包含的消费单元代码的13位数字代码，也可用14位数字进行编码。

定量储运单元包装指示符（V）用于指示定量储运单元的不同包装，取值范围为V=1，2，…，8。

定量消费单元代码是指包含在定量储运单元内的定量消费单元代码去掉校验字符后的12位数字代码。定量储运单元代码的条码标识可用14位交叉二五条码（ITF-14）标识定量储运单元。当定量储运单元同时又是定量消费单元时，应使用 EAN-13 条码表示。也可用 EAN-128 条码标识定量储运单元的14位数字代码。变量储运单元编码由14位数字的主代码和6位数字的附加代码组成，代码结构如图2-16所示。附加代码，取值为LI=9。

附加代码（Q1—Q5）是指包含在变量储运单元内，按确定的基本计量单位（如公斤，米等）计量取得的商品数量。变量储运单元的主代码用 ITF-14 条码标识，附加代码用 ITF-6（6 位交叉二五条码）标识。变量储运单元的主代码和附加代码也可以用 EAN-128 条码标识。

储运单元条码是一种连续型、定长、具有自校验功能，并且条、空都表示信息的双向条码。ITF-14 条码的字符集、条码字符的组成与交叉二五码相同（参见 GB/T 16830-1997）。

图 2-16　储运单元条码

3. 贸易单元 128 条码

目前我国所推行的 128 码是 EAN-128 码，EAN-128 码是根据 EAN/UCC-128 码定义标准将资料转变成条码符号，并采用 128 码逻辑，具有完整性、紧密性、连接性及高可靠度的特性。辨识范围涵盖生产过程中一些补充性质且易变动之资讯，如生产日期、批号、计量等。可应用于货运栈版标签、携带式资料库、连续性资料段、流通配送标签等。

贸易单元 128 条码（以下简称 128 条码）是一种可变长度的连续型条码。有关 128 条码的供人识别字符、质量保证、条码印刷位置以及校验字符值的计算方法参见《GB/T 15429-94》。EAN-128 条码主要用于对应用标识的表示。

EAN-128 条码的字符代码位置必须以人眼可读的形式标在条码符号的上方或下方。校验符不属于数据字符的一部分，因此不以人眼可读的形式标出。

EAN-128 条码符号对相应的数据代码的位置和字符类型不作具体规定，但必须字迹清晰，摆放合理。

当 EAN-128 条码符号与 EAN-13 或者 ITF 条码共同使用时，最好平行地置于 EAN-13 或者 ITF 等主码符号的右侧。在留有足够空白区的条件下，尽可能缩小两个符号间的距离，符号的高度应相同。

如果没有理想的位置，EAN-128 条码符号最好放在主码的附近，并安排合理符号之间的位置关系。EAN-128 条码符号的方向应与主码的符号方向一致。EAN-128 条码主要用于对应用标识的表示。

该商品的重量 14.123kg 通过下一层条码中的（0103）014123 符号加以表现，而保质期 1995 年 8 月 27 日，也通过上一层条码符号中的（15）950827 表现出来。在实际应用中，人们可以通过条码扫描设备，直接将相关数据录计算机系统，加快了数据处理速度，提高了准确性。

贸易单元 128 条码（UCC/EAN-128）是一种可变长度连续型条码，其字符集包括全部 ASCⅡ字符，通过应用标识符可标识所有物流信息。贸易单元条码（UCC/EAN-128），如图 2-17 所示。具体规格见表 2-1 所示。

图 2-17　贸易单元条码

模块一　物流信息管理技术基础

表2-1　　　　　　　　　　　　贸易单元条码规格

代号	码别	长度	说明
A	应用识别码	18	00代表其后之资料内容为运送容器序号,为固定18位数字
B	包装形态指示码	1	3代表无定义的包装指示码
C	前置码与公司码	7	代表EAN前置码与公司码
D	自行编定序号	9	由公司指定序号
E	检查码	1	检查码
F	应用识别码	3	420代表其后之资料内容为配送邮政码应用于仅有一邮政当局
G	配送邮政码		代表配送邮政码

三、条码在物流中的应用

(一)条码在物流领域的应用

随着现代物流业的发展,信息流在物流管理中日益发挥着越来越大的作用,因此,物流信息采集的数字化、自动化显得越来越重要,不同物流运作系统间信息无缝对接和交换也显得越来越重要。因此,制定物流信息传输标准、制定物流标准条码、借助现代技术使物流信息采集与传输达到自动化与标准化非常重要。条码技术已广泛应用于物流活动的各个环节,大大提高了物流作业的效率和减少了差错率。

1. 在运输中应用

现代交通运输已广泛应用条码技术进行运输管理,用条码技术录入货物的品名、规格、数量等数据,促进了运输管理信息化、自动化。国际运输协会规定,货物运输中,物品的包装上必须贴上条码符号,以利于对所运物品进行自动化统计管理。此外,铁路、公路的旅客车票的自动化售票及检票系统,公路收费站的自动化,货运仓库、货场的物流自动化管理等,都必须用条码技术以实现数据采集。

2. 在仓储中的应用

在库存物品上应用条码技术,尤其是在规格包装、集装、托运货物上采用条码技术,入库时自动扫描输入计算机,然后由计算机处理后形成库存信息,并输出入库区位、货价、货位等指令,促进了仓储管理的信息化、自动化。

3. 在配送中的应用

无论是为制造商的零配件、原材料配送,还是为连锁分店超级市场的配送,或为消费者的配送,配送中心都要根据配送指令进行物品包装、分色、挑选、捆绑等作业活动。利用条码技术实行自动化作业,可大大提高配送作业效率和减少差错事故,从而保证及时准确到位地将物品配送到目的地和消费者。

4. 在商场POS系统的应用

现代零售商场广泛采用POS系统进行商场管理,在商品上贴上条码,通过光电扫描读取数据并输入到POS销售点信息管理系统,POS系统能提供精确的销售、库存数据统计资料,有利于及时补充空货,掌握商品销售、库存情况和实行经济核算。为商场快速反馈商品的进、销、存各环节的信息,为经营决策提供依据。POS系统由若干个子系统组成,其中现金提款机是集个人电脑和译码器为一身,既能自动识别条码,又能进行数据处理,而且能打印购物清单,内容包括商品名称、价格、数量、金额及日期等,顾客还可把它作为购物收据。商场可凭此进行商品销售统计,以确定进货计划,保证经营活动的正常进行。由于使用了条码技术,既方便迅速,又保证了信息准确。

(二)条码技术在物流作业中的应用

随着物流行业在国内日益受到重视,物流信息化建设提到了议事日程,条码在物流企业中的应用前景也逐步显现。具体来看,作为物流管理的工具,条形码的物流应用包括配送中心的订货、进货、存放、拣货和出库。

1. 订货作业

以超市价格卡与便利店订货簿的方式为例。在超市的货架上每种商品陈列处都贴着价格卡,其用途有二:一是向顾客告知商品价格;二是可按卡上所注的订货点,指引工作人员计算商品所剩的陈列量是否低于设定的订货点,若需订货,即以手持式条形码扫描器读取价格卡上的商品条形码,就可自动输入商品货号。

连锁总部定期将订货簿发给各便利店,订货簿上有商品名称、商品货号、商品条形码、订货点、订货单位、订货量等,工作人员拿着订货簿巡视各商品以确认所剩陈列数,记入订货量;回到办公室后,用带条形码扫描器的掌上终端机扫描欲订商品的条形码并输入订货量,再用调制器传出订货数据。

2. 配送中心的进货验收作业

对整箱进货的商品,其包装箱上有条形码,放在输送带上经过固定式条形码扫描器的自动识别,可接收指令传送到存放位置附近。对整个托盘进货的商品,叉车驾驶员用手持式条形码扫描器扫描外包装箱上的条形码标签,利用计算机与射频数据通信系统,可将存放指令下载到叉车的终端机上。

3. 补货作业

基于条形码进行补货,可确保补货作业的正确性。有些拣货错误源于前项的补货作业错误。商品进货验收后,移到保管区,需适时、适量地补货到拣货区。避免补货错误,可在储位卡上印上商品条形码与储位码的条形码,当商品移动到位后,以手持式条形码扫描器读取商品条形码和储位码条形码,由计算机核对是否正确,这样即可保证补货作业的正确。

4. 拣货作业

拣货有两种方式,一种是按客户进行拣取的摘取式拣货;另一种是先将所有客户对各商品的订货汇总,一次拣出,再按客户需求分配各商品量,即整批拣取,二次分拣,称为播种式拣货。

对于摘取式拣货作业,在拣取后用条形码扫描器读取刚拣取商品上的条形码,即可确认拣货的正确性。

对于播种式拣货作业,可使用自动分货机,当商品在输送带上移动时,由固定式条形码扫描器判别商品货号,指示移动路线与位置。

5. 交货时的交点作业

交货时的交点作业通常分为两种形式,一种是由配送中心出货前即复点数量;另一种

模块一　物流信息管理技术基础

是交由客户当面或事后确认。

对于配送中心出货前的复点作业，由于在拣货的同时已经以条形码确认过，就无需进行此复点作业了。

对于客户的当面或事后确认，由于拣货时已用条形码确认过，无需交货时双方逐一核对。

6. 仓储配送作业

商品的自动辨识还可以采用磁卡、IC卡等其他方式。但以物流仓储配送作业而言，由于大多数的储存货品都备有条形码，所以用条形码做自动识别与资料收集是最便宜、最方便的方式。商品条形码上的资料经条形码读取设备读取后，可迅速、正确、简单地将商品资料自动输入，从而达到自动登录、控制、传递、沟通的目的。

条码技术在储存管理的效益方面，有登录快速、节省人力，提高物流作业效率，减少管理成本，降低错误率、提高作业质量的优点；可更精确地控制储位的指派与货品的拣取，可方便有效地盘点货品，准确地掌握库存、控制存货；可做到实时数据收集，实时显示，并经计算机快速处理而达到实时分析与实时控制的目的。

（三）条码技术在物流领域中的应用

1. 物料管理

利用条码技术提高物料管理水平：

（1）通过将物料编码，并且打印条码标签，不仅便于物料跟踪管理，而且也有助于合理的物料库存准备，提高生产效率，便于企业资金的合理运用。对采购的生产物料按照行业及企业规则建立统一的物料编码，可杜绝因物料无序而导致的损失和混乱。

（2）对需要进行标识的物料打印其条码标识，以便于在生产管理中对物料的单件跟踪，从而建立完整的产品档案。

（3）利用条码技术对仓库进行基本的进、销、存管理，有效地降低库存成本。通过产品编码，建立物料质量检验档案，产生质量检验报告，与采购订单挂钩建立对供应商的评价。

2. 生产线物流管理

条码生产线物流管理是产品条码应用的基础，它建立产品识别码。在生产中应用产品识别码监控生产采集生产测试、生产质量检查数据，进行产品完工检查，建立产品识别码和产品档案，有序地安排生产计划，监控生产及流向，提高产品下线合格率。

（1）制定产品识别码格式。根据企业规则和行业规则确定产品识别码的编码规则，保证产品规则化、唯一标识。

（2）建立产品档案。通过产品标识条码在生产线上对产品生产进行跟踪，并采集生产产品的部件、检验等数据作为产品信息，当生产批次计划审核后建立产品档案。

（3）通过生产线上的信息采集点来控制生产的信息。

（4）通过产品标识码条码在生产线上采集质量检测数据，以产品质量标准为准绳判定产品是否合格，从而控制产品在生产线上的流向及是否建立产品档案，打印合格证。

3. 分拣运输

铁路运输、航空运输、邮政通信等许多行业都存在货物的分、拣、搬运问题，大批量的货物需要在很短的时间内准确无误地装到指定的车厢或航班;一个生产厂家如果生产上百个品种的产品,并需要将其分门别类,以送到不同的目的地,那么就必须扩大场地,增加人员,还常常会出现人工错误。解决这些问题的办法就是应用物流标识技术,使包裹或产品自动分拣到不同的运输机上。我们所要做的只是将预先打印好的条码标签贴在发送的物品上,并在每个分拣点装一台条码扫描器。

4. 仓储保管

在仓储系统,采用条码技术可以通过应用标识符分辨不同的信息,经过计算机对信息进行处理后,更有利于对商品的采购、保管和销售。

5. 机场通道

当机场的规模达到一个终端要在2h内处理10个以上航班的工作量时,就必须实现自动化,否则会因为来不及处理行李导致误机。在自动化系统中,物流标识技术的优势即充分体现出来,人们将条码标签按需要打印出来,系在每件行李上。条码标签是一个纸牌,系在行李的手把上。根据国际航空运输协会(IAIA)标准的要求,条码应包含航班号和目的地等信息。当运输系统把行李从登记处运到分拣系统时,一组通道式扫描器(通常由8个扫描器组成)包围了运输机上、下、前、后、左、右的各个侧面。扫描器对准每一个可能放标签的位置,甚至是行李的底部,当扫描器读到条码时,会将数据传输到分拣控制器中,然后根据对照表,行李即被自动分拣到目的航班的传送带上。

6. 货物通道

和机场的通道一样,货物通道也是由一组扫描器组成。全方位扫描器能够从上下、前后和左右方向上识读条码。这些扫描器可以识读任意方向、任意面上的条码,无论包裹有多大,无论运输机的速度有多快,无论包裹间的距离有多小,所有制式的扫描器一起运作,决定当前哪些条码需要识读,然后把一个个信息传送给主计算机或控制系统。货物扫描通道为进一步采集包裹数据提供了极好的机会。新一代的货物通道可以以很高的速度同时采集包裹上的条码标识符、实际的包裹尺寸和包裹的重量等信息,且这个过程不需要人工干预。因为包裹投递服务是按尺寸和重量收费的,这些信息对计算营业额十分重要。现在可以准确高效地获取这些信息,以满足用户的需要。

7. 运动中称量

运动中称量与条码自动识别相结合,把电子秤放在输送机上可以得到包裹的重量而不需运输作业或人工处理,使系统能保持很高的通过能力,同时可实时提供重量信息、计算净重、检验重量误差和验证重量范围。在高效的物料搬运系统中,运动中称量可以与其他自动化过程,如条码扫描、标签打印及粘贴、包裹分拣、码托盘、库存管理、发运和其他功能集成在一起。

【问题思考】

1. 试述条形码的定义、特点及分类。
2. 简述条形码与扫描设备在物流中是如何应用的。
3. ENC/UCC应用于哪些领域?
4. 试述常用物流条码有哪些。

模块一 物流信息管理技术基础

【项目实训】

1. 实训目标

（1）使学生认识条形码技术及在物流信息管理中的应用。

（2）使学生掌握条形码技术的特点，认识条形码的分类。

（3）学会制作和使用条形码。

2. 实训内容与要求

（1）实训内容：

1）网上搜索条形码技术相关知识及在企业中的应用情况。

2）上机制作条码以及运用条码进行实际操作。

（2）实训要求：

1）要求每个同学要自己独立上网络搜索相关内容，查阅相关条码技术、相关知识和在物流企业中的应用情况。

2）要求每个同学自己动手制作并打印条形码，利用软件进行实际操作。

3）最后要求通过实训经过，写出一篇实训报告。

项目3 射频识别技术

项目介绍

无线射频技术（RFID）是利用无线电波对记录媒体进行读写的一种识别技术。射频识别的距离可达几十厘米至几米，根据读写方式，可输入数千字节的信息，具有极高的保密性。该技术已广泛应用于工业自动化、商业自动化、交通运输控制管理和物流领域。主要用于生产流水线管理、仓储管理、销售管理、商品防伪、证件防伪、汽车防盗、物品防盗、包裹管理、物品跟踪、运输工具和货架识别等。如香港的车辆自动识别系统采用的就是无线射频技术，当装有电子标签的车辆通过装有射频扫描器的专用隧道、桥梁、高速公路、停车场时，无需停车缴费，大大提高了行车速度，提高了运输效率。

本项目主要介绍了射频识别技术含义、工作原理、组成、特性及其分类，RFID的发展历史及在物流企业中的应用。

走进项目

RFID在昆明烟草物流配送中的应用

21世纪的全球商业竞争已不仅是超越了技术、成本和管理等领域的单项角逐，更是各全球供应链优劣高下的综合竞争。各跨国商业零售巨鳄们对其供应链战略、规划、运营管理、分销中心规划、仓库规划等，不惜投入巨资，运用当今最先进的科学技术，建立快速、高效的运营体系。昆明市烟草公司卷烟销售网络建设就是在这一背景下同步展开的，经过近4年的努力，先后建成了营销中心、电话订货中心、电子结算中心、物流配送中心和稽查服务中心。卷烟销售量逐年稳步上升，企业经济效益大幅度提高。

在销售网络运行初期，由于企业区域供应链运营逐步趋于完全集约经营状态，随着日进出货物数量、品种的逐步增加以及客户需求日趋复杂，造成了人力资源投入增加、仓储管理难度加大、占用资金等诸多不利于集约经营的因素。为此，公司学习借鉴国外先进企业仓储管理经验，应用无线射频识别技术（RFID）技术对卷烟配送中心进行完全数字化仓库建设。

1. 无线射频识别技术（RFID）原理

将货物以托盘为基本数字化管理单位，即托盘上嵌入一个 HF-915MHz 电子标签。这样既不影响货物的外观质量，又提高货物整体数字化平均单位数量，便于实现大批量货物的精确数字化管理。电子标签在物流配送中心的应用，是基于数字仓库管理应用软件、计算机无线网络技术、现代物流立体高架仓库思想等实现的。

2. 数字仓库 RFID 应用流程

进货：当货物通过进货口传送带进入仓库时，每托盘货物信息通过进货口读写器写入托盘，然后通过计算机仓储管理信息系统运算出货位，并通过网络系统将存货指令发到叉车车载系统，按照要求存放到相应货位。

出货：叉车接到出货指令，到指定货位叉取托盘货物。叉取前叉车读写器再次确认托盘货物准确性，然后将托盘货物送至出货口传送带，出货口传送带读写器读取托盘标签信息是否准确，校验无误出货。

通过对物品托盘的货位化管理，全面实现了在平面仓库中先进先出管理，极大程度上提高仓库的存储能力。

3. RFID 简介

电子标签（RFID）具有数据存储功能、容量大、频段高（UHF）、识别距离远等特点。实践证明，昆明市烟草公司采用电子标签要比条码具有投入资金小、可重复使用、每年运营费用低、货物数字化基本单元为托盘批量等优点。

通过以上手段，在数字化仓库管理信息系统中实现了：卷烟的收货管理、卷烟实托盘入库管理、仓库业务管理、卷烟实托盘出库管理、接口服务等软件功能。

4. 运行效果

自从该项目投入运行以来，系统运行稳定。从一段时间系统运行的效果来看，该系统能够较为突出地实现以下几项主要功能：

（1）实现了货物的先进先出管理。

在数字化仓库项目建设以前，原有配送中心仓库库存管理依靠的是手工的方式，只能实现楼层级的管理。根本无法区分各批次的库存货物，从仓库出货时，无法做到货物的先进先出管理，导致部分货物长期存放在仓库中，影响了产品的品质和公司的形象。

数字化仓库建成以后，利用 RFID，无线局域网，数据库等先进技术，可以实现卷烟托盘货位管理。对于每一批入库的货物，其入库时间，存放货位等信息均由系统自动记录，当货物出库时，就可在此基础上实现货物的先进先出管理。

（2）库存实时化管理。

原始卷烟配送中心仓库的库存管理依靠的是手工报表，人工统计的方式来实现，导致公司领导和电话订货中心等相关部门无法及时确切了解仓库的库存信息。此外，随着公司业务的发展，日进出货物数量、品种逐步扩大，客户需求也日趋复杂。能否实现仓库库存的实时化管理已经成为了影响建立快速、高效的运营体系的重要因素。数字化仓库项目建成投入运行以来，极大地改变了这一状况。管理人员和相关部门可以实时、准确地掌握卷烟配送中心仓库的库存情况。仓库库存的实时化管理为公司领导和相关部门的经营决策提供了科学的依据。同时，电话订货中心等相关部门可以实时地掌握仓库中各卷烟品牌、数量的情况，确保每天客户订货以及公司经营顺利进行。在公司卷烟销售网络建设其他项目建设的配合下，目前，公司的卷烟经营一天就可以完成一个（投放计划→电话订货→结算→分拣→配送）销售循环。

(3) 跟踪及图形化管理。

在实现卷烟托盘货位管理的基础上，该系统还能实现物料跟踪及图形化管理的功能。这一功能使得库存物料可以非常直观、迅速地以图形化的方式反映出来。极大地提高了卷烟物品管理的仓储效率和精细度。

(4) 务流程，提高工作效率。

数字化仓库项目建成后，结合计算机技术和托盘管理，在很大程度上优化了卷烟配送中心的业务流程。入库时，货物在传送带上经扫码后，直接堆放在托盘上，由在系统控制下的提升机自动将该托盘送到相应楼层，最后叉车将托盘送到系统分配的货位存放。出库时，叉车根据系统指示，按照先进先出的原则将目标托盘送到提升机，再送至分拣中心进行分拣，通过对托盘的有效管理和运用，减少了卷烟货物的搬运次数和破损几率，提高运行效率。具体来说：实施数字化仓库项目以前，完成4000件卷烟第一次出货工作需要约3~3.5h。在该项目完成之后，这一时间缩短到了约2h。第二次补货出库的时间也由原来的2~2.5h缩短到了约1h。数字化仓库的建设不仅实现了更快地找到所需货物，同时实现了减少商品供应品种中有脱销情况发生、保持了准确的适当存货、杜绝人为操作失误、缩短了供销计划时间，从而减少存货占用资金、降低运费，使零售商的商品销售得到及时的满足。

昆明市烟草公司在建设数字化仓库的过程中，充分利用现有资源，依靠现有网络、无线数据通信、RFID技术、网络技术以及现代物流信息软件等成熟技术，切实提高了公司整体运作水平。实现了集物流、信息流和价值流为一体的综合物流信息管理系统，实现对库存的准确控制，充分利用现有资源，依靠现代物流信息软件技术，使整个仓储系统实现定位管理和优化，最终提升了网建工作的水平，也为烟草企业实现数字商业的目标提供了可供参考的案例。

 **知识梳理**

一、射频识别技术概述

射频识别技术是20世纪90年代开始兴起的一种自动识别技术，自2004年起，全球范围内掀起了一场无线射频识别技术（RFID）的热潮，包括沃尔玛、宝洁、波音公司在内的商业巨头无不积极推动RFID在制造、物流、零售、交通等行业的应用。RFID技术及其应用正处于迅速上升的时期，被业界公认为是21世纪最具潜力的技术之一，它的发展和应用推广将是自动识别行业的一场技术革命。RFID技术在自动收费、货物跟踪、运动计时及航空行李管理等方面应用较为普遍，由于RFID具有可携带大量数据、无需人工干预、标签放置灵活、适应恶劣环境、能够识别高速运动物体以及难以伪造等优点，在要求非接触数据采集和交换的场合,特别是需要频繁改变数据内容的场合尤为适合。

(一)射频技术的基本概念

射频识别技术(RFID)也称为电子标签。是一种非接触的自动识别技术,实验它是通过射频信号自动识别目标对象并获取相关数据信息。识别工作无须人工干预,可工作于各种恶劣环境。RFID 技术可识别高速运动物体并可同时识别多个标签,操作快捷方便。其工作原理基于电磁理论。

(二)射频技术系统的基本组成

射频识别系统在具体的应用过程中,根据不同的应用目的和应用环境,系统的组成会有所不同,但从射频识别系统的工作原理来看,系统一般都由信号发射机、信号接收机、发射接收天线几部分组成。其结构如图 3-1 所示。

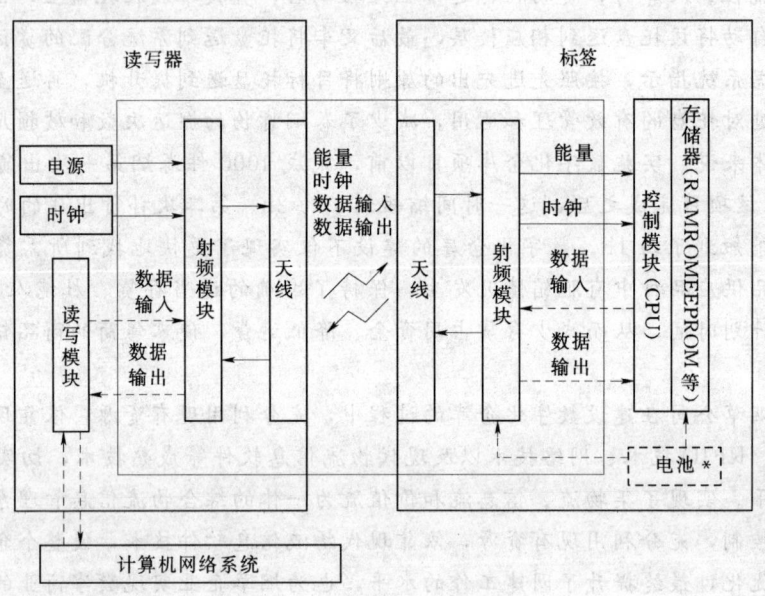

图 3-1 射频识别系统组成

1. 信号发射机(射频标签)

在射频识别系统中,信号发射机为了不同的应用目的,会以不同的形式存在,典型的形式是标签(TAG)。标签相当于条码技术中的条码符号,用来存储需要识别传输的信息,另外,与条码不同的是,标签必须能够自动或在外力的作用下,把存储的信息主动发射出去。标签一般是带有线圈、天线、存储器与控制系统的低电集成电路。

按照不同的分类标准,标签有许多不同的分类。

(1)有源射频标签(主动式标签)、无源射频标签(被动式标签)。

在实际应用中,必须给标签供电它才能工作,虽然它的电能消耗非常低(一般是百万分之一毫瓦级别)。按照标签获取电能的方式不同,可以把标签分成有源射频标签与无源射频标签。

有源射频标签内部自带电池进行供电,它的电能充足,工作可靠性高,信号传送的距离远。另外,有源射频标签可以通过设计电池的不同寿命对标签的使用时间或使用次数进行限制，它可以用在需要限制数据传输量或者使用数据有限制的地方，比如，一年内，标签只允许读写有限次。有源射频标签的缺点主要是标签的使用寿命受到限制，而且随着标签内电池电力的消耗，数据传输的距离会越来越小，影响系统的正常工作。

无源射频标签内部不带电池，要靠外界提供能量才能正常工作。无源射频标签典型的产生电能的装置是天线与线圈，当标签进入系统的工作区域，天线接收到特定的电磁波，线圈就会产生感应电流，在经过整流电路给标签供电。

无源射频标签具有永久的使用期，常常用在标签信息需要每天读写或频繁读写多次的地方，而且无源射频标签支持长时间的数据传输和永久性的数据存储。无源射频标签的缺点主要是数据传输的距离要比主动式标签小。因为无源射频标签依靠外部的电磁感应而供电，它的电能就比较弱，数据传输的距离和信号强度就受到限制，需要敏感性比较高的信号接收器（阅读器）才能可靠识读。

（2）只读标签与可读可写标签。

根据内部使用存储器类型的不同，标签可以分成只读标签与可读可写标签。

只读标签内部只有只读存储器（ROM）和随机存储器（RAM）。ROM 用于存储发射器操作系统说明和安全性要求较高的数据，它与内部的处理器或逻辑处理单元完成内部的操作控制功能，如响应延迟时间控制、数据流控制、电源开关控制等。另外，只读标签的 ROM 中还存储有标签的标识信息。这些信息可以在标签制造过程中由制造商写入 ROM 中，也可以在标签开始使用时由使用者根据特定的应用目的写入特殊的编码信息。这种信息可以只简单地代表二进制中的"0"或者"1"，也可以像二维条码那样，包含复杂的相当丰富的信息。但这种信息只能是次写入，多次读出。只读标签中的 RAM 用于存储标签反应和数据传输过程中临时产生的数据。另外，只读标签中除了 ROM 和 RAM 外，一般还有缓冲存储器，用于暂时存储调制后等待天线发送的信息。

可读可写标签内部的存储器除了 ROM、RAM 和缓冲存储器之外，还有非活动可编程记忆存储器。这种存储器除了存储数据功能外，还具有在适当的条件下允许多次写入数据的功能。非活动可编程记忆存储器有许多种，EEPROM（电可擦除可编程只读存储器）是比较常见的一种，这种存储器在加电的情况下，可以实现对原有数据的擦除以及数据的重新写入。

（3）标识标签与便携式数据文件。

根据标签中存储器数据存储能力的不同，可以把标签分成仅用于标识目的的标识标签与便携式数据文件两种。

对于标识标签来说，一个数字或者多个数字字母字符串存储在标签中，为了识别的目的或者是进入信息管理系统中数据库的钥匙（KEY）。条码技术中标准码制的号码，如 EAN/UPC 码，或者混合编码，或者标签使用者按照特别的方法编的号码，都可以存储在标识标签中。标识标签中存储的只是标识号码，用于对特定的标识项目，如人、物、地点进行标识，关于被标识项目的详细的特定的信息，只能在与系统相连接的数据库中进行查找。

顾名思义，便携式数据文件就是说标签中存储的数据非常大，足可以看作是一个数据文件。这种标签一般都是用户可编程的，标签中除了存储标识码外，还存储有大量的被标识项目其他的相关信息,如包装说明,工艺过程说明等。在实际应用中,关于被标识项目的所有信息都是存储在标签中的,读标签就可以得到关于被标识项目的所有信息,而不用再连接到数据库进行信息读取。另外,随着标签存储能力的提高,可以提供组织数据的能力,在读标签的过程中,可以根据特定的应用目的控制数据的读出,实现在不同的情况下读出的数据部分不同。

2. 信号接收机(读写器)

在射频识别系统中,信号接收机一般叫做阅读器。根据支持的标签类型不同与完成的功能不同,阅读器的复杂程度是显著不同的。阅读器基本的功能就是提供与标签进行数据传输的途径。另外,阅读器还提供相当复杂的信号状态控制、奇偶错误校验与更正功能等。标签中除了存储需要传输的信息外,还必须含有一定附加信息,如错误校验信息等。识别数据信息和附加信息按照一定的结构编制在一起,并按照特定的顺序向外发送。阅读器通过接收到的附加信息来控制数据流的发送。一旦到达阅读器的信息被正确的接收和译解后,阅读器通过特定的算法决定是否需要发射机对发送的信号重发一次,或者知道发射器停止发信号,这就是"命令响应协议"。使用这种协议,即便在很短的时间、很小的空间阅读多个标签,也可以有效地防止"欺骗问题"的产生。

3. 天线

天线是标签与阅读器之间传输数据的发射、接收装置。在实际应用中,除了系统功率,天线的形状和相对位置也会影响数据的发射和接收,需要专业人员对系统的天线进行设计、安装。

(三)射频技术特点

射频识别技术与条形码技术相比,有以下特点。

1. 快速扫描

条形码一次只能有一个条形码受到扫描;RFID辨识器可同时辨识读取数个RFID标签。

2. 体积小型化、形状多样化

RFID在读取上并不受尺寸大小与形状限制,不需为了读取精确度而配合纸张的固定尺寸和印刷品质。此外,RFID标签更可往小型化与多样形态发展,以应用于不同产品。

3. 抗污染能力和耐久性

传统条形码的载体是纸张,因此容易受到污染,但RFID对水、油和化学药品等物质具有很强抵抗性。此外,由于条形码是附于塑料袋或外包装纸箱上,所以特别容易受到折损;RFID卷标是将数据存在芯片中,因此可以免受污损。

4. 可重复使用

现今的条形码印刷上去之后就无法更改,RFID标签则可以重复地新增、修改、删除RFID卷标内储存的数据,方便信息的更新。

5. 穿透性和无屏障阅读

在被覆盖的情况下,RFID能够穿透纸张、木材和塑料等非金属或非透明的材质,并能够进行穿透性通信。而条形码扫描机必须在近距离而且没有物体阻挡的情况下,才可以辨读条形码。

6. 数据的记忆容量大

一维条形码的容量是 50Bytes，二维条形码最大的容量可储存 2～3000 字符，RFID 最大的容量则有数 MegaBytes。随着记忆载体的发展，数据容量也有不断扩大的趋势。未来物品所需携带的资料量会越来越大，对卷标所能扩充容量的需求也相应增加。

7. 安全性好

由于 RFID 承载的是电子式信息，其数据内容可经由密码保护，使其内容不易被伪造及变造。

近年来，RFID 因其所具备的远距离读取、高储存量等特性而备受瞩目。它不仅可以帮助一个企业大幅提高货物、信息管理的效率，还可以让销售企业和制造企业互联，从而更加准确地接收反馈信息，控制需求信息，优化整个供应链。

二、射频识别系统工作原理

标签进入磁场后，解读器发出射频信号，标签凭借感应电流所获得的能量发出存储在芯片中的产品信息，或者标签主动发送某一频率的信号。解读器读取信息并解码后，送至中央信息系统进行有关数据处理，如图 3-2 所示。

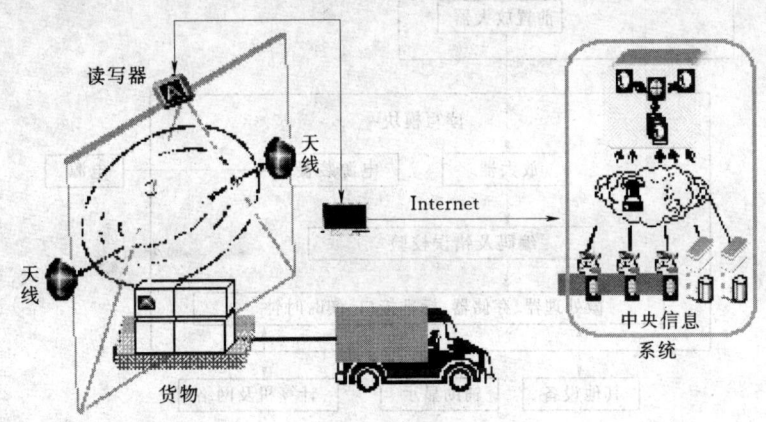

图 3-2 射频识别系统工作原理

（一）射频标签

射频识别标签一般由天线、调制器、编码发生器、时钟及存储器组成，如图 3-3 所示。时钟把所有电路功能时序化，以使存储器中的数据在精确的时间内传输至读写器，存储器中的数据是应用系统规定的唯一性编码，在标签安装在识别对象（如集装箱、车辆、动物等）前就已写入。数据读出时，编码发生器把存储器中存储的数据编码，调制器接收由编码发生器编码后的信息，并通过天线电路将此信息发射/反射至读写器。数据写入时，由控制器控制，将天线接收到的信号解码后写入存储器。

通常射频识别标签应具有以下功能：

（1）具有一定容量的存储器，用以存储被识别对象的

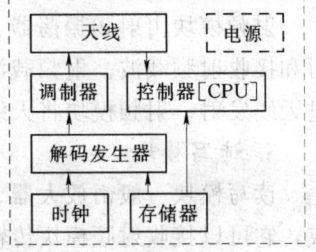

图 3-3 射频识别标签组成

信息。

(2) 在一定工作环境下及技术条件下标签数据能被读出或写入。

(3) 维持对识别对象的识别及相关信息的完整。

(4) 数据信息编码后,工作时可传输给读写器。

(5) 可编程,且一旦编程后,永久性数据不能再修改。

(6) 具有确定的使用期限,使用期限内无需维修。

(7) 对于有源标签,通过读写器能显示出电池的工作状况。

(二) 射频读写器的构成及功能

读写器一般由天线、射频模块、读写模块组成,如图3-4所示。

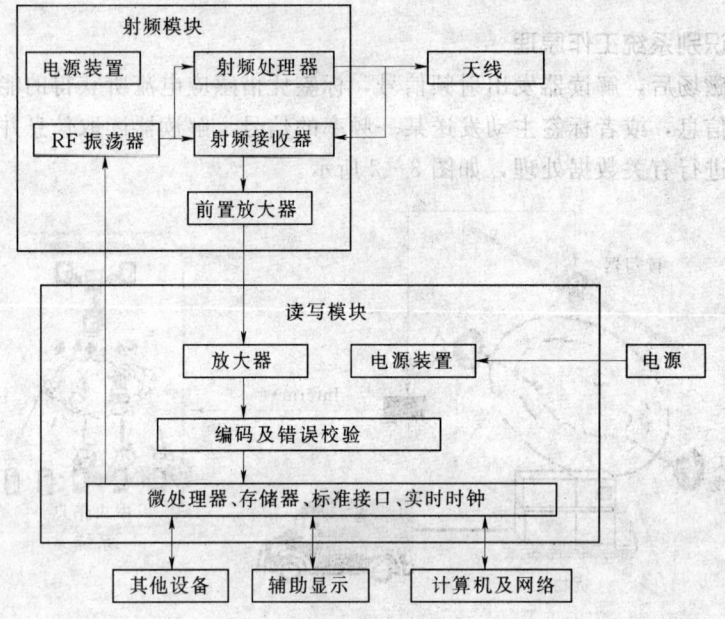

图3-4 射频读写器组成

1. 天线

天线是发射和接收射频载波信号的设备。在确定的工作频率和带宽条件下,天线发射由射频模块产生的射频载波,并接收从标签发射或反射回来的射频载波。

2. 射频模块

射频模块由射频振荡器、射频处理器、射频接收器及前置放大器组成。射频模块可发射和接收射频载波。射频载波信号由射频振荡器产生并被射频处理器放大。该射频载波通过天线发射。射频模块将天线接收的从标签发射/反射回来的载波解调后传给读写模块。

3. 读写模块

读写模块一般由放大器、解码及纠错电路、微处理器、时钟电路、标准接口及电源组成,它可以接收射频模块传输的信号,解码后获得标签内信息;或将要写入标签的信息编码后传给射频模块,完成写标签操作。还可以通过标准接口将标签内容和其他信息传给计算机。

通常射频识别标签应具有以下功能：
（1）读写器与标签通信的功能：在规定的技术条件下可与标签进行通信。
（2）读写器与计算机通信的功能：可通过标准接口与计算机网络连接，并提供下列信息以实现多个读写器在系统网络中运行。

- 本读写器的识别码；
- 本读写器读出标签的日期和时间；
- 本读写器读出的标签信息。

有些应用系统，读写器还具有下列功能：

- 能在读写区内查询多个标签，并能正确区分各标签；
- 适用于固定和移动对象；
- 能提示读写过程中的错误信息；
- 对于有源标签，能读出标签电池有关信息，如电池电量指示。

（三）射频技术基本原理

射频技术其基本原理是利用射频信号和空间耦合（电感或电磁耦合）或雷达反射的传输特性，实现对被识别物体的自动识别。射频识别系统的基本模型如图3-5所示。其中，电子标签又称为射频标签、应答器、数据载体；阅读器又称为读出装置、扫描器、通信器、读写器（取决于电子标签是否可以无线改写数据）。电子标签与阅读器之间通过耦合元件实现射频信号的空间（无接触）耦合、在耦合通道内，根据时序关系，实现能量的传递、数据的交换。

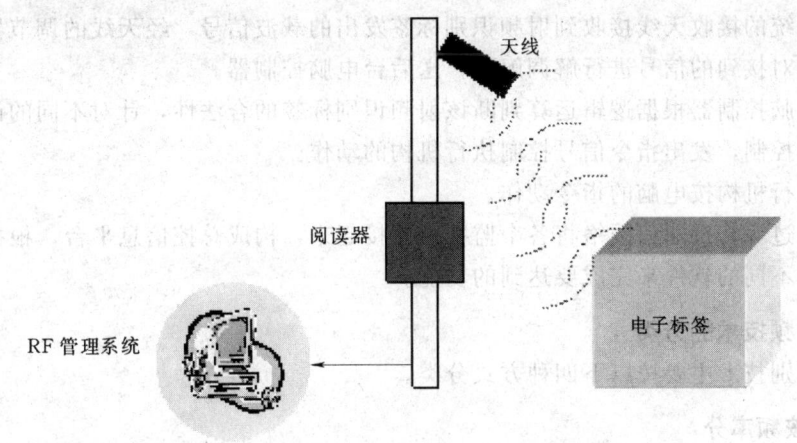

图3-5 射频识别系统的基本模型

发生在阅读器和电子标签之间的射频信号的耦合类型有两种。

1. 电感耦合

变压器模型，通过空间高频交变磁场实现耦合，依据的是电磁感应定律，如图3-6所示。

2. 电磁反向散射耦合

雷达原理模型，发射出去的电磁波，碰到目标后反射，同时携带回目标信息，依据的

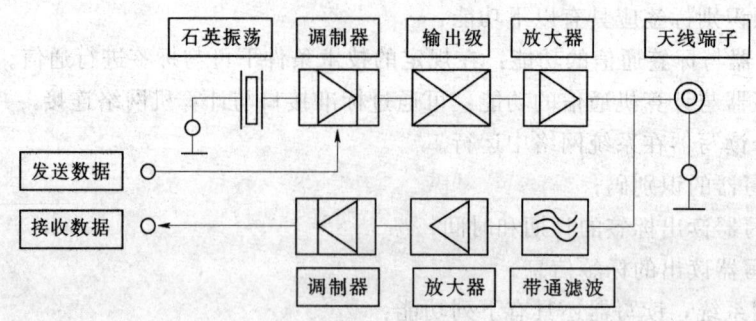

图3-6 变压器模型

是电磁波的空间传播规律

电感耦合方式一般适合于中、低频工作的近距离射频识别系统。典型的工作频率有：125kHz、225kHz和13.56MHz。识别作用距离小于1m，典型作用距离为10～20cra。

电磁反向散射耦合方式一般适合于高频、微波工作的远距离射频识别系统。典型的工作频率有：433MHz，915MHz，2.45GHz，5.8GHz。识别作用距离大于1m，典型作用距离为3～10m。

（四）系统工作过程

(1) 读写器将设定数据的无线电载波信号经过发射天线向外发射。

(2) 当射频识别标签进入发射天线的工作区时，射频标签被激活后即将自身信息代码经天线发射出去。

(3) 系统的接收天线接收到射频识别标签发出的载波信号，经天线的调节器传给读写器。读写器对接到的信号进行解调解码，送后台电脑控制器。

(4) 电脑控制器根据逻辑运算判断该射频识别标签的合法性，针对不同的设定作出相应的处理和控制，发出指令信号控制执行机构的动作。

(5) 执行机构按电脑的指令动作。

(6) 通过计算机通信网络将各个监控点连接起来，构成总控信息平台，根据不同的项目可以设计不同的软件来完成要达到的功能。

三、射频技术的分类

射频识别技术主要按以下四种方式分类。

（一）按频率分

射频识别技术依其采用的频率不同可分为低频系统和高频系统两大类。

1. 低频系统

一般指其工作频率小于30MHz的系统。其基本特点是：射频卡的成本较低、标签内保存的数据量较少、阅读距离较短（无源情况，典型阅读距离为10cm）、射频卡外形多样（卡状、环状、钮扣状、笔状）、阅读天线方向性不强等。低频系统多用于短距离、低成本的应用中，如多数的门禁控制、动物监管、货物跟踪。

2. 高频系统

一般指其工作频率大于400MHz的系统。高频系统的基本特点是射频卡及读写器成本均较高、卡内保存的数据量较大、阅读距离较远（可达几米到十几米）、适应物体高速运动性能好、外形一般为卡状、阅读天线及射频卡天线均有较强的方向性。高频系统多应用于需要较长的读写距离和高的读写速度的场合，像火车监控、高速公路收费等系统。

（二）视频卡

根据射频卡的不同可分成可读写（RW）卡、一次写入多次读出（WORM）卡和只读（RO）卡三种。RW 卡一般比 WORM 卡和 RO 卡贵得多，如电话卡、信用卡等。一般情况下改写数据所花费的时间远大于读取数据所花费的时间（常规为改写所花费的时间为 s 级，阅读花费的时间为 ms 级）。WORM 卡是用户可以一次性写入的卡，写入后数据不能改变，且比 RW 卡要便宜。RO 卡存有一个唯一的号码，不能更改，保证了安全性。RO 卡最便宜。

（三）射频卡的有源与无源

射频卡可分为有源及无源两种。有源射频卡使用卡内电池的能量、识别距离较长，可达十几米，但是它的寿命有限（3～10 年），且价格较高；无源射频卡不含电池，利用读写器发射的电磁波提供能量，重量轻、体积小、寿命长、很便宜，但它的发射距离受限制，一般是几十厘米，且需要读写器的发射功率大。

（四）调制方式

根据调制方式的不同还可分为主动式和被动式。

（1）主动式的射频卡用自身的射频能量主动地发送数据给读写器。

（2）被动式的射频卡，使用调制散射方式发射数据。它必须利用读写器的载波调制自己的信号，适宜在门禁或交通的应用中使用。因为读写器可以确保只激活一定范围之内的射频卡。

目前使用的多数系统中，一次只能读写一个射频卡。射频卡之间要保持一定距离，确保一次只能有一个卡在读写区域内。读写距离长，射频卡之间的距离就要大，应用起来很不方便。现在的射频卡具有防碰撞的功能，这对 RFID 来说十分重要。所谓碰撞是指多个射频卡进入识别区域时信号互相干扰的情况。具有防碰撞性能的系统可以同时识别进入识别距离的所有射频卡，它的并行工作方式大大提高了系统的效率。

四、射频识别技术发展简介

1. 国际射频识别技术的发展

射频识别技术在国外发展得很快。RFID 产品种类很多，像德州仪器、Motorola、Philips、Microchip 等世界著名厂家都生产 RFID 产品。它们的产品各有特点，自成系列。射频识别技术被广泛应用于工业自动化、商业自动化、交通运输控制管理等众多领域。如澳大利亚将它的 RFID 产品用于澳机场旅客行李管理中并发挥了出色的作用；瑞士国家铁路局在瑞士的全部旅客列车上安装 RFID 自动识别系统，调度员可以实时掌握火车运行情况，不仅利于管理，还大大减小了发生事故的可能性；德国 BMW 公司将射频识别系统应用在汽车生产流水线的生产过程控制中等。

据有关权威数据显示，射频识别产品在全世界的销量以每年 25.3% 的比例增长。由此可见，射频识别技术具有广阔的市场前景。

2. 射频识别技术在我国的发展

我国政府在1993年制定的金卡工程实施计划，是一个旨在加速推动我国国民经济信息化进程的重大国家级工程，由此各种自动识别技术的发展及应用十分迅猛。现在，射频识别技术作为一种新兴的自动识别技术，也将在中国很快地普及。

目前，我国的射频识别技术在下列几种应用中发展前景较好。当然，这里仅仅罗列了射频识别技术应用的一部分。任何一种技术如果得到普及，都将会孕育一个庞大的市场。射频识别将是未来一个新的经济增长点。

五、射频识别技术应用前景

RFID标签相当于条形码技术中的条形码符号，用来存储需要识别传输的信息。但与条形码相比，它有着不可比拟的优势：防水、防磁、耐高温、体积小型化、形状多样化。使用寿命长、读取距离大、标签上数据可以加密、存储数据容量更大、存储信息更改自如不需要光源、可以透过外部材料读取数据、能够同时处理多个标签、可以对所附着的物体进行追踪定位等。

如果RFID技术能与电子供应链紧密联系，那它很有可能在几年内取代条形码扫描技术。除此之外，RFID技术更可广泛应用于需要对物品跟踪或分类管理的任何场合，如供应链与物流管理、生产制造与过程控制、货物的跟踪与管理、身份识别与门禁系统、文档追踪与图书馆管理、交通管理与城市规划等。

1. 供应链与物流管理

供应链与物流管理被认为是RFID技术最大的舞台。虽然现有IT和自动化技术大大提高了该领域的效率，但仍有很多工作主要依靠人工来完成，例如货物的清点、盘库和数据录入等。虽然有手持式条形码识别器等辅助工具，但效率低下、差错率居高不下等问题仍然无法得到有效的解决。信息的准确性和及时性是物流及供应链管理的关键因素，对此RFID技术能够提供充分的保证。RFID系统使供应链的透明度大大提高，物品能在供应链的任何地方被实时地追踪，同时消除了以往各环节上的人工错误。安装在工厂、配送中心、仓库及商场货架上的读写器能够自动记录物品在整个供应链的流动——从生产线到最终的消费者。另外，由于RFID标签的存储容量是2的96次方以上，所以物流行业第一次发现他们可以将世界上所有的商品每一个都以唯一的代码表示。以往使用条形码，由于长度的限制，物流行业只能给每一类产品定义一个类码，RFID彻底抛弃了这种限制，现在所有的产品都可以享受独一无二的ID。

2. 生产制造与过程控制

现代生产方式对各个环节的协同提出了越来越高的要求，任何一个环节的脱节都可能导致整条生产线乃至整个生产流程的瘫痪。如何管理并且准确找到规格纷繁复杂的零部件，并将其及时运送到生产线上，这不仅困扰复杂设备的生产商，同时也是困扰着所有采用流水线作业的企业的一个难题。借助RFID技术，就能够实现存货管理的自动化。不仅零部件的位置一目了然，其数量也全在掌控之中。德国BMW公司为保证汽车在流水线各位置准确的完成装配任务，将射频识别系统应用在汽车装配线上。

3. 货物的跟踪与管理

很多国家的航空公司将射频识别技术应用于旅客行李管理中，大大提高了分拣效率，降低了出错率。使用 RFID 技术，对于类似行李、邮件和包裹的处理，都会变的更有效率。

4. 身份识别与门禁系统

RFID 作为一种识别技术，顺理成章地可以用来验证和检查人群与物品的身份。其显著的优点之一，就是它的无线读取方式大大提高了有效识别的距离，从而更加高效地处理有关数据，或者为对特殊情况作出反应赢得更多的时间。

5. RFID 技术为智能身份证计划的实施提供了解决方案

射频识别系统可以应用于大型停车场、军事重地、金融系统等地方的人员出入管理。将与名片大小相仿的电子标签贴附在汽车风挡玻璃或挂在人的身上，当有人员或车经过读写器时，读写器即可快速、准确地记录下所通过的车辆或人员信息及通过的时间。同时还可以对是否允许通过做出判断，自动控制出入大门开关，做到出入严格管理。

6. 文档追踪与图书馆管理

由于图书馆和档案馆等类似机构的应用环境相对稳定，数据也比较简单，所以 RFID 技术在这里得到了充分的展示。目前，已经有澳大利亚、印度、荷兰和马来西亚等十余个国家的将近 100 家机构采用了这项技术。其中新加坡国家图书馆堪称其中的典范：读者自助借书还书无需排队，可以用现金卡自动支付超期罚款等各种费用，以及自行查看借书记录；另外，该系统还可以对该归还的书籍进行半自动或自动分类，从而把图书管理员从简单的重复劳动中解放出来，为读者提供更人性化的服务。

7. 交通管理与城市规划

在高速公路收费方面，香港车辆自动识别系统"驾易通"采用的就是射频识别技术，如图 3-7 所示。

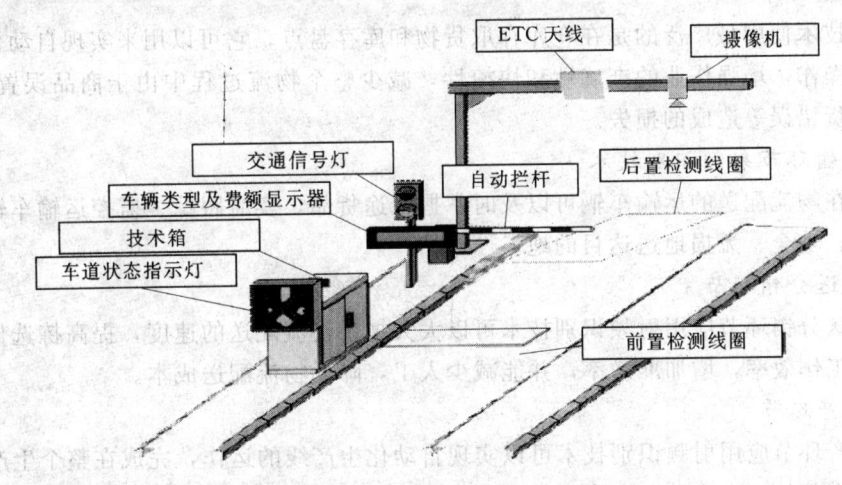

图 3-7 射频识别技术应用于高速公路收费

装有 RFID 标签的汽车在通过装有读写器的专用隧道、停车场或高速公路路口时，无须停车缴费，读出设备可快速、准确地记录通过车辆的编号或账户信息，实现高速公路通行费的自动征收与管理，大大提高了行车速度和效率。在射频卡应用方面，我国主要应用于智能交通领域，不仅节约了劳动力成本，而且可以大大提高乘客的通行速度，RFID 系统甚至可以收集乘客分布和流向的有关数据，从而优化公交系统的行车路线与车次安排。射频卡另外一个应用项目就是第二代公民身份证。

总之，随着芯片技术的不断进步，标签成本的降低、读写距离的提高、存储容量的增大、处理时间的缩短将成为可能，射频识别产品的种类将越来越丰富，应用也越来越广泛。可以预计，在未来的几年中，射频识别技术将持续保持高速发展，并将带来一场巨大的变革。射频识别技术在国外发展非常迅速，已被广泛应用于工业自动化、商业自动化、交通运输控制管理等众多领域。尽管我国射频识别技术起步较晚，射频识别技术应用状况还处于初级阶段，但市场前景非常广阔。相信在不久的将来，射频识别技术的应用将在生产线自动化、仓储管理、电子物品监视系统、货运集装箱的识别以及畜牧管理等方面会有很大的突破。

六、射频识别技术物流行业应用

射频技术系统在物流行业中可以实现从原材料的采购，半成品与产成品的生产、运输、仓储、配送，一直到销售，甚至包括退货处理和售后服务等所有环节上的实时监控，提高业务运行的自动化程度，大幅降低差错率，显著提高物流与配送的透明度和管理效率。

1. 零售行业

零售行业采用射频标签可有效防止商品的丢失，降低丢失率，提高销售额。可以改进零售商的库存管理，实现适时补货，实时监控库存，有效跟踪运输，提高工作效率，减少差错。目前在各大型零售企业、仓储配送企业、超市已基本使用了射频标签，并有效应用了射频技术系统。

2. 仓储环节

射频技术使用最广泛的是在仓库存取货物和库存盘点，它可以用来实现自动化的存货与取货等操作，增强作业的准确性和快捷性，减少整个物流过程中由于商品误置、送错、偷窃、出货错误等造成的损失。

3. 运输环节射频识别技术

应用在物流配送的运输车辆可以及时掌握在途货品，实时跟踪、监控运输车辆，保证货品按时、安全、无损地送达目的地。

4. 配送分销环节

在配送分销环节应用射频识别技术可以大大加快物流配送的速度，提高拣选作业与分发过程的工作效率，增加准确率，并能减少人工，降低物流配送成本。

5. 生产环节

在生产环节应用射频识别技术可以实现自动化生产线的运作，完成在整个生产线上对原材料、零部件、半成品和产成品的识别跟踪，减少人工识别成本，降低出错率，提高生产作业效率，增强企业的经济效益和竞争力。

七、射频技术在物流管理中的应用

射频技术在物流配送中的应用可分为商品的入库、出库、存储、运输跟踪、配送等。RFID 技术可以加快供应链的运转，提高物流管理的效率，如图 3-8 所示。

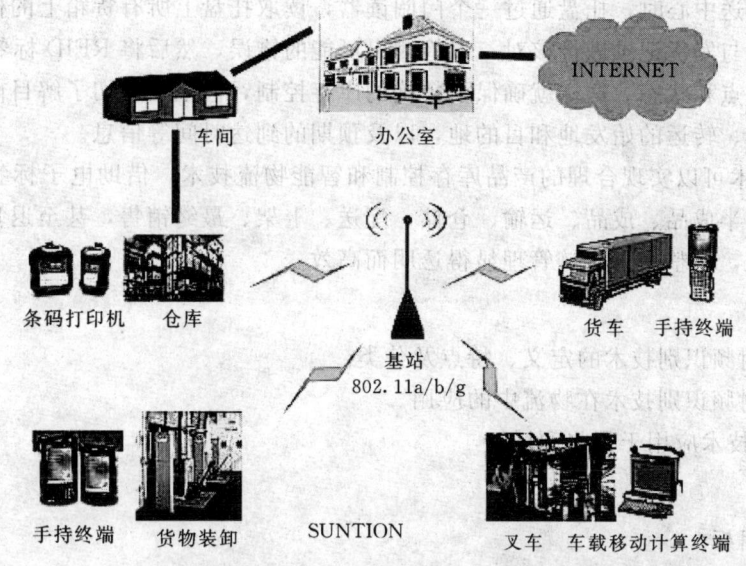

图 3-8 射频技术在物流管理中的应用

1. 商品出库与入库

物资配送中心所派车队进入仓储中心时通过门禁，阅读器读取到射频标签信息并在仓储中心系统中显示此时车队所载物资为空。车队装载物资完毕离开发物仓库时再次通过门禁，物流系统将出库物资信息写入到系统数据库中并上报给物资配送中心，这样就等于射频标签承载了其所运物资的相关信息，自动完成物资出库，此时运送物资的车辆和物资进入在途状态。运输车队到达收物仓库时再次通过门禁，阅读器读取到射频标签中的信息后传输给仓储中心系统，系统即显示待入库物资的相关信息并写入数据库，自动完成物资入库，并上报给物资配送中心，通知物流配送中心配送任务已经完成。

2. 存储与库存盘点

在仓库里，射频技术最广泛的应用是存取货物与库存盘点，它能用来实现自动化的商品的登记、存货和取货等操作。在仓储管理中，通过将供应计划系统与射频识别技术相结合，能够高效地完成各种操作。可增强作业的准确性和快捷性，提高服务质量，降低成本，减少物流中由于偷窃、损害、出货错误等造成的损耗，实现快速供货并最大限度地减少储存成本。

3. 运输跟踪

在运输管理中，通过在货物和车辆上贴 RFID 标签，完成设备的跟踪控制。接收装置收到 RFID 标签信息后，连同接收地的位置信息上传至通信卫星，再由卫星传送给运输调度中心，送入数据库中。利用射频技术可准确、迅速地完成配送任务并实现对在途物资的跟踪。在物资运输期间，物资配送中心根据发/收物仓储中心上报的数据可知在途物资的名称、品种和数量等信息，达到在途物资的可见性。

4. 物流配送

在配送环节，采用射频技术能大大加快配送的速度和提高拣选与分发过程的效率与准确率，并能减少人工、降低配送成本。到达中央配送中心的所有商品都贴有 RFID 标签，在进入中央配送中心时，托盘通过一个门阅读器，读取托盘上所有货箱上的标签内容。系统将这些信息与发货记录进行核对，以检测出可能的错误，然后将 RFID 标签更新为最新的商品存放地点和状态。这样就确保了精确的库存控制，甚至可确切了解目前有多少货箱处于转运途中、转运的始发地和目的地，以及预期的到达时间等信息。

　　RFID 技术可以实现合理的产品库存控制和智能物流技术。借助电子标签，可以实现商品对原料、半成品、成品、运输、仓储、配送、上架、最终销售，甚至退货处理等环节进行实时监控，使整个供应链管理显得透明而高效。

【问题思考】
　　1. 试述射频识别技术的定义、特点及分类。
　　2. 简述射频识别技术在物流中的应用。
　　3. RFID 技术应用于哪些领域？

【项目实训】
　　1. 实训目标
　　（1）使学生认识 RFID 技术及在物流企业中的应用。
　　（2）使学生掌握 RFID 技术的特点，认识 RFID 技术的分类。
　　（3）学会使用 RFID。
　　2. 实训内容与要求
　　（1）实训内容：网上搜索 RFID 技术相关知识及在企业中的应用情况。
　　（2）实训要求：
　　1）要求每个同学要自己独立上网络搜索相关内容，查阅相关 RFID 技术、相关知识和在物流企业中的应用情况。
　　2）最后要求通过实训经过，写出一篇实训报告。

项目4 电子数据交换（EDI）技术

EDI 是英文 Electronic Data Interchange 的缩写，中文可译为"电子数据交换"，中国香港、中国澳门及海外华人地区称作"电子资料联通"。它是一种在公司之间传输订单、发票等作业文件的电子化手段。它通过计算机通信网络将贸易、运输、保险、银行和海关等行业信息，用一种国际公认的标准格式，实现各有关部门或公司与企业之间的数据交换与处理，并完成以贸易为中心的全部过程，它是20世纪80年代发展起来的一种新颖的电子化贸易工具，是计算机、通信和现代管理技术相结合的产物。

在物流的信息传输领域，EDI 扮演着越来越重要的角色。为竞争国际贸易的主动权，各个国家和地区的企业都积极引进 EDI 技术来改善企业内部的生产和外部的流通环境，以期获得最佳的经济效益。

本项目主要介绍 EDI 的基本概念及其特点、EDI 的组成以及 EDI 应用过程，同时也阐述了 EDI 在物流企业中的应用。

日本化妆品物流交易中 EDI 应用

日本的化妆业界一直给人充满华丽和时尚的印象，但其内在实情却与这个光鲜的外表相距甚远。日本化妆品行业中多数企业长期存在着过时的商业习惯和低效率的交易形态。日本化妆品产销商虽然在市场保持增长的东风中获得了良好的发展和理想的利润，但是近年来日本化妆品市场陷入增长放缓，行业中竞争也日趋激烈。

为此，日本的化妆品产销商也在不断寻求让企业获得更大发展空间、取得更高利润的方法，其中，EDI 的应用成为了各企业重点关注的对象。这些企业希望借助 EDI 尽可能减少企业不必要的开支，实现物流和交易的效率化和资源配置合理化。本文将以在日本具有代表性、EDI 应用较成熟的化妆品生产商以及销售商为实例，浅析日本化妆物流交易中 EDI 的应用以及其发展趋势。以期为中国的化妆品产销商提供参考。

模块一　物流信息管理技术基础

在日本，长期以来化妆品的流通环节都是相当复杂，并且物流效率很低。制造商和零售商之间夹杂着贸易公司、分店、批发商等各种名目的组织机构，每个组织机构中都在各自重复着发货、收货，装卸，库存，点验货等物流作业。尤其是在百货店、化妆品专营店中销售的产品（生产商直接向百货店、化妆品专营店等设有该品牌化妆品专柜和专职销售人员的店铺，按照合约内容供应的化妆品）物流作业效率低的现象更为明显。

长期以来在百货店制度品的物流环节中，在商品送达百货店、化妆品专营店前往往要在不同的组织机构中反复点验货。零售店和生产厂之间存在着物流中转站、百货店物流中心等各种物流中心，他们都各自独立地对商品进行验货、点货等工作。生产商在发货时也会进行点验货，而零售商在收货时同样也进行点验货。这就使商品起码需要进行4次点验货手续才能在零售店中上架。

另一方面，重复繁琐的点验货手续也会耗费产销商大量的人力资源。以某著名百货店为例，该店每个月约会从某化妆品生产商进150箱货。一箱货所需的点验货时间约需50min。这就是说，该百货店每个月在点验一个化妆品生产商的货品上就要耗费125h。这些点验货作业同时最终会消耗了导购员的工作时间，据统计，该百货店化妆品部的导购员，平均每月要花费总劳动时间的3%用于协助商场点验货。

这种耗费导购员工作时间的制度，越来越让生产商和零售商感到切肤之痛。因为导购人员是化妆品销售的前线人员，通过为顾客提供导购服务来提高顾客的购买欲，从而提升生产商和零售商的销售业绩。但是如果这些担负重任的导购员要花费过多时间在其他工作上，将会影响到导购服务的质量，给生产商和制造商造成直接损失。

其次，在化妆品的物流环节上，处理发货单、收货单等纸质文件也会消耗大量的时间。按照一直以来日本的商业习俗，物流中转站和百货店物流中心会对每批货物中不同的商品进行收发货单核对。

还有一点是值得注意的，由于在百货店、化妆品专营店中的导购人员多是生产商派遣来的美容部员工，并不是店铺的正式员工，所以他们基本上都不能通过自己掌握的对顾客需求情况进行订货，而在必须要得到店铺负责人的许可才能下订单。这就不但增加了订货的手续，还不能按照店铺的销售量和库存商品情况及时订货，让注重流行的化妆品错过了最佳的销售时机，严重影响了化妆品的销售额。

日本化妆品产销商认识到物流交易环节对业绩和利润的密切关系，也开始着手对物流环节进行改革。这个活动的中心之一就是EDI（电子数据交换）导入。

实际上，当前的日本化妆品业界很多就是通过EDI去实现商务电子化，尤其一些著名的百货店和化妆品生产商，都在积极地引EDI，希望借助EDI"无纸化"、"电子传输化"、"信息共享化"等优势去提高物流和交易环节的效率，降低物流成本和减少所耗费的资源。外资化妆品MAXFACTOR和日本老牌百货店三越之间的EDI的应有模式，则成为了日本化妆品产销商引入EDI的楷模。

从1999年5月开始，这两个企业就开展了一系列引入EDI制度的措施，以求实现：①灵活运用EDI技术；②简化点验货的手续和流程；③废除收发货传票等纸质交易文书；④提高订货处理的效率这四大目标，从而降低成本、增加利润。

在引入EDI后，两家企业把订货、接受订货、销售额管理、交货、点验货信息、赊

项目4 电子数据交换（EDI）技术

账等情报通过网络共享。这就大量节省了不必要的手续和工作时间，例如生产商在发货后的点验货工序。生产商会把在发货时点验货的记录通过网络和各流通部门共享，而各个部门原则上则不需要再度进行点验货。而三越百货店则会对该生产商的商品进行定期的抽检。而且电子化的信息共享还在最大程度上减少了纸质交易文书的使用，节省了处理这些文书的时间和劳动力。

在引入了EDI后，两家公司也对化妆品的订货手续进行了简化。生产商派驻的导购员无需得到百货店相关负责人的认可，就可直接凭借自己对顾客需求的把握和其他专业的判断去确认订单的内容，并通过网络向公司发订单。百货店每个月会定出下个月订货的限额，只要在这个订货额范围内，导购员都可以自主地决定订单的内容。这样导购员就无需因为每张订单都向百货店确认而浪费本应用在导购服务上的时间，并保证了使商品获得最佳的销售时机。

三越在1999年的10月率先在东京的银座分店引入了EDI体系，于同年的12月，在东京的全部三越百货店都引入了EDI，并且在2000年所有三越百货店都实现了物流管理的EDI化。

引入了EDI物流管理系统后，三越百货店的化妆部门取得了良好的收效。根据统计数据显示，化妆品部门的订货业务量减少了77.4%，与商品相关的工作量减少了72.9%。并且化妆品的物流流通时间也大为缩减，由原来的3～4日缩减到1～2日，最大程度确保了商品的及时供应以及把握最佳的销售时机。同时，通过这一系列的改革措施还让化妆部的导购人员有更多的时间和精力用于导购工作上，增加了导购服务的质量。

由于EDI在MAXFCTOR和三越间成功运用并取得了良好的收效，日本全国化妆品生产商和百货店组成的"化妆品流通BPR委员会"决定以MAXFCTOR和三越共同开发的商业模式和系统作为化妆品生产商和百货店之间在线交易的基准。另一方面，不少日本的化妆品产销商也相应加快了EDI引入EDI的步伐，从2000年春季开始，资生堂、佳娜宝、花王、高斯这四家位于日本化妆品生产业前列的化妆品生产商也相继在不同程度上引入EDI。目前，在日本引入EDI的化妆品产销商也在不断增加。

综上所述，EDI日本化妆品产销商中的成功应用可以证明EDI能够在化妆品行业中广泛运用，并可让化妆品产销商获得更大发展空间、取得更高利润。目前我国的化妆品产销商在物流和交易过程中还存在着一些不合理的制度和低效率的行为，希望日本化妆品物流交易中EDI的应用实例能够为中国的化妆品产销商带来新的思考空间。

知识梳理

一、电子数据交换技术概述

（一）电子数据交换（EDI）定义

国际标准化组织（ISO）将EDI描述成"将贸易（商业）或行政事务处理按照一个公认的标准变成结构化的事务处理或信息数据格式，从计算机到计算机的电子传输"。由于使用EDI可以减少甚至消除贸易过程中的纸面文件，因此EDI又被人们通俗地称为"无纸贸易"。

总之，EDI 指的是：按照协议，供应商、零售商、制造商和客户等在其各自的应用系统之间利用 EDI 技术，通过公共 EDI 网络，自动交换和处理商业单证的过程。

对上述定义作一剖析，可以得出 EDI 的下列含义和条件。

（1）用 EDI 的是交易的两方，是企业之间的文件传递，而非同一组织内的不同部门。

（2）交易双方传递的文件是特定的格式，采用的是报文标准，现在即是联合国的 UN/EDIFACT。

（3）各有自己的计算机系统。

（4）双方计算机（或计算机系统）能发送、接受并处理符合约定标准的交易电文的数据信息。

（5）双方计算机之间有网络通信系统，信息传输是通过该网络通信系统自动实现的。信息处理是由计算机自动进行的，无需人工干预、人为的介入。

所传输的数据是指交易双方互相传递的具备法律效力的文件资料，可以是各种商业单证，如订单、回执、发货通知、运单、装箱单、收账发票、保险单、进出口申报单、保税单、缴款单等，也可以是各种凭证，如进出口许可证、信用证、配额证、检疫证、商检证等等。

（二）电子数据交换（EDI）系统模型

从上述 EDI 定义不难看出，EDI 包含了 3 个方面的内容，即计算机应用、通信网络和数据标准化。其中计算机应用是 EDI 的条件，通信环境是 EDI 应用的基础，标准化是 EDI 的特征。这 3 方面相互衔接、相互依存，构成 EDI 的基础框架。EDI 系统模型如图 4-1 所示。

图 4-1 EDI 系统模型

EDI 信息的最终用户是计算机应用软件系统，它自动地处理传递来的信息，因而这种传输是机—机、应用—应用的传输，为 EDI 与其他计算机应用系统（如 MIS）的互联提供了方便。

（三）EDI 的特点

由上述定义可知，EDI 包括了 3 方面的内容：格式化的数据与报文标准，通信网络和计算机应用。这 3 方面内容相互依存构成了 EDI 的基本框架。经过 20 多年的发展与完善，EDI 作为一种全球性的具有巨大商业价值的电子化贸易手段/工具，具有几个显著的特点。

1. 单证格式化

EDI 传输的是企业间格式化的数据，如定购单、报价单、发票、货运单、装箱单，报关单等，这些信息都具有固定的格式与行业通用性。而信件、公函等非格式化的文件不属 EDI 处理的范畴。

2. 报文标准化

EDI 传输的报文符合国际标准或行业标准，这是计算机能自动处理的前提条件。目前最为广泛使用的 EDI 标准是：UN/EDI FACT（United Nations Rulers For Electronic DataInterchange For dministration, Commerce and Transport，联合国标准 EDI 规则适用于行政管理、商贸、交通运输）和 ANSIX.12（美国国家标准局特命标准化委员会第 12 工作组制定）。

3. 处理自动化

EDI 信息传递的路径是计算机到数据通讯网络，再到商业伙伴的计算机，信息的最终用户是计算机应用系统，它自动处理传递来的信息。因此这种数据交换是机—机，应用—应用，不需人工干预。

4. 软件结构化

EDI 功能软件由 5 个模块组成：用户界面模块，内部 EDP（Electronic data processing）接口模块，报文生成与处理模块，标准报文格式转换模块，通信模块。这 5 个模块功能分明，结构清晰，形成了 EDI 较为成熟的商业化软件。

5. 运作规范化

EDI 以报文的方式交换信息有其深刻的商贸背景，EDI 报文是目前商业化应用中最成熟、最有效、最规范的电子凭证之一，EDI 单证报文具有法律效力已被普遍接受。任何一个成熟、成功的 EDI 系统，均有相应的规范化环境作基础，如 EDI 存证系统，商贸伙伴（partner）的协议，管理法规与相应的配套措施，例如：联合国贸法会制定了《电子贸易示范法草案》，国际海事委员会制定了《电子提单规则》，上海市制定了《上海市国际经贸电子数据交换管理规定》等。

二、EDI 系统

（一）EDI 系统结构

在 EDI 系统中，EDI 参与者所交换的信息客体称为邮包（报文）。在交换过程中，如果接收者从发送者所得到的全部信息包括在所交换的邮包中，则认为语义完整，并称该邮包为完整语义单元。完整语义单元的生产者和消费者统称为 EDI 的终端用户。

在 EDI 工作过程中，所交换的报文都是结构化的数据，整个过程都是由 EDI 系统完成的。EDI 系统结构如图 4-2 所示。

1. 用户接口模块

业务管理人员可用此模块进行输入、查询、统计、中断、打印等，及时地了解市场变化，调整策略。

2. 内部接口模块

这是 EDI 系统和本单位内部其他信息系统及数据库的接口，一份来自外部的 EDI 报文，经过 EDI 系统处理之后，大部分相关内容需要经内部接口模块送往其他信息系统，或查询其他信息系统才能给对方 EDI 报文以确认的答复。

3. 报文生成及处理模块

该模块有两个功能：

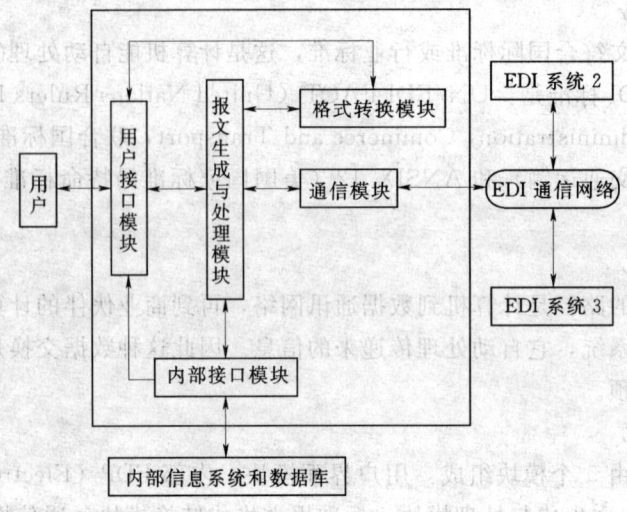

图 4-2 EDI 系统结构

(1) 接受来自用户接口模块和内部接口模块的命令和信息,按照 EDI 标准生成订单、发票等各种 EDI 报文和单证,经格式转换模块处理之后,由通信模块经 EDI 网络发给其他 EDI 用户。

(2) 自动处理由其他 EDI 系统发来的报文。在处理过程中要与本单位信息系统相联,获取必要信息并给其他 EDI 系统答复,同时将有关信息送给本单位其他信息系统。

如因特殊情况不能满足对方的要求,经双方 EDI 系统多次交涉后不能妥善解决的,则把这一类事件提交用户接口模块,由人工干预决策。

(3) 格式转换模块。所有的 EDI 单证都必须转换成标准的交换格式,转换过程包括语法上的压缩、嵌套、代码的替换以及必要的 EDI 语法控制字符。在格式转换过程中要进行语法检查,对于语法出错的 EDI 报文应拒收并通知对方重发。

(4) 通信模块。该模块是 EDI 系统与 EDI 通信网络的接口。包括执行呼叫、自动重发、合法性和完整性检查、出错报警、自动应答、通信记录、报文拼装和拆卸等功能。

(二) EDI 系统原理

当今世界通用的 EDI 系统,是建立在 MHS 数据通信平台上的信箱系统,其通信机制是信箱间信息的存储和转发。具体实现方法是在数据通信网上加挂大容量信息处理计算机,在计算机上建立信箱系统,通信双方需申请各自的信箱,其通信过程就是把文件传到对方的信箱中。文件交换由计算机自动完成,在发送文件时,用户只需进入自己的信箱系统,如图 4-3 所示。

(三) EDI 系统信息交换过程

如图 4-4 所示,EDI 系统信息交换流程需要历经以下环节。

1. 映射 (Mapping)

生成 EDI 平面文件 EDI。平面文件 (Flat File) 是通过应用系统将用户的应用文件(如:单证、票据)或数据库中的数据,映射成的一种标准的中间文件。这一过程称为

项目 4 电子数据交换（EDI）技术

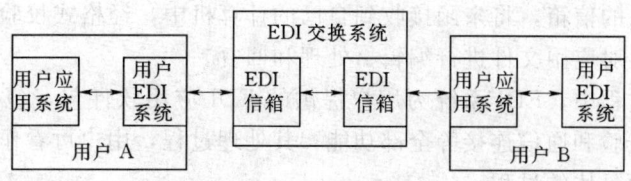

图 4-3 EDI 系统原理

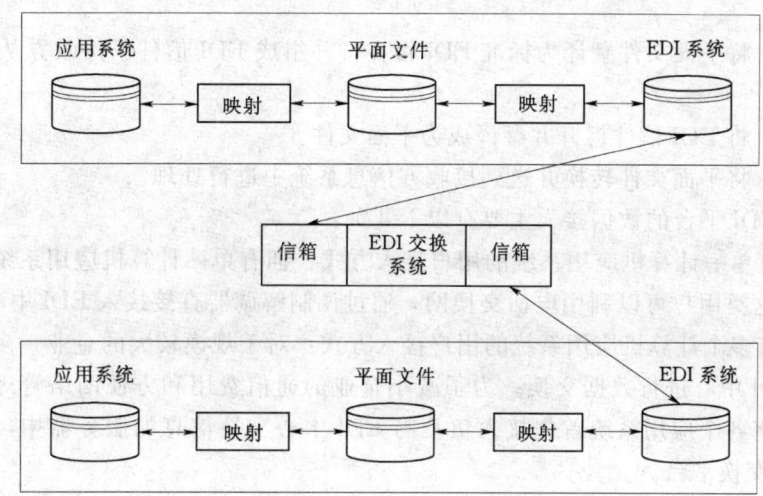

图 4-4 EDI 系统信息交换流程

映射。

平面文件是用户通过应用系统直接编辑、修改和操作的单证和票据文件，它可直接阅读、显示和打印输出。

2. 翻译（Translation）

生成 EDI 标准格式文件。其功能是将平面文件通过翻译软件 Translation Software 生成 EDI 标准格式文件。

EDI 标准格式文件，就是所谓的 EDI 电子单证，或称电子票据。它是 EDI 用户之间进行贸易和业务往来的依据。EDI 标准格式文件是一种只有计算机才能阅读的 ASCII 文件。它是按照 EDI 数据交换标准（即 EDI 标准）的要求，将单证文件（平面文件）中的目录项，加上特定的分割符、控制符和其他信息，生成的一种包括控制符、代码和单证信息在内的 ASCII 码文件。

3. 通信

这一步由计算机通信软件完成。用户通过通信网络，接入 EDI 信箱系统，将 EDI 电子单证投递到对方的信箱中。

EDI 信箱系统则自动完成投递和转接，并按照 X.400（或 X.435）通信协议的要求，为电子单证加上信封、信头、信尾、投送地址、安全要求及其他辅助信息。

4. EDI 文件的接收和处理

接收和处理过程是发送过程的逆过程。首先需要接收用户通过通信网络接入 EDI 信箱系统，打开自己的信箱，将来函接收到自己的计算机中，经格式校验、翻译、映射还原成应用文件。最后对应用文件进行编辑、处理和回复。

在实际操作过程中，EDI 系统为用户提供的 EDI 应用软件包，包括了应用系统、映射、翻译、格式校验和通信连接等全部功能。其处理过程，用户可看作是一个"黑匣子"，完全不必关心里面具体的过程。

第一步，发送方将要发送的数据从信息系统数据库提出，转换成平面文件（亦称中间文件）。

第二步，将平面文件翻译为标准 EDI 报文，并组成 EDI 信件。接收方从 EDI 信箱收取信件。

第三步，将 EDI 信件拆开并翻译成为平面文件。

第四步，将平面文件转换并送到接收方信息系统中进行处理。

另外，EDI 平台的数据接入主要有以下几种：

（1）具有单一计算机应用系统的用户接入方式：拥有单一计算机应用系统的企业规模一般不大，这类用户可以利用电话交换网，通过调制解调器直接接入 EDI 中心。

（2）具有多个计算机应用系统的用户接入方式：对于规模较大的企业，多个应用系统都需要与 EDI 中心进行数据交换。为了减小企业的通信费用和方便网络管理，一般是采用联网方式将各个应用系统首先接入负责与 EDI 中心交换信息的服务器中，再由该服务器接入 EDI 交换平台。

（3）普通用户接入方式：该类用户通常没有自己的计算机系统，当必须使用 EDI 与其贸易伙伴进行业务数据传递时，通常采用通过因特网或电话网以拨号的方式接入 EDI 网络交换平台。

三、EDI 的工作过程

为了更好地理解 EDI 是如何工作的，我们来跟踪一个简单的 EDI 应用过程。这里，以订单与订单回复为例，如图 4-5 所示。

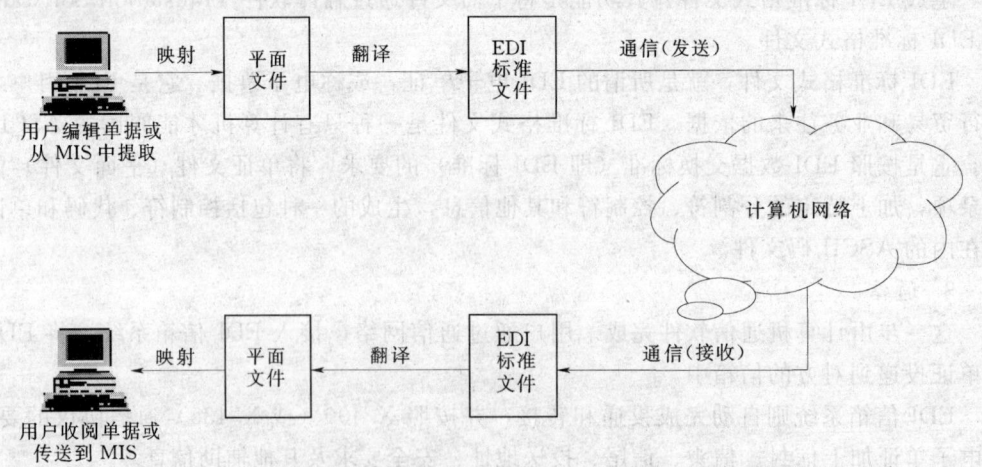

图 4-5 EDI 的工作过程

第一步：制作订单。

买方根据自己的需求在计算机上操作，在订单处理系统上制作出一份订单来，并将所有必要的信息以电子传输的格式存储下来，形成买方的数据库，同时产生一份电子订单。

第二步：发送订单。

买方将此电子订单通过 EDI 系统传送给供货商，此订单实际上是发向供货商的电子信箱，它先存放在 EDI 交换中心上，等待来自供货商的接收指令。

第三步：接收订单。

供货商使用邮箱接收指令，从 EDI 交换中心自己的电子信箱中收取全部函件，其中包括来自买方的订单。

第四步：签发回执。

供货商在收到订单后，使用自己的计算机上的订单处理系统，为来自买方的电子订单自动产生一份回执，经供货商确认后，此电子订单回执被发送到网络，在经由 EDI 交换中心存放到买方的电子邮箱中。

第五步：接收回执。

买方使用邮箱接收指令，从 EDI 交换中心自己的电子信箱中收取全部函件，其中包括供货商发来的订单回执。

整个订货过程至此结束，供货商收到订单，买方（也就是客户）则收到了订单回执。

四、EDI 标准

EDI 的核心是被处理业务的数据格式的标准化，EDI 在本质上要求国际统一标准，采用共同语言进行通信。由于 EDI 是计算机与计算机之间的通信，以商业贸易方面的 EDI 为例，EDI 传递的都是电子单证，因此为了能让不同商业用户的计算机识别和处理这些电子单证，必须按照协议制定一种各贸易伙伴都能理解和使用的标准。

目前国际上存在两大标准体系，一个是流行于欧洲、亚洲的，由联合国欧洲经济委员会（UN/ECE）制定的 UN/EDIFACT 标准，另一个是流行于北美的，由美国国家标准化委员会（ANSI）制定的 ANSI X.12 标准。此外，现行的行业标准还有：CIDX（化工），VICX（百货），TDCC（运输业）等。它们是专门应用于某一部门的。

（一）标准的组成

标准化的工作是实现 EDI 互通和互联的前提和基础。EDI 的标准包括 EDI 网络通信标准、EDI 处理标准、EDI 联系标准和 EDI 语义语法标准等。

（1）EDI 网络通信标准是要解决 EDI 通信网络应该建立在何种通信网络协议之上，以保证各类 EDI 用户系统的互联。目前国际上主要采用 MHX（X.400）作为 EDI 通信网络协议，以解决 EDI 的支撑环境。

（2）EDI 处理标准是要研究那些不同地域不同行业的各种 EDI 报文。相互共有的"公共元素报文"的处理标准。它与数据库、管理信息系统（如 MPRII）等接口有关。

（3）EDI 联系标准解决 EDI 用户所属的其他信息管理系统或数据库与 EDI 系统之间的接口。

（4）EDI 语义语法标准（又称 EDI 报文标准）是要解决各种报文类型格式、数据元

模块一 物流信息管理技术基础

编码、字符集和语法规则以及报表生成应用程序设计语言等。

(二) EDI 的标准应该遵循以下两条基本原则

（1）提供一种发送数据及接收数据的各方都可以使用的语言，这种语言所使用的语句是无二异性的。

（2）这种标准不受计算机型的影响，即适用于计算机间的数据交流，又独立与计算机之外。

(三) EDI 的标准三个要素

标准报文、数据元素、数据段称为 EDI 标准的三要素。

1. 标准报文

一份标准报文可分成部首、详细部分和摘要部分三个部分，报文以 UNH（报文标题）数据段开始，以 UNT 数据段结束。一份公司格式的商业单据必须转换成一份 EDI 标准报文才能进行信息交换。其转换步骤为：①将公司格式的商业单据转换成平面文件；②将平面文件翻译成 EDI 标准报文。

2. 数据元素

数据元素可分为基本数据元素和复合数据元素。基本数据元素是基本信息单元，用于表示某种有特定含义的信息，相当于自然语言中的字。复合数据元素是由一组基本数据元素组成，相当于自然语言中的词。

3. 数据段

数据段是标准报文中的一个信息行，由逻辑相关的数据元素构成。这些数据元素在数据段中有相应的固定形式、定义和顺序。

五、EDI 的核心技术

EDI 涉及的技术十分广泛。概括地讲，实现 EDI 的技术主要有三方面，即数据通信网络技术、标准化和计算机应用技术。

(一) 数据通信网络技术

一个计算机数据通信系统可由计算机终端、主计算机、数据传输和数据交换装置四部分组成，它们通过通信线路连接成一个广域网络。计算机及其各类终端是作为用户端点出现在网络之中的，它可以访问网上的任一其他节点，以达到共享网上硬件和软件资源的目的。计算机及终端既是资源子网，也是整个计算机网络的端点。而这些节点之间完成通信线路的连接，并在通信线路中完成信息的交换。实现 EDI 的通信功能往往受通信技术的制约，且随着通信技术与通信条件的多样化而呈现出多样化的特点，但最终必然要统一于国际标准。目前最重要的通信协议标准为国际标准化组织开放系统互联参考模型（Internal Standards Organization－open System Interconnection，简称 ISO－OSI）。

EDI 的网络环境有多种，也就是说可以适应各种通信网络，如分组交换数据网络（PSDN）、移动数据通信等。实现 EDI 通信有两种方式。

1. 直接 EDI（PTP）方式

EDI 的不同用户的计算机应用系统之间通过通信网络直接进行电子报文的交换与传递，如图 4-6 所示。

项目4 电子数据交换(EDI)技术

2. 增值网(VAN)通信方式

所谓增值网是利用现有通信网络增加服务功能而实现的计算机网络。EDI 用户的不同计算机应用系统联到增值网上,利用网址上的 E-mail、EDI 等功能实现电子数据交换。增值网不是一个独立的物理网络,它是建立在数据通信网的基础之上,附加上 EDI 业务功能而实现的,是一个逻辑意义上的网络,在 Internet、CHINA APC 网基础上建立增值网实现 EDI 是完全可靠的,如图4-7所示。

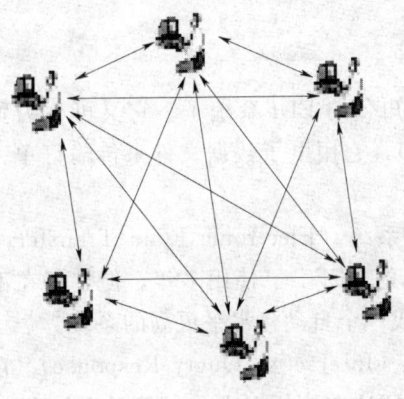

图4-6 直接EDI(PTP)方式　　　　图4-7 增值网(VAN)通信方式

也可以在现有网络的基础上建立一个 EDI 服务中心,自身建立一个 EDI 信箱系统,提供第三方服务。

从以上两幅图可以看出,使用增值网不仅可以减少网络建设费用,减少接入端口个数,而且对于数据的安全有效传输、减少故障率都有显著作用。

(二) 数据标准化技术

技术的标准化是现代工业高度发达的一个重要保证,是衡量一个国家工业化水平的重要标志,其意义有时甚至超过技术本身。

为了避免产生复杂和混乱的电子网络,满足错综复杂的电子数据交换,必须制定一套大家共同遵守的 EDI 标准。各个使用计算机的机构必须在通信中建立统一的标准化的电信线路、传送速度。通信中统一采用认可的固定程序(如协议、数据格式化和汇总)、各种传递的语言规则和标准的通信协议等,以便参与贸易的各文种方均能对传递的数据进行接收、认可、处理、复制、提取、再生和服务,实现整个环节的自动化。

EDI 的实现要在不同的国家和地区、不同的行业内开展,而且要应用的信息管理系统和通信手段也各不相同,因此统一的国际标准和行业标准是必不可少的。标准是实现 EDI 的保证,也是 EDI 的语言。

标准化是实现 EDI 互通互联的前提和基础,要实现信息在不同的电子数据处理(Electronic Date Process,简称 EDP)系统、不同计算机平台上的交换,就必须制定统一的 EDI 标准。我国的有关部门和专家确定采用 UN/EDIFACT 标准。

(三) 计算机综合应用

有了标准和通信网络,就可以开展 EDI 工作,但 EDI 应用的成功与否还取决于单位、

模块一 物流信息管理技术基础

行业乃至整个社会的计算机综合应用水平。必须把 EDI 与办公自动化、管理自动化、各种 MIS 和 EDP 系统、数据库系统、计算机辅助设计（CAD）、计算机信息管理系统（CIMS）等结合起来，才能更好地应用 EDI，发挥其巨大作用。单项的 EDI 应用往往是被迫进行的。例如 EDI 中的报关系统或订单接收系统，若原来的一套人工工作程序仍然保留，应用单位就增加了设备和人力投资，并使 EDI 的优势无从体现。应该把 EDI 和企业内部 EDP 系统结合起来，以提高经济效益。

六、EDI 的分类

根据功能，EDI 可分为 4 类。

第一类，订货信息系统是最基本的，也是最知名的 EDI 系统了。它又可称为贸易数据互换系统（Trade Data Interchange，简称 TDI），它用电子数据文件来传输订单、发货票和各类通知。

第二类，常用的 EDI 系统是电子金融汇兑系统（Electronic Fund Transfer，简称 EFT），即在银行和其他组织之间实行电子费用汇兑。EFT 已使用多年，但它仍在不断的改进中。最大的改进是同订货系统联系起来，形成一个自动化水平更高的系统。

第三类，常见的 EDI 系统是交互式应答系统（Interactive Query Response）。它可应用在旅行社或航空公司作为机票预定系统。这种 EDI 在应用时要询问到达某一目的地的航班，要求显示航班的时间、票价或其他信息，然后根据旅客的要求确定所要的航班，打印机票。

第四类，带有图形资料自动传输的 EDI。最常见的是计算机辅助设计（Computer Aided Design，简称 CAD）图形的自动传输。比如，设计公司完成一个厂房的平面布置图，将其平面布置图传输给厂房的主人，请主人提出修改意见。一旦该设计被认可，系统将自动输出订单，发出购买建筑材料的报告。在收到这些建筑材料后，自动开出收据。如美国一个厨房用品制造公司——Kraft Maid 公司，在 PC 机上以 CAD 设计厨房的平面布置图，再用 EDI 传输设计图纸、订货、收据等。

七、EDI 在物流中的应用

现代物流的基本特征之一是建立在互联网和电子数据交换（EDI）平台基础上的物流资讯和电子商务服务，可以说，资讯平台是现代物流经营操作流程中的命脉。通过这个 EDI 平台把物流链上的各家单位，包括货物运输企业、加工贸易企业、流通领域企业、海关、动植物检验检疫、税务、环保、边检和银行连接起来，并利用这个完善的物流资讯系统，给整个物流链上的各个环节直接带来巨大的经济效益，促进管理效率的大幅度提高。

举例而言，如果企业与海关实现了 EDI 互通互联，就可以迅速、准确、及时地完成报关电子资料交换，用户通过接入 EDI 平台，发送电子申报资料，EDI 平台的报关系统负责把资料收集起来，并且放在海关指定的"FTP"服务器上。海关电脑系统定时把申报资料收集并提交给海关电脑业务处理系统，经过电子审单或者人力审核，对各种申报及时产生海关回执，其申报过程如下：

（1）用户通过 EDI 资讯网络中心提供的用户终端机报关程序，输入电子申报材料。经过审查，确认无误后，即拨通 EDI 平台，经过 FTP 报关用户中转服务器送往 EDI

平台。

（2）EDI 平台系统在规定时间查看"报关用户中转服务器输送的资料"，一旦发现服务器内有新鲜的申报资料，就会立即转发到海关预设和指定的申报海关 FTP 服务器上。

（3）海关系统按照公布的时间，定时从中转 FTP 服务器内收取有关报关资料，自动输送到海关处理系统。

（4）经过海关业务处电子审核系统处理以后，报关资料如获通过，即产生回执，此回执被送入 FTP 中转服务器。

（5）EDI 平台系统按照规定时间，自动查看连接海关的中转服务器，如果发现有新到的回执，就立即将其转发到连接用户的 FTP 中转服务器。

（6）用户查看直接联系 EDI 平台的中转 FTP 服务器，发现回执即取出，作相应的操作处理，如果回执是拒绝资讯，就应立即查找被拒绝的原因，作出修改或更正后，重新申报。如果海关回执是放行资讯，则打印出全部资料，电子申报完成。

从上可知，实现 EDI 互联互通以后，首先进出口企业可以直接通过电脑输入合同资料，海关通关电脑自动审核，如果海关在审核中产生异议或者怀疑，电脑可以自动提示企业补办或者补缴有关手续和材料。EDI 资讯平台能够在一年 365 天不停地为海关所属辖区域内的进出口企业提供系统服务，如申报关税、开办海关证明、合同备案、合同执行、海关（EDI）电子资料交换通讯、合同核销、统计报表、单证分析、转厂管理等一系列到位服务。此外，EDI 通关系统还能即时发布基础税率和有关法律法规、国际集装箱班轮船期表等公共资讯，从而提高口岸的通关效率。

我国物流资讯平台 EDI 的研究应用从 20 世纪 70 年代开始起步，1997 年，在交通部交通资讯中心组织下，开始实施交通运输 EDI 资讯网络的第一期工程，在上海、天津、青岛、宁波和中国远洋集团的"四点一线"国际集装箱 EDI 示范工程的基础上，采用应用报文交换技术，增加建设大连、烟台、南京、福州、厦门、广州、深圳以及中国海运集团、长江航运集团的 EDI 中心主节点。2001 年 7 月 24 日，深圳市 EDI 通关系统正式启动，该系统与海关实现联网，这就是说，深圳市的企业和有关单位可在自己的办公室直接上网，24h 内申办各类货物进出口通关手续。这是深圳市物流资讯平台为企业提供"一站式"物流资讯服务的开始。

随着我国经济的持续发展，物流总量会不断扩大，特别是国际物流所占比重将进一步加大，我国的 EDI 物流资讯发展前景也必将非常看好。

（一）物流管理中应用 EDI 的主要目的

（1）简化工作程序和信息流，大量削减纸质单证、单据工作量，实现无纸化贸易。运用 EDI 已成为发展对外贸易、国际物流的关键内容。据调查，在用纸质文件处理业务的条件下，一笔国际贸易业务中有 46 种不同的单证，连同正副本一共有 360 份以上，它们要在 20 多个部门间进行流转、制备和处理这些文件所需的人力和时间是可想而知的。

（2）消除重复和交接作业中可能造成的错误，提高单证、单据作业质量。EDI 通过把商务文件的数据标准化，使它具有统一的格式和规定的顺序，从而使各个单位的计算机都能识别和处理。

EDI 在外贸领域的应用，已经达到比较成熟的阶段。外贸企业可以用 EDI 来发出订单、接收订单、询问有关信息、办理海关手续等，也可以通过 EDI 来办理货物运输和银行结算等事项。

（3）使物流业务程序与贸易、运输和后勤保障等方面更加紧密地联系起来，满足便利性、快捷性、可靠性等要求。

（4）将信息需求限制到基本数据，减少不必要的冗余操作，满足低成本、高效率运作要求。

（5）将不可避免的政府机关监控措施，如"一关三检"和其他间隔所造成的延误尽可能地降低到最小。美国商务部和海关明确规定，对于使用 EDI 办理进出口手续许可证和提供报关文件，将给予优先审批办理，采用传统纸质文件申报办理的将推迟受理。欧共体规定，自 1992 年起，凡不使用 EDI 办理海关业务手续的，将被推迟受理。欧洲大陆的一些过境货车运输采用 EDI 技术，将通关时间减少到十几分钟到几分钟。在远洋运输中，一些集装箱运输船尚未到港，相关的清关手续已经结束。

（6）降低物流全过程文件及作业成本。从国外企业运用 EDI 的有关数据分析，大型企业处理一份单证的相关成本平均降低 5 美元，中型企业处理一份单据的相关成本平均降低约 2.5 美元，即使小企业降低相关成本也可达到 1.8 美元左右。美国一家机构对 200 家公司的研究表明，在处理一份订购单时，包括打印、审核、修改、邮寄等操作费用的文件成本高达 49 美元，而一份 EDI 订购单的费用不超过 5 美元。

（二）EDI 适用范围

企业间往来的单证都属于商业 EDI 报文所能适用的范围。目前各行业所制定的单证都已转换成商业 EDI 报文标准。商业 EDI-WAN 系统是为了协助流通业在相关作业上运用这些报文，所覆盖的范围包括零售商、批发商、制造商、配送中心及运输商，相关作业包括订购、进货、接单、出货、送货、配送、对账及转账作业。具体来说，其应用范围如下。

1. 零售商

零售商与其交易伙伴间的商业行为大致可分为订购、进货、对账及付款等四种作业。其间往来的单据包括订购单、进货验收单、对账单及付款凭证等。

2. 批发商

批发商与其交易伙伴间的商业行为大致可分为订购、进货、接单、出货、对账及收付款作业。其间往来的单据包括采购进货单、出货单、催款对账单及付款凭证等。由于批发商兼具买方与卖方的职能，因此同时具有买方与卖方的作业流程。

3. 制造商

制造商与其交易伙伴间的商业行为大致可分为接单、出货、催款及收款等四种作业。其间往来的单据包括采购进货单、出货单、催款对账单及付款凭证等。

4. 配送中心

配送中心与其交易伙伴间的商业行为大致可分为接单、配送、催款及收款等四种作业。其间往来的单据包括出货单、催款对账单及付款凭证等。

5. 运输商

运输商接受托运人的委托，将货物送到收货人处，其与托运人及收货人间的作业流程包括托运、收货、送货及回报作业等。

EDI 是电子商务过程中很重要的环节，企业只有先实现 EDI，才具备与其他企业沟通的条件，才能使各种商业交易行为实现电子化。企业要实现电子商务，需按照其经济规模设定阶段性的目标。各企业可根据自身的需求，循序渐进地引入各种作业所需的报文，以逐步提高管理技术，降低管理成本。

（三）物流 EDI 应用的流程分析

EDI 最初由美国企业应用在企业间的订货业务活动中，其后，EDI 的应用范围从订货业务向其他的业务扩展，如 POS 销售信息传送业务、库存管理业务、发货送货信息和支付信息的传送业务等。近年来，EDI 在物流中广泛应用，被称为物流的 EDI。

所谓物流 EDI 是指货主、承运业主以及其他相关的单位之间，通过 EDI 系统进行物质交换，并以此为基础实施物流产业活动的方法。物流 EDI 的参与单位包括货主（如生产厂家、贸易商、批发商、零售商等）、承运业主（如独立的物流承运企业家）、实际运送货物的交通运输企业（铁路企业、水运企业、航空企业、公路运输企业等）、协助单位（政府有关部门、金融企业等）和其他的物流相关单位（如仓库业者、专业报关业者等）。其流程如下：

（1）发送货物业主（如生产厂家）在接到订货后制定货物运送计划，并把运送货物的清单及运送时间安排等信息通过 EDI 发送给物流运输业主和接收货物业主（如零售商），以便物流运输业主预先制定车辆调配计划和接收货物业主制定接收计划。

（2）发送货物业主依据顾客订货的要求和货物运送计划下达发货指令、分拣配货、打印出物流条形码的货物标签（Shipping Carton Marking，简称 SCM）并贴在货物包装箱上，同时把运送货物品种、数量、包装等信息通过 EDI 发送给物流运输业主和接收货物业主（如零售商），向物流运输业发出运送请求信息，物流运输业主依据请求下达车辆调配指令。

（3）物流运输业主在向发送物业主取运货物时，利用车载扫描仪读取取货时货物标签条形码，并与先前收到的货物运输数据进行核对，确认运送货物。

（4）物流运输业主在物流中心对货物进行整理、集装，做成送货清单并通过 EDI 向收货业主发出送货信息。在货物运送的同时进行货物跟踪管理，并在货物交纳给收货业主之后，通过 EDI 向发货物业主发送完成运送业务信息和运费请求信息。

（5）收货业主在货物到达时，利用扫描仪读取货物标签的物流条形码，并与先前收到的货物运输数据进行核对确认，开出收货发票、货物入库。同时，通过 EDI 向物流运输业主和发送货物业主发送收货确认信息。

物流 EDI 的优点在于，供应链组成各方基于标准化的信息格式和处理方法通过 EDI 共同分享信息、提高流通的效率、降低物流成本。例如，对零售商来说，应用 EDI 系统可以大大降低进货作业的出错率，节省进货商品检验的时间和成本，能迅速核对订货与到货的数据，易于发现差错。

但应用传统的 EDI 成本较高，一是因为通过 VAN 进行通信的成本高；二是制定和满足 EDI 标准较为困难。近年来，互联网的迅速普及，为物流信息活动提供了快速、简便、廉价的通信方式，从这个意义上说互联网将为企业进行有效的物流活动提供坚实的基础。

【问题思考】

1. 试述 EDI 技术定义、特点及分类。
2. 什么是 EDI 技术标准及核心技术？
3. 简述 EDI 技术信息交换过程。
4. 简述 EDI 技术在物流中的应用。

【项目实训】

1. 实训目标

(1) 使学生了解 EDI 技术及在物流企业中的应用。

(2) 使学生掌握 EDI 技术的特点、标准及信息交换过程。

2. 实训内容与要求

(1) 实训内容：

1) 网上搜索 EDI 技术相关知识及在企业中的应用情况。

2) 通过上机实际操作，掌握 EDI 实际操作技能。

(2) 实训要求：

1) 要求每个同学要自己独立上网络搜索相关内容，查阅相关 EDI 技术、相关知识和在物流企业中的应用情况。

2) 最后要求通过实训经过，写出一篇 EDI 在物流中的应用情况的实训报告。

项目 5　地理信息系统（GIS）技术

　　地理信息系统（GIS：GeographicInformation System）技术起源于20世纪60年代，目的是把地图变成数字形式的地图，便于计算机处理分析。1963年，加拿大测量学家首先提出了GIS这一术语，并用于自然资源的管理和规划。后来的几十年中间，伴随着计算机技术和网络技术的迅猛发展，GIS的应用也日趋深化和广泛，在环境、资源、石油、电力、土地、交通、公安、航空、市政管理、城市规划等领域成为常备的工作系统。

　　本项目描述GIS的基本涵义、特征、组成及其功能，介绍了地理信息系统的应用领域，重点阐述了在物流领域中的应用。

金融网点GIS系统

　　20世纪信息技术快速发展，21世纪的社会将是信息化、数字化、智能化的社会。地理信息系统（GIS）这一国际上的新兴技术，是实现全球数字化、城市数字化的关键技术之一，而上海则是中国最有希望实现数字化的城市。上海是现代化的大都市，人口稠密、经济发达，在中国经济建设和社会发展中具有极其重要的战略地位。金融业在其中占有了极重的比例，银行业则是重中之重。我们将对其中一具体应用案例展开分析：交通银行上海分行《银行网点综合地理信息系统》。

一、项目背景

　　交通银行上海分行是交通银行系统规模最大的管辖分行。全辖营业网点逾130个，形成以上海为中心，向长江三角洲辐射的业务网络。交通银行上海分行依托总行地处上海的优势，先后承担南浦大桥、杨浦大桥等一大批重大市政工程的融资项目，积极支持上海支柱产业的发展，竭诚为各类企业和广大市民提供金融服务。同时，交通银行上海分行与国际、国内金融市场有着广泛联系。在海外，与全球1273家境外银行建立了代理行关系，并同交通银行中国香港、纽约、东京和新加坡等分行及其驻伦敦、法兰克福等代表处实行海内外业务联动。交通银行是全国十大对外筹资窗口之一和外汇指定银行。

二、系统目标

交通银行上海分行《银行网点综合地理信息系统》在面向客户服务、业务信息管理、决策支持等方面，都将具有国内国际一流的水平，无论从系统的规模、业务应用的范围以及面向客户所提供的服务手段，都需要处在国内国外市场领先地位。面对激烈的竞争和瞬息万变的金融市场，充分利用现有的数据资源、电子信息和计算机技术，建立卓有成效的银行电子化的管理系统，尤其是将地理信息系统与其融合在一起，将现有的业务数据通过地理信息应用系统的独特关联技术，把业务数据转化为关联地图对象的可视属性，采用专题图的形式直接显示在地图上，以直观、形象的图表来预测未来业务的变化趋势，从而为银行的各级管理人员提供及时、有效、科学的辅助决策支持。越来越多的银行业用户在发展自身的计算机应用系统的过程中，已经认识到这样一个问题：数据库系统和网络技术是开发一个成功的应用系统的基础，然而在基础设备和数据齐备的情况下，如何对最终用户提供卓有成效的分析手段就成为了新的焦点。银行网点综合地理信息系统正是为此思想而实现的。

交通银行上海分行《银行网点综合地理信息系统》的使用，可以正确提供各种信息，这些信息经计算机处理分析后，可为决策和规划人员提供决策依据，进而制定出较优的资源配置和计划方案，使银行发展规划和管理决策达到最优化，获得最佳效益。由于该系统应用了先进的GIS（地理信息系统）技术，因此，通过地理信息系统优化资源配置，可以减少因盲目布局所造成的资源浪费，也可避免因对银行信息不能直观及时掌握而产生工作上盲区，最大限度地产生经济和社会效益。通过该系统应用，其产生的社会效益和经济效益是相当可观的。

三、功能设计

根据交通银行上海分行《银行网点综合地理信息系统》需求，利用先进的GIS技术，对交通银行上海分行《银行网点综合地理信息系统》应用功能的设计如图5-1所示。

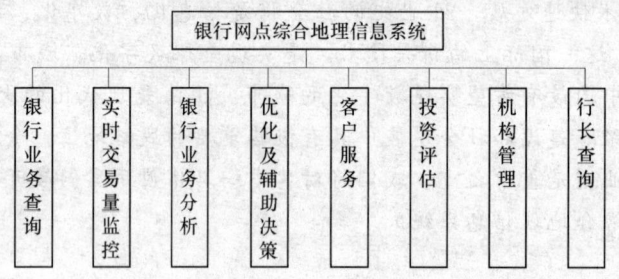

图5-1 银行网点综合地理信息系统功能模块

四、技术关键

1. 地址匹配模型

由于ArcGIS系列软件的地址匹配模型是按国外地址编码规律设计的，中国的地址编码规律不能直接使用，在深入研究ArcGIS软件地址匹配模型的基础上，对其地址匹配模型进行改造，使 ArcGIS 系列软件能方便地进行中国的地址编码规律的工程使用，实现了重大突破。

由于地址匹配技术的突破，可以使得海量的银行客户信息，通过 Geocode 技术，自动的匹配到 GIS 图形数据中，进行银行客户信息的空间统计分析，为银行优化选址提供信息服务。

2. 优化选址模型

由于目前 ArcGIS 系列软件所提供的优化选址模型还不能满足银行优化选址的全部模式，利用 ArcGIS 系列软件的开放性，扩展了部分优化选址模型，使整个系统满足了银行优化选址的全部模式。

通过对优化选址模型的扩展，丰富了 ArcGIS 的 Location 和 Allocate 的功能，在资源分配的基础上，选址工作得到了进一步的优化。

3. 空间回归模型

选址过程中，考虑到方方面面的影响因素，在众多的影响因素的如何量化，也是网点选址工作的重点。具体的量化工作是建立在大量空间数据统计分析的基础上，通过空间数据统计分析和多次回归分析，来提出选址要素的相关性和相关度。

空间回归模型的建立，为网点选址提供了简洁的数学模型，提高了选址的优化程度。

4. 海量数据处理技术

银行的数据量属海量数据，仅银行储户就有几百万户至几千万户，而且每天都有变化的动态信息，如此海量的数据，系统的数据结构和存储结构设计是系统成败的关键，通过了若干次实验，总结了一套可行、高效的海量数据处理技术，保证了系统对海量数据处理的要求。

5. 实时信息连接技术

银行 GIS 系统必须要与 ATM 机监控系统，银行实时交易系统等实时信息进行实时联网，连接方案和技术的好坏，直接影响系统的效率和可用性，采用了多种先进的实时联网技术和通信规约，保证了 GIS 与实时信息的一体化，在不影响银行实时交易系统运行的同时，确保了银行 GIS 系统的实时性。

五、应用前景

在《银行网点综合地理信息系统》建设中，在网点选址分析时，涉及大量的人口数据、社会经济数据等信息，网点选址周边环境信息空间统计分析功能的实现，要对指定网点一定区域范围内，对相关环境资源的进行空间统计，包括区域内的人口信息、商业网点信息、企业单位信息等。经计算机处理分析后，可为决策和规划人员提供决策依据，进而制定出较优的资源配置和计划方案，使银行发展规划和管理决策达到最优化，获得最佳效益。该系统应用了先进的 GIS（地理信息系统）技术，因此，通过地理信息系统优化资源配置，可以减少因盲目布局所造成的资源浪费，也可避免因对银行信息不能直观及时掌握而产生工作上盲区，最大限度地产生经济和社会效益。可见，通过该系统应用，其产生的社会效益和经济效益是相当可观的。

《银行网点综合地理信息系统》的建立，也是国内商业网点选址利用 GIS 技术的一个开端,网点优化选址的应用领域是非常宽广,在金融银行、大型超市、商品零售、餐饮娱乐、物流配送等网点布局规划方面都有十分美好的前景。

 **知识梳理**

一、地理信息系统（GIS）技术概述

（一）GIS 的概念

GIS 是 20 世纪 60 年代开始发展起来的地理学研究新成果。它以地理空间数据为基础,采用地理模型分析方法,定时地提供多种空间的动态地理信息,是一种为地理研究和地理决策服务的计算机技术系统。

通俗地讲,地理信息系统是整个地球或部分区域的资源、环境在计算机中的缩影;严格地讲,地理信息系统是反映人们赖以生存的现实世界（资源或环境）的现势与变迁的各类空间数据及描述这些空间数据特征的属性,在计算机软件和硬件的支持下,以一定的格式输入、存储、检索、显示和综合分析应用的技术系统。它是一种特定而又十分重要的空间信息系统,它是以采集、储存、管理、处理分析和描述整个或部分地球表面（包括大气层在内）与空间和地理分布有关的数据的空间信息系统。它通过地理信息管理系统的应用软件,将各种相关信息以文字、数字、图表、电子地图的形式,提供给用户使用。

（二）地理信息的含义特征

1. 地理信息含义

地理信息是指表征地理系统诸要素的数量、质量、分布特征、相互联系和变化规律的数字、文字、图像和图形的总称。

2. 地理信息特征

地理信息除了具有信息的一般特性外,还具有以下独特特性:

(1) 空间分布性。地理信息具有空间定位的特点,先定位后定性,并在区区域上表现出分布式特点,其属性表现为多层次,因此地理数据库的分布或更新也应是分布式。

(2) 数据量大。地理信息既有空间特征,又有属性特征。另外,地理信息还随着时间的变化而变化,具有时间特征。因此,其数据量很大,尤其是随着全球对地观测计划不断发展,我们每天都可以获得上万亿兆的关于地球资源、环境特征的数据。这必然对数据处理与分析带来很大压力。

(3) 信息载体的多样性。地理信息的第一载体是地理实体的物质和能量本身,此外还在描述地理实体的文字、数字、地图和影像等符号载体以及纸质、磁带、光盘等物理介质载体。

（三）地理信息系统含义及特征

1. 地理信息系统含义

地理信息系统是以地理空间数据库为基础,采用地理模型分析方法,适时提供多种空间的和动态的地理信息,为地理研究和地理决策服务的计算机技术系统。或者说,由计算

机系统、地理数据和用户组成的,通过对地理数据的集成、存储、检索、操作和分析,生成并输出各种地理信息,从而为土地利用、资源管理、环境监测、交通运输、经济建设、城市规划以及政府部门行政管理提供新的知识,为工程设计和规划、管理决策服务的信息系统。

2. 地理信息系统特征

地理信息系统除了具有一般信息系统的特点外,还具备如下特征:

(1) 进行空间查询和分析,对空间数据进行快速搜索并具有复杂的查询能力。

(2) 提高系统集成能力。采用 GIS 可最大限度地对机构的信息资源加以利用,GIS 通过地理相关性将不同数据集成在一起,使部门间、个人和企业的数据共享和交流成为可能,从而提高数据的利用价值、降低拥有成本,共享成果。

(3) 辅助决策。数据集成、空间分析、可视化表达,广泛应用于区域综合治理、宏观规划,GIS 拥有快速有效的信息获取、加工处理手段。

(4) 自动制图。通过 GIS 系统可方便地制作出过去只有制图专业人员才能作出的高品质地图,地图的要素随着数据库内容的变化而自动改变。

二、地理信息系统(GIS)组成

一个典型的地理信息管理系统一般包括计算机系统、地理数据库系统、应用人员三部分。

1. 硬件

硬件是 GIS 所操作的计算机。今天,GIS 软件可以在很多类型的硬件上运行。从中央计算机、服务器到桌面计算机,从单机到网络环境。

2. 软件

GIS 软件提供所需的存储、分析和显示地理信息的功能和工具。主要的软件部件有:

(1) 输入和处理地理信息的工具。

(2) 数据库管理系统(DBMS)。

(3) 支持地理查询、分析和视觉化的工具。

(4) 容易使用这些工具的图形化界面(GUI)。

3. 数据

一个 GIS 系统中最重要的部件就是数据了。地理数据和相关的表格数据可以自己采集或者从商业数据提供者处购买。GIS 将把空间数据和其他数据源的数据集成在一起,而且可以使用那些被大多数公司用来组织和保存数据的数据库管理系统,来管理空间数据。

4. 人员

GIS 技术如果没有人来管理系统和制定计划应用于实际问题,将没有什么价值。GIS 的用户范围包括从设计和维护系统的技术专家,到那些使用该系统并完成他们每天工作的人员。

5. 模型

成功的 GIS 系统,具有好的设计计划和自己的事务规律,这些规律对每一个应用来说是具体的操作实践和业务模型,而且往往又是独特的。

三、地理信息系统（GIS）的主要功能

1. 输入

在地理数据用于 GIS 之前，数据必须转换成适当的数字格式。从图纸数据转换成计算机文件的过程叫做数字化。对于大型的项目，现代 GIS 技术可以通过扫描技术来使这个过程全部自动化，对于较小的项目，需要手工数字化（使用数字化桌）。

目前，许多地理数据已经是 GIS 兼容的数据格式。这些数据可以从数据提供商那里获得并直接装入 GIS 中。

2. 处理

对于一个特殊的 GIS 项目来说，有可能需要将数据转换成或处理成某种形式以适应你的系统。例如，地理信息适用于不同的比例尺（街道中心线文件的比例尺也许是1∶100000；人口边界是 1∶50000；邮政编码是 1∶10000）。在这些信息被集成以前，必须转变成同一比例尺。这可以是为了显示的目的而做的临时变换，也可以是为了分析所做的永久变换。GIS 技术提供了许多工具来处理空间数据和去除不必要的数据。

3. 管理

对于小的 GIS 项目，把地理信息存储成简单的文件就足够了。但是，当数据量很大而且数据用户数很多时，最好使用一个数据库管理系统（DBMS），来帮助存储、组织和管理数据。

4. 查询和分析

一旦拥有一个适合你的地理信息系统，你可能开始查询像下面这样的一些简单问题：

（1）这个角落上的这块土地属于谁？

（2）两个地方之间的距离是多少？

（3）工业用地的边界在哪里？

（4）适合于盖新房子的所有地点在哪里？

（5）生长橡树的最好的土壤类型是什么？

（6）如果我要在这里建一条高速公路，它将如何影响交通？

GIS 提供简单的鼠标点击查询功能和复杂的分析工具，为管理者和类似的分析者提供及时的信息。

比如房地产经纪人可以用 GIS 在一定的区域内寻找满足下列条件的所有房屋：瓦盖的屋顶、5 个房间，并可列出它们的所有特点。

再如查询可以通过增加准则来进一步细化：房价必须每平方英尺少于100 美元。还可以列出与学校相距一定距离之内的房屋。

当你分析地理数据用于寻找模式和趋势，或提出"如果……怎么样"设想时，GIS 技术实际上正在被使用。如利用地理信息系统为公园选址辅助决策，如图 5-2 所示。

5. 可视化

对于许多类型的地理操作，最终结果最好是以地图或图形来显示。图件对于存储和传递地理信息是非常有效的。地图生产已经有上千年的历史，GIS 为扩展这种制图艺术和科学提供了崭新的工具。地图显示可以集成在报告、三维观察、照片、图像和其他媒体的多媒体输出中，如图 5-3 所示。

项目 5　地理信息系统（GIS）技术

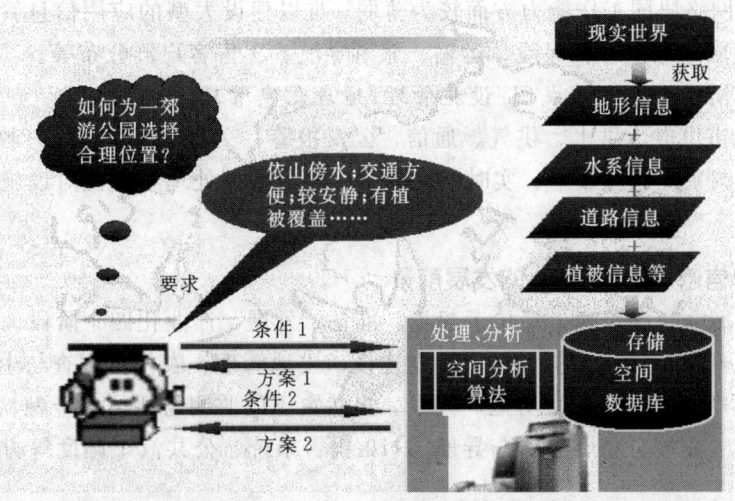

图 5-2　公园选址辅助决策示意图

图 5-3　可视化示意图

四、地理信息系统（GIS）分类

根据应用领域的不同，GIS 可分为三大类。

1. 传统的"基础型"GIS

其软件平台是在测绘领域的应用需求下产生的，主要应用于测绘、国土等部门，其设计出发点在于地学领域的应用，所以此类 GIS 系统庞大，结构复杂，但实时性能不好。

2. "桌面型"GIS

是以服务商用办公领域为目的的桌面地图系统，擅长于小数据量的图形分析和管理应

· 73 ·

用系统，而在网络协同工作能力方面较为薄弱，难以建设大型的应用信息管理系统，主要应用于商用领域，如银行、保险、运输、旅游导航、零售客户群分布等。

3. AM/FM/GIS（自动成图/设施管理/地理信息管理系统）

适用于城市供电、供水、供气、通信、公安报警、交通指挥和医疗急救等公用事业部门，是一种强调系统运行效率、实时响应速度、海量数据处理和重视对设施进行管理分析的 GIS 系统。

五、地理信息系统（GIS）的发展前景

GIS 的发展在我国较晚，经历了起步、准备、发展、产业化四个阶段。现在地理信息系统已在资源开发、环境保护、城市规划建设、土地管理、农作物调查与生产、交通、能源、通信、地理测绘、林业、房地产开发、自然灾害的监测与评估、金融、保险、石油与天然气、军事、犯罪分析、运输与导航、110 报警系统、公共汽车调度等方面得到了具体应用。

由于交通信息系统具有精度要求高、规则复杂、动态化、离散化等特点，原有的信息技术已经不能完全满足交通应用的需求，而借助于 GIS 的强大功能，可以实现交通信息化的时代要求。交通领域中 GIS 的应用也越来越受到研究者和开发者的重视。

六、地理信息系统（GIS）在物流中的应用

1. GIS 系统在物流分析中的应用

地理信息管理系统在国民经济许多部门都得到了广泛的应用，而在物流领域的应用则刚刚起步，其应用主要在以下几个领域，即应用地理信息管理系统强大的地理数据功能分析物流活动中的运输路线模型、最短路线模型、网络物流模型和设施定位模型等。

（1）运输路线模型。用于解决货物运输中的起点和终点问题，以减少运输，降低运输成本，并保证服务质量。包括决定使用多少车辆，每辆车的运输路线等。

（2）最短路线模型。用于最经济的路线选择问题分析，物流从哪里出发路径最短，费用最低，时间最短。

（3）网络物流模型。用于解决最有效的货物网点布局，寻求最有效的分配货物路径问题。如将货物从多个仓库运往多个商店，每个商店都有固定的需求量，因此需要确定由哪个仓库提货送给那个商店所耗的运输代价最小。

（4）设施定位模型。用于解决物流设施的布局定位问题，物流仓库和中心应如何布局、建设才最经济、最合算。在物流系统中，仓库和运输线路共同组成了物流网络。

仓库处于网络的节点上，节点决定着线路，如何根据供求实际需要和经济节约的原则，在既定区域内设立多少个仓库，每个仓库的位置、规模以及仓库之间的关系问题，运用此模型能获得很好地解决。

2. 在物流信息管理系统中的应用

（1）应用地理信息管理系统技术解决物流活动的配送、客户服务、货物查询等环节的问题。

（2）通过地理信息管理系统辅助物流配送，自动确立客户的位置，以便及时、准确地将物品配送到目的地和消费者。

项目5 地理信息系统（GIS）技术

(3) 通过地理信息管理系统的地图显示系统，准确计算客户的距离，以便更好地为客户服务。

(4) 通过地理信息管理系统还可以及时查询货物在运输途中的情况，以提高物流管理水平等。

【问题思考】

1. 试述地理信息系统的概念、特点及分类。
2. 简述地理信息系统（GIS）组成。
3. 试述地理信息系统主要功能。
4. 通过学习本项目，你对地理信息系统（GIS）在物流中的应用情况了解如何？

【项目实训】

1. 实训目标

(1) 使学生了解地理信息系统在物流领域中的应用。

(2) 使学生掌握地理信息系统的特点、组成及主要功能。

2. 实训内容与要求

(1) 实训内容：

1) 网上搜索地理信息系统相关知识及在物流企业中的应用情况。

2) 通过上机操作，掌握地理信息系统操作技能。

(2) 实训要求：

1) 要求每个同学要自己独立上网络搜索相关内容，查阅相地理信息系统相关知识和在物流企业中的应用情况。

2) 最后要求通过实训经过，写出一篇地理信息系统在物流中的应用情况的实训报告。

项目 6 全球定位系统（GPS）技术

全球定位系统（GPS；Global Positiong System）是利用空间卫星系统、地面监控系统、用户接受系统对对象进行动态定位的系统。它能快速、准确地对静态、动态对象进行动态空间信息的获取，并且不受天气和时间的限制。如今随着人们对 GPS 认识的加深，GPS 不仅在测量、导航、测速、测时等方面得到广泛应用，而且还被应用于汽车自定位、跟踪调度、陆地救援、内河及远洋船最佳航程和安全航线的实时调度，还有大地测量、工程变形监测、资源勘察、地球动力学等。

本项目介绍了 GPS 的涵义、GPS 系统特点及组成、GPS 工作原理、GPS 在物流中的应用，同时介绍了全球其他三大卫星定位系统。

混凝土搅拌车 GPS 应用

混凝土是建筑行业是最主要的建材，在流通中基本上都使用混凝土卡车进行运输，当前在混凝土搅拌企业管理中最为棘手的有几个问题亟须解决：一是车辆的利用率；二是防止车辆驾驶员不诚信行为；三是严重超速现象；尤其是运输途中出部分不诚信司机，私卖混凝土建材油料等，普遍的超速现象是造成交通事故频发的主要原因。另外混凝土搅拌运输车据调查，我国的混凝土搅拌运输车利用率尚不足 35%；车辆驾驶员在运输时也偶有中途偷料事件发生。因此，如何解决好上述两大问题成为业者重点攻关的课题。管理人员就可以随时知道车辆的位置信息，避免驾驶员的个人作弊现象，及在各个环节上将各种资源浪费减小到最低。对混凝土企业优化资源配置、提高企业的市场竞争力，将会起到积极的促进作用。混凝土车辆管理的最终目标是降低成本、提高服务水平，这就需要混凝土企业能够及时、准确、全面的掌握运输车辆的信息，对运输车辆实现实时监控调度。现代科技、通信技术的发展，GPS/GIS 技术的成熟和 GPRS 无线通信技术的广泛应用，为现代混凝土企业车辆管理提供了强大而有效的工具。GPS/GIS/ GPRS 和互联网的结合运用，对混凝土企业优化资源配置、提高企业的市场竞争力。为适应市场需求,各混凝土企业迫切需要应用各种先进科学和现代化管理来提高运营效率和质量,从而把运输智能化和现代化管理提到首要位置。鉴于此,为混凝土运输车辆配备GPS车载设备是必要的,因为它可以堵塞企业的管理漏洞,提高运输效率。

GPS在混凝土企业运用效果:

(1) 树立良好的企业形象:管理员了解车辆的状况,为客户提供准确信息,方便了客户在第一时间了解在途货物的状况,合理有效地安排接出货时间和有关人员、设备的配备,在为客户提供准确、迅速、安全的运输服务的同时也提供了高质量的产品,帮助企业建立良好的声誉,树立优良的企业形象,为企业开拓市场,增强企业在市场中的竞争优势起到了很大的作用。

(2) 实现车辆智能调度:管理员在了解车辆目前的和所处的地理位置后,调度中心将运输要求、任务及时地发送给司机,以实现实时调度,可提高单车的效率,节省了相关的运输费用;同时也解决了因个人通信工具而无法进行联系的矛盾。使用GPS监控系统,通过发送调度命令,对回程车辆或紧急业务进行合理配载,降低了运输成本。

(3) 减少管理漏洞:GPS监控系统可以设定区域报警,管理人员可以对司机指定路线或划定区域,如果车辆开出限定区域可直观在地图上发现到,加强管理人员对司机运输过程的管理,在一定程度上可以约束司机的不良行为,如故意绕行、利用公共财物谋取私利等,为车队管理提供了有效的手段,减少了车辆损耗,为公司避免了相关费用的支出。

(4) 改善运输车辆管理:管理人员通过调度中心可以随时监控车辆当前的位置状态,主动地获得车辆所在的最新位置,可对一辆或多辆的位置情况,按就近原则及时安排车辆的任务为客户提供及时的运输服务。

总之,GPS监控系统应用在混凝土企业,能够加强了运输车辆的里程利用率,降低了运输成本,进一走降低了运输费用,避免了人为原因造成的遗漏和损失,提高了企业管理水平和市场竞争力,赢得良好的声誉,树立混凝土企业优良的企业形象。

知识梳理

一、全球定位系统(GPS)概述

随着科学的发展,GPS已经不是一个陌生的名词了,如图6-1所示。GPS在海湾战争中大显身手,美军所呈现的厘米级的军事打击精度,给人以深刻的印象,但是有谁能了解GPS的真正含义呢?

全球定位系统(GPS)是美国20世纪70年代开始研制的,历时20年,耗资200亿美元,于1994年全面建成,是具有在海、陆、空进行全方位实时三维导航与定位的新一代卫星导航与定位系统。其目的针对军事用途,例如战机、船舰、车辆、人员、攻击标的物的精确度定位等。时至今日,GPS早已开放给民间作为定位使用,这项结合太空卫星与通信技术的科技,在民间市场已正在蓬勃的展开,除了能提供精确的定位之外,对于速度、时间、方向及距离亦能准确地提供信息,运用的范围相当广泛。

模块一　物流信息管理技术基础

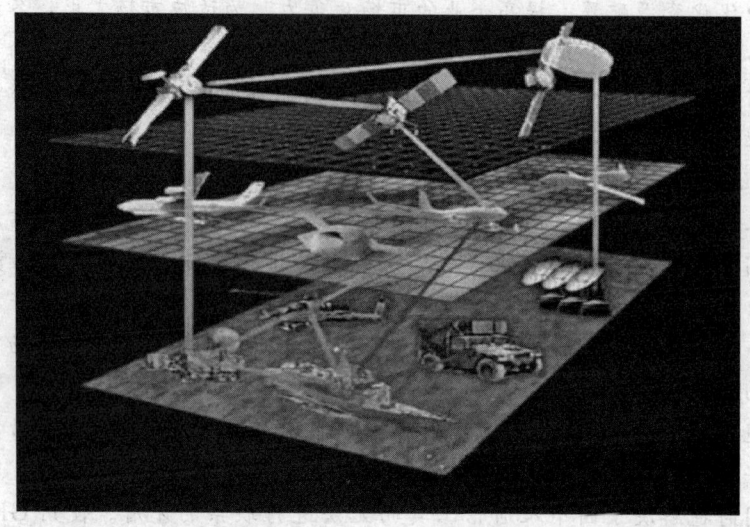

图 6-1　全球定位系统（GPS）

二、GPS 系统的组成

GPS 系统由空间卫星系统、地面控制系统和用户接收系统等三部分组成，如图 6-2 所示。

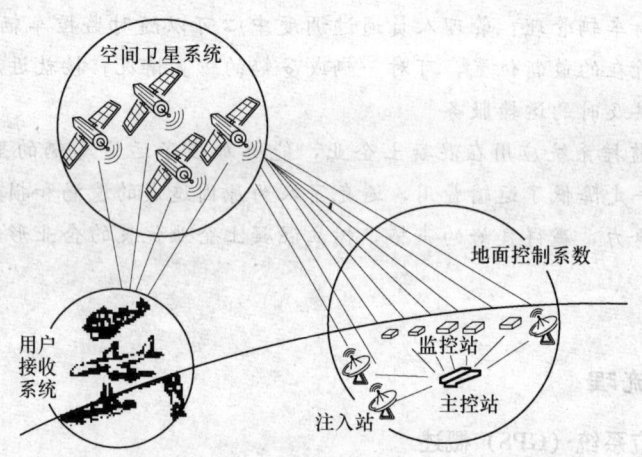

图 6-2　GPS 系统组成

（一）空间卫星系统

空间卫星系统由均匀分布在 6 轨道平面上的 24 颗高轨道工作卫星构成，轨道平面的卫星数随着时间和地点的不同而不同，最少可见 4 颗，最多可以见到 11 颗。卫星运行到轨道的任何位置上，它对地面的距离和波束覆盖面积不变。这样在全球的任何地方、任何气候下，都能为用户提供 24 小时不间断的免费服务，如图 6-3 所示。

在 GPS 系统中，GPS 卫星有以下作用：

（1）空间系统的每颗卫星每 12h 绕地球一周，由星载高精度原子钟控制无线电发射机

项目 6 全球定位系统（GPS）技术

发射 L_1、L_2 两种载波，向全球用户接受系统连续地播发 GPS 导航信号。

（2）在卫星飞越注入站时，接受注入站发送的导航电文和其他信息，并发送给其他用户。

（3）接收地面主控站通过注入站发送到卫星的高度指令，适时地改正运行偏差。

（二）地面控制系统

GPS 的地面监控部分，目前主要由分布在全球的 5 个地面站所组成，其中包括卫星监测站、主控站和信息注入站，具体参见图 6-4。

地面控制系统由 1 个主控站、3 个注入站、5 个监测站构成，它们均匀地分布在美国的本土和三大洋的军事基地上。

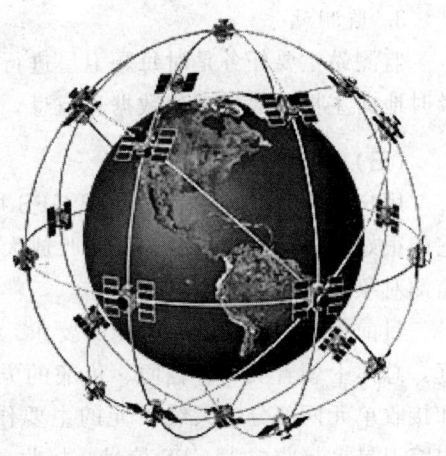

图 6-3 空间卫星系统

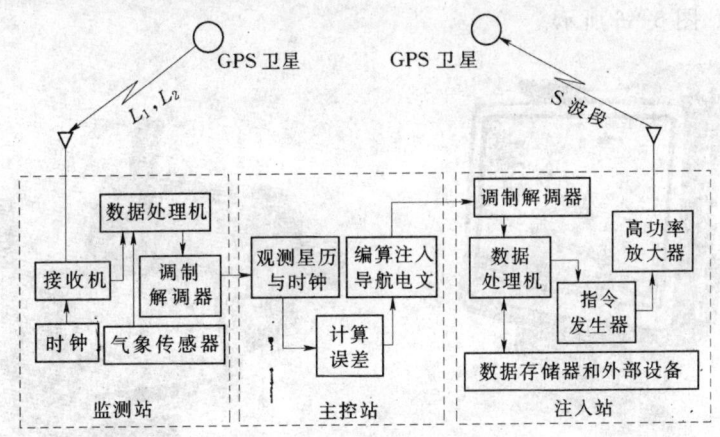

图 6-4 地面监控系统图

1. 主控站

主控站接受各监控站发来的卫星观测数据、卫星工作状态数据以及各监控站工作状态数据，编辑相应的导航电文用于对卫星运行状态的控制。主控站接收各监测站的 GPS 卫星观测数据、卫星工作状态数据、各监测站和注入站自身的工作状态数据。根据上述各类数据，完成以下几项工作：

（1）及时编算每颗卫星的导航电文并传送给注入站。

（2）控制和协调监测站间、注入站间的工作，检验注入卫星的导航电文是否正确以及卫星是否将导航电文发给了 GPS 用户系统。

（3）诊断卫星工作状态，改变偏离轨道的卫星位置及姿态，调整备用卫星取代失效卫星。

2. 注入站

顾名思义，注入站接受主控站送达的卫星导航电文并将其注入飞越其上空的卫星。

3. 监测站

监测站主要任务是对每颗卫星进行观测，采集气象数据，精确卫星在空间中的位置，及时地向主控站提供观测数据和信息。

(三) 用户接收系统

用户接收系统的中心设备是 GPS 接收机。GPS 接收机是一种特制的无线电接收机，它能很好地捕捉、跟踪卫星，接收放大 GPS 信号，实时地计算出监测站的三维坐标以及监测对象的三维速度和时间。

目前根据不同用户和功能的要求，GPS 接收机的结构、大小、形状和价格也大相径庭，总体上朝着实用、轻便、价廉的方向发展。GPS 卫星接收机的基本结构是天线单元和接收单元两部分。天线单元的主要作用是：当 GPS 卫星从地平线上升起时，能捕获、跟踪卫星，接收放大 GPS 信号。接收单元的主要作用是：记录 GPS 信号并对信号进行解调和滤波处理，还原出 GPS 卫星发送的导航电文，求解信号在站星间的传播时间和载波相位差，实时地获得导航定位数据或采用测后处理的方式，获得定位、测速、定时等数据，如图 6-5、图 6-6 所示。

图 6-5 用户接收机（一）

图 6-6 用户接收机（二）

三、GPS 的基本特点

GPS 技术的问世标志着电子导航技术发展的全盛时代的到来，它与其他系统相比有以下几个显著特点。

1. 全球地面连续覆盖

由于 GPS 卫星数目较多且分布合理，所以在地球上任何地点均可连续同步地观测到至少 4 颗卫星，从而保障了全球、全天候连续实时为用户提供连续、定时的三维位置、三维速度和精密时间，不受任何天气的影响。

2. 运用范围广、精度高

GPS 不仅在测量、导航、测速、测时方面广泛应用，而且在汽车自定位、跟踪高度、陆地救援、内河及远洋船航行调度等方面也得到广泛应用。GPS 可为各类用户连续地提供高精度的三维位置、三维速度和时间信息。定位精度高。

项目6 全球定位系统（GPS）技术

3. 实时定位速度快

目前，GPS接收机的一次定位和测速工作在1s甚至更少的时间内便可完成，这对高动态用户来讲尤其重要。

4. 抗干扰性好，保密性强

由于GPS系统采用了伪码扩频技术，因而GPS卫星所发送的信号具有良好的抗干扰性和保密性，可广泛应用于军事领域。

5. 用户数量不受限制

GPS接收机是被动式全天候系统，只收不发信号，故不受卫星系统和地面控制系统的控制，因此，用户数量不受限制。

四、GPS的定位

在2000km高空的GPS卫星，当地球对恒星来说自转一周时，它们绕地球运行两周，即绕地球一周的时间为12恒星时。这样，对于地面观测者来说，每天将提前4min见到同一颗GPS卫星。位于地平线以上的卫星颗数随着时间和地点的不同而不同，最少可见到4颗，最多可见到11颗。

在用GPS信号导航定位时，为了结算观测站的三维坐标，必须观测4颗GPS卫星，称为定位星座。这4颗卫星在观测过程中的几何位置分布对定位精度有一定的影响。对于某地某时，甚至不能测得精确的点位坐标，这种时间段叫做"间隙段"。但这种时间间隙段是很短暂的，并不影响全球绝大多数地方的全天候、高精度、连续实时地定位。

一般情况下，在任一时间和全球的任一位置都能接收到多个卫星的信号，对于测量经纬度必须要有三颗可同时接收信号的卫星，如果还要同时测量高度，则还需要第4颗卫星。

接收机测量由不同卫星（A、B、C）所发信号到达接收机的时间，将该时间与发射信号中包含的发射时间相比较，来计算接收机与这几颗卫星之间的距离。由于卫星的位置（在空间坐标系中的坐标）已知，通过三角测量的交会方法，接收机可以计算出自身所在位置的经纬度和高度，如图6-7、图6-8所示。

五、GPS的基本功能

GPS的基本功能是车辆调度。它通过呼叫中心接受货主实时查询或预约车辆，广播货运信息，下达调度命令，监控货运出租车辆及货物运行情况。

1. 车辆监控

实时监控货运出租车辆的运行轨迹，监测车辆运营状态，如空车、满载、暂停服务等。

2. 紧急报警

紧急情况（如遇劫）时，可按下报警按钮，自动向监控调度中心汇报自己的位置，同时显示监控目标发出信号的性质、时间、地理位置及车牌号，监控中心可以实时监听车内发生的情况，跟踪车辆行驶轨迹；车辆处于位置锁定状态，当车辆非正常移动（如有人偷车）时，能自动向监控调度中心发出报警信息，监控中心能对车辆实施必要的控制操作（如锁车门、断油路）。

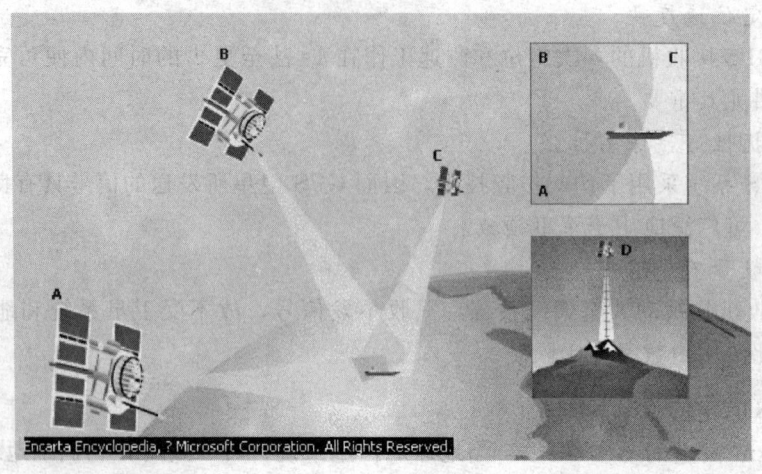

图6-7 GPS定位示意图（一）

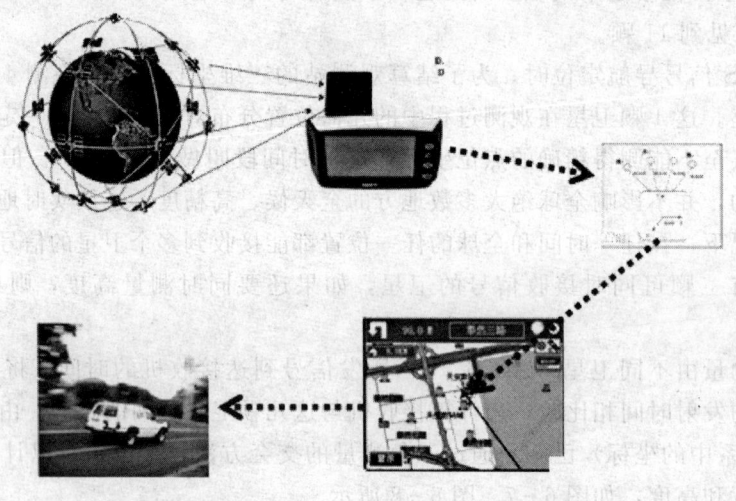

图6-8 GPS定位示意图（二）

3. 语音通信

调度中心可与货运车出租司机、货主通话，支持三方通话，通过语音下达调度指令或提供信息服务。

4. 导航与信息服务

货运出租司机按下请求服务按钮，可以通过语音方式向监控调度中心寻求导航或信息服务，调度系统应能通过GIS平台进行路径分析，存储各类服务信息，为出租司机提供帮助。

5. 投诉

录入投诉情况，归档备案，系统可根据各种关键字，查询车辆投诉与调度信息。

6. 统计分析

对监控调度中心工作人员的工作量、工作效率进行统计分析；按时段统计业务量；统计车辆及调度信息。

7. 防盗功能

当驾驶员离开车辆，车辆处于安全设防状态时，如果有人非法开启车门或发动车辆，车辆会自动报警，此时车主手机、车辆监控中心同时会收到报警电话，不用车主费脑伤神，监控中心的值班人员会立即联系110报警；且车辆自动启动断油、断电程序。

目前，国内主要是使用语音导航系统，车主可以通过车辆的监控中心得到车辆所在位置。同时也可以向该中心查询行走路线。这种语音导航与国外的电子地图相比，虽然并不完美，但它可以减轻车主边开车边看地图的压力，车主只要通过免提电话，便可以轻松得到指引。

六、全球四大卫星定位系统介绍

（一）美国"GPS"

由美国国防部于20世纪70年代初开始设计、研制GPS，于1993年全部建成。1994年，美国宣布在10年内向全世界免费提供GPS使用权，但美国只向外国提供低精度的卫星信号。据信该系统有美国设置的"后门"，一旦发生战争，美国可以关闭对某地区的信息服务。

（二）欧盟"伽利略"

1999年，欧洲提出计划，准备发射30颗卫星，组成"伽利略"卫星定位系统。"伽利略"系统仅有两颗试验卫星在2005年和2008年发射升空。2011年10月月20日，两颗"伽利略"导航卫星将被送至距离地球236000km的轨道。根据欧空局公布的计划，今年年内"伽利略"将完成首批4颗在轨验证卫星的发射。2014年，将发射另外14颗具完整功能的卫星，从而组网形成导航服务能力。至2019年，将完成全部30颗卫星的发射，实现全球覆盖，如图6-9所示。

图6-9 欧盟"伽利略"

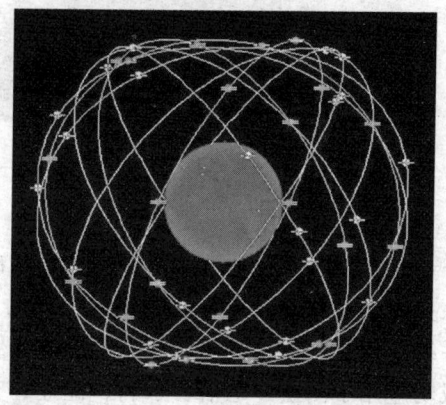
图6-10 俄罗斯"格洛纳斯"

（三）俄罗斯"格洛纳斯"

"格洛纳斯GLONASS"是俄语中"全球卫星导航系统GLOBAL NAVIGATION SATELLITE SYSTE"的缩写。作用类似于美国的GPS、欧洲的伽利略卫星定位系统。

最早开发于前苏联时期,后由俄罗斯继续该计划。俄罗斯 1993 年开始独自建立本国的全球卫星导航系统。按计划,该系统将于 2007 年年底之前开始运营,届时只开放俄罗斯境内卫星定位及导航服务。到 2009 年年底前,其服务范围将拓展到全球。该系统主要服务内容包括确定陆地、海上及空中目标的坐标及运动速度信息等,如图 6-10 所示。

(四) 中国"北斗"

1. 概述

北斗卫星导航系统 [BeiDou (COMPASS) Navigation Satellite System] 是中国正在实施的自主发展、独立运行的全球卫星导航系统。系统建设目标是:建成独立自主、开放兼容、技术先进、稳定可靠的覆盖全球的北斗卫星导航系统,促进卫星导航产业链形成,形成完善的国家卫星导航应用产业支撑、推广和保障体系,推动卫星导航在国民经济社会各行业的广泛应用。

北斗卫星导航系统由空间段、地面段和用户段三部分组成,空间段包括 5 颗静止轨道卫星和 30 颗非静止轨道卫星,地面段包括主控站、注入站和监测站等若干个地面站,用户段包括北斗用户终端以及与其他卫星导航系统兼容的终端,如图 6-11 所示。

图 6-11 中国"北斗"

2. 发展历程

卫星导航系统是重要的空间信息基础设施。中国高度重视卫星导航系统的建设,一直在努力探索和发展拥有自主知识产权的卫星导航系统。2000 年,首先建成北斗导航试验系统,使我国成为继美、俄之后的世界上第三个拥有自主卫星导航系统的国家。该系统已成功应用于测绘、电信、水利、渔业、交通运输、森林防火、减灾救灾和公共安全等诸多领域,产生显著的经济效益和社会效益。特别是在 2008 年北京奥运会、汶川抗震救灾中发挥了重要作用。为更好地服务于国家建设与发展,满足全球应用需求,我国启动实施了北斗卫星导航系统建设。

3. 建设原则

北斗卫星导航系统的建设与发展,以应用推广和产业发展为根本目标,不仅要建成系

项目6　全球定位系统（GPS）技术

统，更要用好系统，强调质量、安全、应用、效益，遵循以下建设原则：

（1）开放性。北斗卫星导航系统的建设、发展和应用将对全世界开放，为全球用户提供高质量的免费服务，积极与世界各国开展广泛而深入的交流与合作，促进各卫星导航系统间的兼容与互操作，推动卫星导航技术与产业的发展。

（2）自主性。中国将自主建设和运行北斗卫星导航系统，北斗卫星导航系统可独立为全球用户提供服务。

（3）兼容性。在全球卫星导航系统国际委员会（ICG）和国际电联（ITU）框架下，使北斗卫星导航系统与世界各卫星导航系统实现兼容与互操作，使所有用户都能享受到卫星导航发展的成果。

（4）渐进性。中国将积极稳妥地推进北斗卫星导航系统的建设与发展，不断完善服务质量，并实现各阶段的无缝衔接。

4．发展计划

目前，我国正在实施北斗卫星导航系统建设。根据系统建设总体规划，2012年左右，系统将首先具备覆盖亚太地区的定位、导航和授时以及短报文通信服务能力；2020年左右，建成覆盖全球的北斗卫星导航系统。

5．服务

北斗卫星导航系统致力于向全球用户提供高质量的定位、导航和授时服务，包括开放服务和授权服务两种方式。开放服务是向全球免费提供定位、测速和授时服务，定位精度10m，测速精度0.2m/s，授时精度10ns。授权服务是为有高精度、高可靠卫星导航需求的用户，提供定位、测速、授时和通信服务以及系统完好性信息。

七、GPS技术在物流中的应用

随着互联网的蓬勃发展，GPS也进入了网络时代。GPS、GIS、GSM等各项先进技术的强强联合造就了现在的网络GPS，它的出现将大大促进物流产业的发展。

随着互联网的发展和通信技术的进步，跨平台、组件化的GIS（地理信息系统）和GPS（全球定位系统）技术的逐步成熟，基于GIS/GPS的应用将构造具有竞争力的透明物流企业。GIS应用于物流分析，主要是指利用GIS强大的地理数据功能来完善物流分析技术。GPS在物流领域的应用可以实时监控车辆等移动目标的位置，根据道路交通状况向移动目标发出实时调度指令。而GIS、GPS和无线通信技术的有效结合，再辅以车辆路线模型、最短路径模型、网络物流模型、分配集合模型和设施定位模型等，能够建立功能强大的物流信息系统，使物流变得实时并且成本最优。

车载单元即GPS接收机在接收到GPS卫星定位数据后，自动计算出自身所处的地理位置的坐标，后经GSM通信机发送到GSM公用数字移动通信网，并通过与物流信息系统连接的DDN专线将数据送到物流信息系统监控平台上，中心处理器将收到的坐标数据及其他数据还原后，与GIS系统的电子地图相匹配，并在电子地图上直观地显示车辆实时坐标的准确位置。各网络GPS用户可用自己的权限上网进行自有车辆信息的收发、查询等工作，在电子地图上清楚而直观地掌握车辆的动态信息（位置、状态、行驶速度等）。同时还可以在车辆遇险或出现意外事故时进行种种必要的遥控操作。

GPS对物流产业所起的作用有以下几点。

1. 实时监控功能

在任意时刻通过发出指令查询运输工具所在的地理位置（经度、纬度、速度等信息）并在电子地图上直观地显示出来。

2. 双向通信功能

GPS 的用户可使用 GSM 的话音功能与司机进行通话或使用安装在运输工具上的移动设备的汉字液晶显示终端进行汉字消息收发对话。驾驶员通过按下相应的服务、动作键，将该信息反馈到 GPS，监督员可在 GPS 工作站的显示屏上确认其工作的正确性，了解并控制整个运输作业的准确性（发车时间、到货时间、卸货时间、返回时间等）。

3. 动态调度功能

调度人员能在任意时刻通过调度中心发出文字调度指令，并得到确认信息。可进行运输工具待命计划管理，操作人员通过在途信息的反馈，运输工具未返回车队前即做好待命计划，可提前下达运输任务，减少等待时间，加快运输工具周转速度。

4. 数据存储、分析功能

实现路线规划及路线优化，事先规划车辆的运行路线、运行区域，何时应该到达什么地方等，并将该信息记录在数据库中，以备以后查询、分析使用。

GPS 的运用已经为交通运输体系的发展起着不可忽视的作用，并将会在以后为物流运输企业业务的发展提供更加广阔的前景。

【问题思考】

1. 试述 GPS 系统的概念、特点。
2. 简述 GPS 系统组成。
3. 试述 GPS 的基本功能。
4. 通过学习本项目，你知道 GPS 系统在物流企业中的具体运用有哪些？

【项目实训】

1. 实训目标

(1) 使学生了解 GPS 系统在物流领域中的应用。
(2) 使学生掌握 GPS 的特点、组成及主要功能。
(3) 使学生学会使用 GPS 接收机。

2. 实训内容与要求

(1) 实训内容：

1) 网上搜索 GPS 系统相关知识及在物流企业中的应用情况。
2) 利用实验室相关软硬件，学会使用 GPS 接收机。

(2) 实训要求：

1) 要求每个同学要自己独立上网络搜索相关内容，查阅相 GPS 系统相关知识和在物流企业中的应用情况。
2) 利用实验室相关软硬件，每个同学必须自己动手学会使用 GPS 接收机。
3) 最后要求通过实训经过，写出一篇 GPS 系统在物流中的应用情况的实训报告。

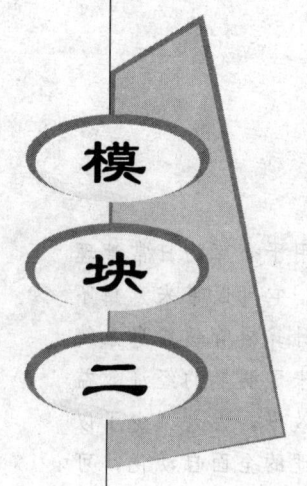

模块二

物流信息系统概述

项目7 仓储管理信息系统

在计算机飞速发展的今天,将计算机这一信息处理器应用于仓库的日常管理已是势必所然,而且这也将为仓库管理带来前所未有的改变,它可以带来意想不到的效益,同时也会为企业的飞速发展提供无限潜力。采用计算机管理信息系统已成为仓库管理科学化和现代化的重要标志,它给企业管理来了明显的经济效益和社会效益。主要体现在:极大提高了仓库工作人员的工作效率,大大减少了以往入货、出库流程繁琐、杂乱、周期长的弊端。基于仓库管理的全面自动化,可以减少入库管理、出库管理及库存管理中的漏洞,可以节约不少管理开支,增加企业收入。仓库管理的操作自动化和信息的电子化,全面提高了仓库的管理水平。随着我国改革开放的不断深入,经济飞速的发展,企业要想生存、发展,要想在激烈的市场竞争中立于不败之地,没有现代化的管理是万万不行的,仓库管理的全面自动化、信息化则是其中极其重要的部分。为了加快仓库管理自动化的步伐,提高仓库的管理业务处理效率,建立仓库管理系统已变得十分重要。

本项目主要介绍仓储管理信息系统的含义、系统的业务流程和功能结构。

中国物资储运总公司仓储管理信息系统

中国物资储运总公司是国有储运系统中最大的国有储运企业,是中国最大的以提供仓储、分销、加工、配送、国际货运代理、进出口贸易以及相关服务为主的综合物流企业之一。在全国中心城市和重要港口设有子公司以及控股上市公司78家,分布在全国20多个大中城市,总资产60亿元,占地面积1300万 m^2,货场面积450万 m^2,库房面积200万 m^2,铁路专用线129条,114km,自备列车3列,起重设备900台,载重汽车400辆,年吞吐货物2500万t,年平均库存300万t。

2000年8月,时力科技承建了中国物资储运总公司仓储管理信息系统,系统通过为企业提供科学规范的业务管理、实时的生产监控调度、全面及时的统计分析、多层次的查

项目7 仓储管理信息系统

询对账功能、包括网上查询在内的多渠道方便灵活的查询方式、新型的增值业务的管理功能以及与时俱进的持续升级,不仅满足了中国物资储运总公司生产管理、经营决策的要求,而且有力地支持了中国物资储运总公司开发客户,成为中国物资储运总公司营销和发展的利器。

 **知识梳理**

一、仓储管理

仓储管理就是对仓库及仓库内的物资所进行的管理,是仓储机构为了充分利用所具有的仓储资源提供高效的仓储服务所进行的计划、组织、控制和协调过程。具体来说,仓储管理包括仓储资源的获得、仓储商务管理、仓储流程管理、仓储作业管理、保管管理、安全管理多种管理工作及相关的操作。

二、仓储管理信息系统

仓储物流管理信息系统是在对仓储物流企业进行详细调研及需求分析的基础上,结合先进的仓储物流管理理念,以仓储运作流程为核心,以物流信息技术为依托开发的仓储物流企业信息管理的人机交互系统,具有仓储物流信息收集、存储、加工、转换及辅助决策的功能。

仓储管理信息系统是用于管理仓库中货品、空间资源、人力资源、设备资源等在仓库中的活动,是货物入库、保管保养(库内)、出库等一系列作业的管理系统。

三、仓储管理信息系统的功能结构

仓储管理信息系统一般包括以下几个功能模块,即:入库管理、出库管理、加工作业、运输业务、盘点管理、费用结算管理、报关资料管理、业务查询、客户管理、基础资料管理、系统管理等。其框架结构如图7-1所示。

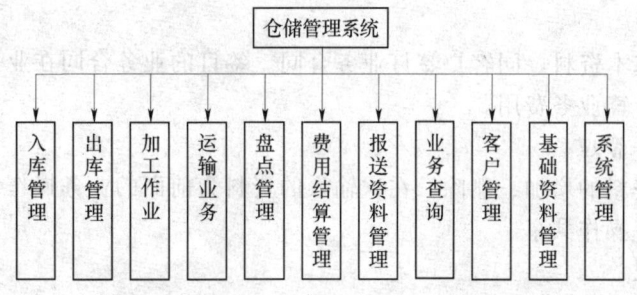

图7-1 仓储管理信息系统功能模块

1. 入库管理

对货物的入库进行管理。这是整个仓储业务的开始,这里输入的数据是后面业务操作的根据。该功能模块具体的操作流程是:入库计划单→入库计划单确认→理货卸货单→入库单据打印。

2. 出库管理

对出库货物进行管理。要出库的货物，一般情况下是客户事先通知物流公司，让物流公司做好出库的准备，当业务量大的时候，出库计划特别重要，为客户、物流公司减少因等待货物所造成的不必要的损失，大大提高了工作效率，减少机器设备的磨损，也就会为物流企业减低成本。具体的操作流程：出库计划单→出库计划单确认→出库理货单→出库单打印。

3. 加工作业

对客户要求仓储企业对货物进行加工的业务单据管理。属于业务加工范围的主要是，贴条码、包装、作标记等。

4. 运输业务

对仓储企业的运输业务进行简单的管理。其数据的流程是通过业务操作时是否由仓储企业为客户提供车辆，当客户需要仓储企业提供车辆时，仓储公司进行派车。

5. 盘点管理

企业要定期进行盘点，减少因库存的损失而给仓储物流企业带来的损失，同时是对客户的高度负责。通过盘点盈余来及时调整物流企业库存的差异。

6. 费用结算管理

结算公司一段时间的业务收入，进行业务收款的管理。通过业务收入反应企业的经营状况，通过对客户的业务账款的管理，可以及时收回客户的款项，减少企业呆账的损失，加速资金回笼。

7. 畅报关资料管理

为报关提供资料，同时也随时掌握库存报关、监管货物的进出库存的变化。

8. 业务查询

查询业务状况，为企业的经营决策提供分析数据，所有的报表数据都是前面业务操作得到。不同的报表所反应的侧重点不一样，通过分析，了解和发现不同客户的业务变化，随即制定策略。

9. 客户管理

录入客户的基本资料，同客户签订业务合同。签订的业务合同在业务操作系统作选择后，系统会自动计算业务费用。

10. 基础资料管理

系统的基本资料的增加、删除。在这输入的资料为前面的业务操作作准备，该处输入的资料为前面业务操作共享。

11. 系统管理

设置模拟岗位，对岗位的权限进行分配；设置用户，对用户的所属岗位、操作权限进行分配。通过不同岗位的轮流操作，使学习者掌握全部的运作业务。

【问题思考】
1. 试述仓储管理信息系统的定义
2. 举例说明仓储管理信息系统在物流企业中的应用。
3. 仓储管理信息系统的主要功能结构有哪些？

【项目实训】

1. 实训目标

(1) 使学生认识仓储管理信息系统的主要功能。

(2) 初步了解仓储管理信息系统在企业中的应用情况。

2. 实训内容和要求

(1) 实训内容:

1) 通过网上检索,查阅有关仓储管理信息系统的功能模块和业务流程。

2) 网上查找有关物流企业仓储管理运用情况。

(2) 实训要求。每个同学要根据自己在网络搜索相关内容,写出一篇对仓储管理信息系统认识报告。

项目 8 运输管理信息系统

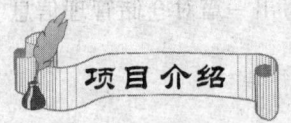

运输是物流运作的重要环节,在物流的各个环节中运输时间及成本占有相当比重。现代运输管理是对运输方式、运输工具、运输网络、运输任务、运输过程的控制与优化,在这个运输网络中传递着不同区域的运输任务、运输资源、运输状态等等信息。

随着市场竞争的加剧,对于物流服务质量的要求越来越高、及时性越来越强,这就需要借助运输管理系统。因此为了满足顾客的需要,为了在激烈的竞争中获得竞争优势,为了提高整个供应链的经营效果,许多物流运输企业特别是大型物流运输企业从战略高度出发建立自己的运输管理信息系统、应用货物跟踪系统、运输车辆运行管理系统等物流信息管理系统,提高企业的经营效率。

本项目主要介绍运输概念,运输管理系统定义、分类、业务流程和作用。重点介绍了典型的公路运输管理系统的功能结构。

 走进项目

中国铁路运输管理信息系统

运输管理信息系统(Transportation Management Information System,简称 TMIS)铁路运营管理信息系统中的核心系统,其主要目标是建立中央实时数据库和部、局、分局三级处理数据库,中国铁路要从 6000 多个站段选择 2200 个主要站段作为信息社处理和报告源点,实时地将列车、机车、车辆、集装箱及所用货物的动态信息通过分布全路的公用数据网报告中央实时数据库;中央实时数据库将收集的实用信息加工处理后供给铁道部、铁路局、铁路分局及主要站段的运输组织指挥人员,作为运输组织指挥的主要报依据;提供货物运输的动态信息给货主,作为生产经营、适应市场变化的重要信息,从而实现对 2 万多列车货列车、50 万辆货车、60 万个集装箱及所运货物的实时动态追踪管理。

该系统从微观上处理运输管理中各个环节的业务,可随时随地查询作一列车、任一车辆、任一集装箱以及它们所议货物的位置及设备的技术状态,并预报它们未来三天的动态变化；从客观上可预见各条线路，主要编组站、分界口、限制口的车流变化，防止车流堵塞，提高运输效率，加速机车车辆周转，加速物资流通。

TMIS总体结构总体上由四部分组成（如图8-1所示）。

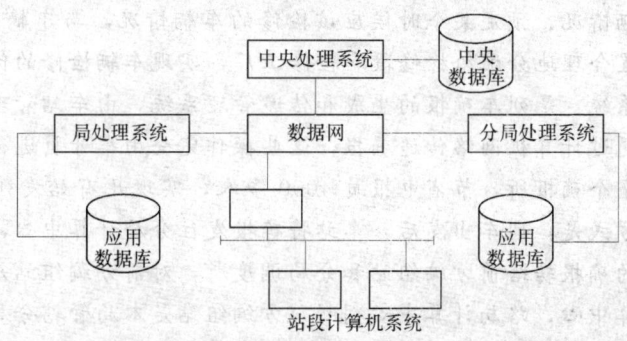

图8-1 TMIS总体结构示意图

中央处理系统：其核心是中央实时信息库，它实时收集与处理全路信息源点的实时信息，为每列车、每辆车、每个集装箱精、每个车站建立起动态信息文件，以及货票信息库、确报信息库等。收集实时信息，经处理后为部、分局、站段运输组织指挥人员提供信息，实现列车、货车、集装箱的实时追踪管理，并将实时信息积累存贮形成批处理信息，为旬、月、年报提供资料和积累历史信息。

站段信息系统：从全路6000多个站段中选报2200个站段作为联网信息报告点，包括编组站、区段站、主要货运站、分界站、车务段、机务段、车辆段等。在较大的站段采用小型机或微机局域网建立起站段信息处理系统，并承担向中央系统报告信息的任务，其他非联网车站，需报告信息时，通过联网报告站报告信息。

部、局、分局应用系统：铁道部、铁路局、铁路分局计算中心从站段和中央实时信息库获得有关列车、机车、车辆、集装箱和货物的动态信息，加工成各种所需的信息格式供运输组织指挥之用。

数据通信网络：铁路数据通信网建立在铁路专用通信网上，由帧中继和X.25两部分组成，连接各个信息源点和各级计算中心，服务于铁路的各个信息系统，是铁路内部的公用数据通信网，与国内、国际数据网按CCITT X.25网间协议联网。

系统构成：TMIS是一个综合的运输管理信息系统，包括若干个子系统，主要有：货车实时追踪管理系统；集装箱实时追踪管理系统；车辆信息管理系统；确报信息管理系统；货票信息管理系统；货运营销与生产管理系统；部局调度工作综合信息系统；现在车及车流推算信息系统；分局调度工作综合信息系统；日常运输统计信息系统；编组站管理信息系统；区段站管理信息系统；货运站管理信息系统；TMIS网络系统；TMIS支撑系统；客运管理信息系统；客票发售预订系统等。

车辆信管理系统：是对车辆进行日常管理的信息系统，其目标是使车辆编号规范化，将车号6位升为7位，重新按新编号刷新车辆的车号，一方面解决车辆的重号问题；另一方面为车号自动识别和车辆追踪管理创造条件，同时在刷新车号时建立起车辆履历库，实现按车号管理车辆。

实现的方式是将全路 138 个车辆段、23 个车辆工厂、14 个铁路局车辆处通过部计算中心与部车辆调度联网，由部车辆调度统一分配新车号，在车辆段或车辆工厂每刷新一辆车的车号，通过网络将该车履历送到车辆履历库。通过车辆履历库可查询各种车辆信息，包括已到检修期车辆情况、预定某个时候应该检修的车辆情况，与车辆追踪系统相配合，根据检修车所在位置合理地分配给检修段和检修工厂，实现车辆检修的优化管理。

确报信息管理系统：是列车确报的生成和传递管理系统，由车站管理信息系统自动生成出发列车确报，通过计算机网络传递确报，这些操作完全由车号员进行，因而取代了电报确报，撤销了 367 个确报所，节省电报员 4000 多人，实现凡有始发列车的站都可发确报。确报网的运行方式是：列车出发后，车站将确报发往分局计算中心，分局计算中心自动将属于分局管内的确报转给前方编组站和分局调度所，对前方编组站是邻分局管辖的确报转发给铁路局计算中心，路局计算中心判断前方编组站是本局管辖分局的编组站，则将确报发给所在分局；若前方编组站是邻局管辖的，则将确报发给铁道部计算中心，部计算中心再转发给前方编组站所在局计算中心，局计算中心再转发给有关分局计算中心，分局计算中心再转发给前方编组站和分局调度。这种结构逻辑简单、便于监督与考核，与建立确保库结合起来了。彻底解决了确报不及时、不准确、不完整的问题。

客票发售与预订系统：由铁道部客票中心、地区客票中心、车站售票系统三级联网组成。车站系统主要是面向售为罗票的实时交易商务服务；地区中心系统主要是面向以坐席为核心的高度控制和地区内客运业务的指标；铁道部客票中心系统主要面向全路性宏观指挥管理和保障全路的联网售票。该子系统将向全国联网和与国外售票系统联网方向发展，实现发售返程票、联程票与异地票；实现孙网车站一窗无票，窗窗无票；与银行联网实现自动售票；与因特网联网实现网上售票和查询；与民航、水运、公路、旅馆业等实现联运售票服务；与国外售票系统联网实现国际联网售票。

发展铁路运输管理应用计算机始于 20 世纪 50 年代，发展于 60～70 年代，到 60 年代中期，美国南太平洋铁路公司研制的综合运营管理信息系统 TOPS (Total Operation Processing System)，获得了成功，成为铁路达输管理应用计算机的里程碑。此后 70～80 年代，北美、加拿大、英国、法国、德国等几十个铁路公司引进 TOPS 技术加以改造，形成自己的铁路运营管理信息系统，其中系统比较完善，交果比较好的有英国铁路的 TOPS、加拿大国铁的 TRACS (Traffic Reporting And Control System)。由于计算技术的高速发展和面对公路、航空的激烈竞争，技术先进的国家已经或正在开发新的确良运输管理信息系统。

 **知识梳理**

一、运输概念

1. 运输

运输是用设备和工具，将物品从一地点向另一地点运送的物流活动。运输包括集货、分配、搬运、中转、装入、卸下、分散等一系列操作。运输是物流活动中最基本的环节之

项目 8　运输管理信息系统

一，是生产、仓储和消费者之间的纽带。通过运输，使物品从低价值地向高价值地流动，实现物品增值。通过运输，产品在供应链的各个环节中流动，并在极大程度上影响供应链的顾客响应能力和效率。

运输则专指"物"的载运及输送。它是在不同地域范围间（如两个城市，两个工厂之间，或一大企业内相距较远的两车之间），以改变"物"的空间位置为目的的活动，是对"物"进行的空间位移。

2. 运输信息

运输信息是指在运输业务中所发生的信息，主要是产生并证明运输活动发生、完成的各种单据，包括订货通知单、提单、运费清单和货运清单等。

(1) 提单。是用户购买运输服务所使用的基本单证，起着货物收据、运输合同证明和提货凭证的三重作用，也是在货物发生丢失、损坏或延误的情况下，请求损害赔偿最基本的证明。提单上需列明货物唯一真实的受领人、交接方式、运费、货物情况（名称、包装、数量等）信息、具体运输条款、有关承运人与托运人的责任以及索赔与诉讼等问题。除统一提单外，其他常用的提单类型还有订货通知提单、出口提单和政府提单。

(2) 运费清单。是承运人收取其所提供的运输服务费用的一种单据，列明运费的款项及费用金额。运费清单可以是预付的，也可以是到付的。

(3) 货运清单。是当单独一辆运输工具上装载多票货物时，用于明确总货载的具体内容的单独文件，列明每一个停靠站点或收货人地址、提单、重量以及每票货的清点数等，目的是提供一份单独的文件，用于明确总货载中的具体内容，而无需检查个别的提单。对于一站到底的托运货物来说，货运清单的性质与提单基本相同。

二、运输管理信息系统

(一) 运输管理信息系统

运输信息管理依赖于良好、健全的运输信息管理系统。运输信息管理系统是指为提高运输企业的运输能力、降低物流成本、提高服务质量而采取现代信息技术手段建立的管理信息系统，是多个专门信息系统的集合。从而实现运输方式（或承运人）的选择、路径的设计、货物的整合与优化以及运输车辆线路与时间的选择。运输信息管理系统主要是货物的追踪管理和车辆的运行管理。

(二) 运输信息管理系统的分类

运输信息管理系统可分为货物跟踪系统和运输车辆运行管理系统。

1. 货物跟踪系统

货物跟踪系统是指物流运输企业利用物流条形码和 EDI 技术及时获取有关货物运输状态的信息（如货物品种、数量、货物在途情况、交货期限、发货地、到达地、货主、送货车辆、送货负责人等），提高物流运输服务质量的方法。首先将货物运输状态的基本信息制成物流条形码，印制或贴在货物包装或发票上，然后在取货、配送和收货时利用扫描仪读出物流条形码中的货物信息，通过公共通信线路、专用通信线路、卫星线路或是互联网，把货物的信息传送到总部的中心计算机进行汇总整理并储存。终端顾客可实现对货物状态的实时查询，查询时只需输入货物的发票号码，便可及时准确地知道货物运输状态。

模块二　物流信息系统概述

同时，通过货物信息可以确认货物是否将在规定的时间内及时交付，或及时发现在规定时间内未完成交付的情况，便于马上查明原因并及时改正，提高运送货物的准确性和及时性，提高物流服务水平。这丰富了供应链的信息分享源，顾客通过货运信息的分享可预先做好接收和后续工作。

应用货物跟踪系统首先要标准化物流条形码，其次是各种设施的使用，如扫描仪、专用通信网络，因而投资较大，以前大多是有实力或是特种运输业务的物流运输企业采用。随着通信产品的广泛使用以及互联网的普及，货物跟踪系统也开始在中小企业中广泛应用。物流运输企业和用户只需在互联网上各自建立自己的网站，便可以对已开展的运输业务应用货物跟踪系统。

2．运输车辆运行管理系统

是针对物流运输作业中的运输车辆处于分散状态而开发的对在途运输车辆管理的信息系统。通过定位系统，确定车辆在路网中的位置，可及时调配车辆，快速满足用户需求，避免车辆完成运输任务后放空。

3．现代物流实时跟踪系统

无论是货物追踪系统或是车辆运行管理系统，仅能提供简单的追踪、查询和调配功能，并不能为用户提供更多的增值服务。而现代物流实时跟踪系统则不仅综合了上述两种系统的功能，更能提供增值性物流服务，较好地弥补了现有系统的空白。

现代物流实时跟踪系统是现代物流信息系统的一个重要的子系统，是物流作业中各种实时信息的采集、存储、传输、分析和处理。运载工具实时监控以及 WebGIS 物流信息实时查询与发布，是信息技术与物流管理思想的综合集成。通过现代物流实时跟踪系统，可以实时跟踪货物在途情况（货物位置、状态、装卸送达等）和车辆运行情况，提供增值性物流服务，从而满足现代商务对物流的需求。

现代物流实时跟踪系统由物流信息实时采集、信息传输、信息处理和信息发布等子系统组成，各子系统的功能分别为实时采集货物在仓储、运输或生产加工过程中的动态信息，为物流的实时跟踪提供信息和数据来源，将信息采集子系统得到的数据通过无线或有线的通信方式传到物流管理控制中心以及对相关的物流数据进行存储、分布式处理和发布。

现代物流实时跟踪系统对现代物流的支持包括：

（1）顾客使用物流企业提供的用户查询口令和密码，可方便及时的查询货物信息，大大提高了企业的服务水平。

（2）通过货物信息可确认货物是否在规定时间内交付，对未能及时交付的情况（未及时送到顾客手中或未送达指定地点）可及时查明原因并纠正，提高了货物运送的及时性和准确性。

（3）可使物流企业的作用过程透明化、可视化，通过实时监控货物状态、作业状况，制定合理运输路线，调配运输车辆，制定装卸车作业计划，提高了运输效率。物流企业获得了以高效运输提供差别化服务为竞争优势的核心竞争力，使企业能够在竞争中处于优势。

（三）运输管理系统业务流程

我国物流企业为运输、储存而支付的费用占成本的比例相当高，货运空载率更高，仅此一项每年的损失巨大。全国生产企业在物流运输环节支付费用占生产成本的比例很高,大约占总成本的30%~40%,货运空载率高达60%,大量产品滞留在运输环节,每年造成的损失惊人。运输费用是物流成本的大头,如果运输能有效运作的话,会给企业节约大量的费用,同时也会给物流企业带来丰厚的利润。如何有效地运作物流运输,使运输服务达到最优化,利润最大化,保证运输信息准确、及时、畅通,以及合理使用各方资源,是物流运输发展的基本条件。物流企业必须拥有一套运输信息管理系统进行日常运输工作的管理,实现运输管理信息化。

货运管理系统从客户服务中心接单开始,然后录入运输单并确认;调度部门针对已确认的运输单进行调度派车、打印派车单;接着,司机上门装货,并确认装车、签订运输合同、打印装车单;确认在途后,系统进行车辆跟踪,随时向客户提供车辆的运行情况;运输完成后,进行回单确认,司机到财务处结算运费;最后财务处向客户收取运费。企业整体业务操作流程如图8-2所示。

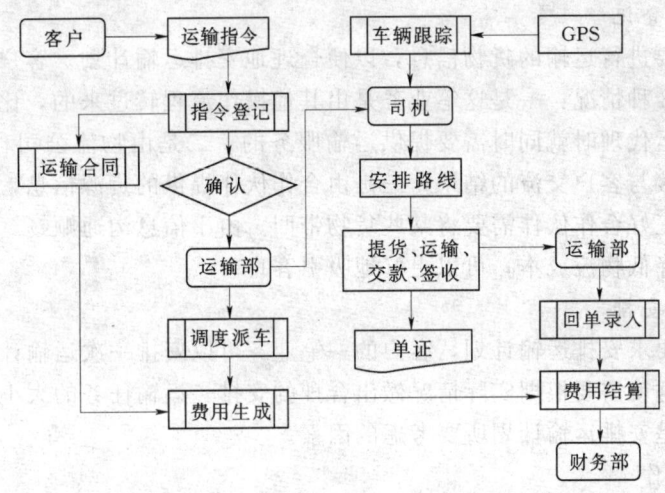

图8-2 业务操作流程

(四)运输管理信息系统作用

运输管理信息系统提高了物流运输的服务水平,其具体作用表现在以下4个方面:

(1)当顾客需要对货物的状态进行查询时,只要输入货物的发标号码,马上就可以知道有关货物状态的信息。查询作业简便迅速,信息及时准确。

(2)通过货物信息可以确认货物是否将在规定的时间内送到顾客手中,能及时发现没有在规定的时间内把货物交付给顾客的情况,便于马上查明原因并及时改正,从而提高运送货物的准确性和及时性,提高顾客服务水平。

(3)作为获得竞争优势的手段,提高物流运输效率,提供差别化物流服务。

(4)通过整体运输管理系统所得到的有关货物运送状态的信息,丰富了供应链的信息分享源,有关货物运送状态的信息分享有利于顾客预先做好接货及后续工作的准备。

三、运输管理信息系统的功能模块

一个典型的公路运输管理信息系统的功能结构大概包括以下组成部分。

1. 车辆信息维护

对运输车辆的信息进行日常的管理维护，随时了解车辆的运行状况，以确保在运输任务下达时，有车辆可供调配。它主要包括车辆的一些基本属性，如载重大小、运行年限、随车人员的要求以及是否是监管车辆等。

为确保车辆的最佳运行状态，需要定期或不定期地对车辆进行维修和保养，从而保证整个运输业务过程中的安全和准时，进一步提高客户服务水准。

2. 驾驶员信息维护

对驾驶员的基本信息进行管理，以随时跟踪驾驶员的情况，并对驾驶员的学习情况、违章记录、事故情况、准驾证件以及其他证件进行管理。同时可以考核驾驶员的业务素质，以保证驾驶员队伍的稳定和发展。在驾驶员的管理中，还需要对驾驶员的出勤情况进行管理，以便在任务安排时可以自动判断其在任务当日是否能够正常地出勤，还是有其他情况不能担当此任务。

3. 运输业务登记

登记客户需要进行运输的货物信息，以便合理地安排运输计划。客户的一个委托为一笔业务，这里有3种情况：一是这笔业务是由其他操作流程转过来的，比如说可能是客户在报关、国际货运代理时就同时需要提供运输服务的；二是由物流公司自行承接的业务，即由销售人员直接与客户交流的结果；三是由合作伙伴提供的货源信息，如当我们把货物运抵目的地后，正好合作伙伴需要将某些货物带回。由于信息沟通顺畅，可以减少车辆的空载率，进一步降低物流成本，可以更好地吸引客户。

4. 运输计划安排

根据客户的要求安排运输计划，客户的一笔业务可以安排一次运输计划，也可以安排几次运输计划，这就需要根据实际情况做出合理的安排。运输任务的大小、客户时间要求的限制等，这都是安排运输计划所要考虑的因素。

5. 任务表制作

根据运输计划，将运输计划分解成一笔一笔的任务，本方案将计划分解成一个一个的原子任务，这样在安排车辆时就可以根据地点、时间、车班情况进行优化与组合，同时还将选择最优的运行线路，达到较高的车辆利用率和效益。

当然，对已经由计算机自动制作出来的任务表，还可以对一些不合常理的地方进行修改。根据已经生成确定的任务表制作派车单，并及时地将派车单交给当班的驾驶员，实施运输计划。

6. 派车单回场确认

驾驶员把货物送至目的地并驾车回场后，将客户收货确认带回，输入本次执行任务后的一些信息，如行程、油耗、台班数、货物有无损坏和遗失以及是否准点到达等，这些数据将作为数据统计分析的基础。

7. 派车单写入IC卡

将派车单的内容写入到IC卡，这样出车的车辆就具有电子身份证的功能，这是根据不同的地方对营运车辆管理需要而设计的，它同样可以提高工作效率，减少人为的差错。如在集装箱车辆进入港区后，需要将IC卡交付工作人员进行货物确认，否则车辆将不允许进入港区。

8. 白卡管理

白卡是海关对监管车辆管理的凭证，它不是每辆车都拥有的，而是运输海关监管货物的车辆才有的。系统中体现的功能模块有基本资料输入、白卡使用记录，白卡最新流向查询。

9. 查询与报表

各种车辆运营情况，派车情况，任务完成情况以及月度统计报表的处理，这是企业营运分析所必需的功能。

10. 车辆和货物跟踪

智能化调度信息网是为了适应将来大容量、大范围、数字化、网络化的交通车辆调度和综合信息服务而开发的平台系统，它以 GPS 全球卫星定位网、GSM 全球个人通信和 SMS 短消息网、FLEX 高速寻呼网、Internet 互联网为基础，采用数据分析和智能化决策支持、GIS 地理信息系统等技术，具有车辆调度、监控、反劫防盗、报警、移动综合信息服务等功能。智能化交通车辆调度和综合信息服务的基本功能原理是，利用 GSM 的短消息功能和数传功能将目标的位置和其他信息传送至主控中心，在主控中心进行地图匹配后显示 GIS 监视器上。主控中心能够对移动车辆的准确位置、速度和状态等必要的参数进行监控和查询，从而科学地进行车辆调度和管理，实现对车辆的实时动态跟踪，提高交通效率。当移动车辆在紧急情况或其安全受到威胁的情况下，它可以向主控中心发送报警信息，从而及时地得到附近交通管理或保安部门的支援。

11. GSM/GPS 车辆监控调度的接口

利用 GSM 公用数字移动通信网，作为监控中心与移动目标（如车辆）之间的信息传输媒介，利用全球卫星定位系统（GPS）的定位技术、电子技术、计算机技术、网络技术，结合运用电子地图地理信息系统，实现对移动目标（车辆）的位置、状态监视并利用 Internet 向外发布信息。通过这套系统可以实现以下功能：

将中心要发送的信息按通信协议处理并向车载设备发送；接收车载设备根据通信协议发来的信息，得到有效的车载信息，存储记录，可能时（如果工作站在线）将信息发到对应的工作站上；自动调节通信信息流量，保证通信畅通；初始化并自动检测 GSM 通信机的状态，监视并显示出通讯状态；地理信息电子地图图层分层显示、管理；矢量电子地图放大、缩小、平移；矢量电子地图的编辑、修改功能；车辆监控、调度、管理；发送短消息。

显示接收到的短信息；接收车载设备的紧急报警信息并发出声光提示；远程遥控功能；指定车辆允许的行驶路线，当车辆行驶偏离路线时自动报警；指定车辆允许的行驶区域，若车辆越界自动报警；历史资料检索与历史轨迹回放、打印；资料统计打印；地图打印。

12. 监控中心系统

此系统具有以下功能：

（1）电子地图功能。

分层、多窗口显示电子地图图层，矢量电子地图放大、缩小、平移、测距（直线、折线)、地理信息查询;复杂地理信息的添加、编辑、删除;用不同的颜色、图标显示不同种类的车辆;地图打印输出功能;将车辆的位置信息以图标的形式显示在电子地图上,并可将偏离的轨迹居中到道路上。

(2) 车辆监控调度功能。

中心可向一辆或多辆车载发送文字信息(如调度指令)、控制指令(立即回报当前位置信息、定时汇报位置信息、立即监听、电话功能的设置、断油断电、开闭车厢锁)和车载设备被指信息(监控中心的 SIM 卡号码、短信息服务中心号码)。

中心可以直接接收车载发回的位置信息、速度信息、车辆运行状态信息、车载内预定义的文字信息、报警信息(紧急报警信息、超速报警、越界/越线报警信息)。

收到报警信号后,发出声光提示信息。

历史轨迹回放。

设定行驶路线或行驶区域,并指定相应的车辆。

按需要将车辆编组,短讯可在组内进行广播。

(3) 通信管理功能。

初始化时或运行当中自动检测 GSM 通信机的状态,实时监视并显示出系统的通信状态,发现故障发出声光报警信号,提示值班人员。

设置中心 GSM 通信机内 SIM 卡的短信息服务中心的号码。

使中心能与 GSM 网接口。

接受车载设备发来信息根据通信协议,得到有效的车载信息,储存记录,将信息发送给对应的工作站。

将中心要发送的信息按照通信协议处理并向车载设备发送。

自动调节通信信息流量,保证通信的顺畅。

(4) 费用结算系统。

对每一业务所发生的费用进行登记确认,及时判断业务盈亏状况。它包括企业财务管理的所有过程,从费用登记确认、发票的制作、实收实付的确认和销账,最终生成企业所需要的统计分析表格。

船舶代理管理信息系统一般包括 6 个业务子系统以及必不可少的财务系统接口,其中 6 个业务子系统分别为船务信息管理系统、航次结算系统、出口单证系统、出口运费系统、进口单证系统、集装箱管理系统。本书在此就不在具体阐述。

【问题思考】

1. 简答运输、运输信息的含义。
2. 什么是运输信息系统?
3. 试述运输信息系统功能结构。

【项目实训】

1. 实训目标

(1) 使学生了解运输信息系统。

(2) 使学生掌握运输管理信息系统的业务流程。

(3) 初步了解配运输管理信息系统的主要功能模块。

2. 实训内容与要求

(1) 实训内容。网上搜索运输管理信息系统相关网站进行学习。

(2) 实训要求。每个同学要根据自己在网络搜索相关内容,写出一篇对配运输信息系统认识报告。

项目 9　配送中心信息系统

配送中心是物流系统中一种现代化的物流结点，尤其是城市物流领域，配送中心对于实行城市和区域范围的配送，优化城市和区域范围的物流系统起到很大的作用。在连锁商业和连锁服务业领域，配送中心已经成为这个商业系统的有机结构，上海华联的配送中心可以支持1000个连锁超市，商业发展在很大程度上也依托于配送中心的建设。

配送中心信息系统采用大集中的管理模式，使得各个业务点的信息高度共享，增强了企业决策的及时性和客观性，帮助企业实现数字化管理，从功能上满足长途货运与区域配送两类业务，并支持铁路、水运、航空运输方式的联运。配送中心管理信息系统重点解决物流活动过程中的核心问题，如运输过程的监控与信息反馈、运输车辆的安排、运输成本核算等。这种系统可以大幅度的简化物流的环节，提高运输效率，降低运输成本，最终提高企业的综合效益。

本项目主要介绍配送中心的概念、类型功能和业务流程。配送中心信息系统的概念及功能结构。

沃尔玛的配送中心

沃尔玛诞生1945年的美国。在它创立之初，由于地处偏僻小镇，几乎没有哪个分销商愿意为它送货，于是不得不自己向制造商订货，然后再联系货车送货，效率非常低。在这种情况下，沃尔玛的创始人山姆·沃尔顿决定建立自己的配送组织。1970年，沃尔玛的第一家配送中心在美国阿肯色州的一个小城市本顿维尔建立，这个配送中心供货给4个州的32个商场，集中处理公司所销商品的40%。

沃尔玛配送中心的运作流程是：供应商将商品的价格标签和UPC条形码（统一产品码）贴好，运到沃尔玛的配送中心；配送中心根据每个商店的需要，对商品就地筛选，重新打包，从"配区"运到"送区"。

由于沃尔玛的商店众多,每个商店的需求各不相同,这个商店也许需要这样一些种类的商品,那个商店则有可能又需要另外一些种类的商品,沃尔玛的配送中心根据商店的需要,把产品分类放入不同的箱子当中。这样,员工就可以在传送带上取到自己所负责的商店所需的商品。那么在传送的时候,他们怎么知道应该取哪个箱子呢?传送带上有一些信号灯,有红的、绿的,还有黄的,员工可以根据信号灯的提示来确定箱子应被送往的商店,来拿取这些箱子。这样,所有的商店都可以在各自所属的箱子中拿到需要的商品。

在配送中心内,货物成箱地被送上激光制导的传送带,在传送过程中,激光扫描货箱上的条形码,全速运行时,只见纸箱、木箱在传送带上飞驰,红色的激光四处闪射,将货物送到正确的卡车上,传送带每天能处理20万箱货物,配送的准确率超过99%。

20世纪80年代初,沃尔玛配送中心的电子数据交换系统已经逐渐成熟。到了20世纪90年代初,它购买了一颗专用卫星,用来传送公司的数据及其信息。这种以卫星技术为基础的数据交换系统的配送中心,将自己与供应商及各个店面实现了有效连接,沃尔玛总部及配送中心任何时间都可以知道,每一个商店现在有多少存货,有多少货物正在运输过程当中,有多少货物存放在配送中心等;同时还可以了解某种货品上周卖了多少,去年卖了多少,并能够预测将来能卖多少。沃尔玛的供应商也可以利用这个系统直接了解自己昨天、今天、上周、上个月和去年的销售情况,并根据这些信息来安排组织生产,保证产品的市场供应,同时使库存降低到最低限度。

由于沃尔玛采用了这项先进技术,配送成本只占其销售额的3%,其竞争对手的配送成本则占到销售额的5%,仅此一项,沃尔玛每年就可以比竞争对手节省下近8亿美元的商品配送成本。20世纪80年代后期,沃尔玛从下订单到货物到达各个店面需要30天,现在由于采用了这项先进技术,时间只需要2~3天,大大提高了物流的速度和效益。

从配送中心的设计上看,沃尔玛的每个配送中心都非常大,平均占地面积大约有11万m^2,相当于23个足球场。一个配送中心负责一定区域内多家商场的送货,从配送中心到各家商场的路程一般不会超过一天行程,以保证送货的及时性。配进中心一般不设在城市里,而是在郊区,这样有利于降低用地成本。

沃尔玛的配送中心虽然面积很大,但它只有一层,之所以这样设计,主要是考虑到货物流通的顺畅性。有了这样的设计,沃尔玛就能让产品从一个门进,从另一个门出。如果产品不在同一层就会出现许多障碍,如电梯或其他物体的阻碍,产品流通就无法顺利进行。

沃尔玛配送中心的一端是装货月台,可供30辆卡车同时装货,另一端是卸货月台,可同时停放135辆大卡车。每个配送中心有600~800名员工,24h连续作业;每天有160辆货车开来卸货,150辆车装好货物开出。

在沃尔玛的配送中心,大多数商品停留的时间不会超过48h,但某些产品也有一定数量的库存,这些产品包括化妆品、软饮料、尿布等各种日用品,配送中心根据这些商品库存量的多少进行自动补货。到现在,沃尔玛在美国已有30多家配送中心,分别供货给美国18个州的3000多家商场。

沃尔玛的供应商可以把产品直接送到众多的商店中,也可以把产品集中送到配送中心,两项比较,显然集中送到配送中心可以使供应商节省很多钱。所以在沃尔玛销售的商品中，有87%左右是经过配送中心的，而沃尔玛的竞争对于仅能达到50%的水平。由于配送中心能降低物流成本50%左右，使得沃尔玛能比其他零售商向顾客提供更廉价的商品，这正是沃尔玛迅速成长的关键所在。

知识梳理

一、配送中心的概念

现代物流手册对配送中心的定义是：从事配送业务的物流场所或组织。应基本符合下列要求：主要为特定的客户服务；配送功能健全；完善的信息网络；辐射范围小；多品种、小批量；以配送为主，储存为辅。

配送中心是以组织配送性销售或供应，执行实物配送为主要职能的流通型结点。在配送中心内，为了能做好送货的编组准备，需要采取零星集货、批量进货等作业和对商品的分整、配备等工作，因此，配送中心也具有集货中心、分货中心的职能。为了满足用户需要，配送中心还需具有较强的流通加工能力以开展各种形式的流通加工。从这个意义上来讲，配送中心实际上是将集货中心、分货中心和流通加工中心合为一体的现代化物流基地，也是能够发挥多种功能作用的物流组织。

配送中心与传统的仓库和批发、储运企业相比，具有质的不同。仓库仅仅是储存商品，而配送中心不是被动地储存商品，具有集、配、送等多样化功能和作用。和传统的批发、储运企业相比，配送中心在服务内容上由商流、物流分离发展到商流、物流和信息流的有机结合，在流通环节上由多个流通环节发展到由一个中心完成流通全过程。

二、配送中心的类别

（一）按配送中心的经济功能分类

1. 供应型配送中心

供应型配送中心是专门向某些用户供应商品，提供后勤保障为主要特点的配送中心。在物流实践中，有许多配送中心与生产企业或大型商业组织建立起相对稳定的供需关系，为其供应原材料、零配件和其他商品，这类配送中心即属于供应型配送中心。例如，我国上海地区6家造船厂共同组建的钢板配送中心、美国SUZUKI MOTOR洛杉矶配件中心以及德国MAZDA MOTOR配件中心等物流组织，就是这种配送中心的典型代表。

供应型配送中心担负着向多家用户供应商品，起着供应商的作用，因此，这类配送中心占地面积比较大，一般建有大型的现代化仓库并储存一定数量的商品。

2. 销售型配送中心

销售型配送中心是以销售商品为目的，借助配送这一服务手段来开展经营活动的配送中心。在激烈的竞争的市场环境下，商品生产者和经营者为促进商品的销售，通过为客户代办理货、加工和送货等服务手段来降低成本，提高服务质量。以此同时，改造和完善了物流设施，运用现代化配送理念组建了专门从事加工、分拣配货、送货等活动的配送中心。这类配送中心主要有三种类型：

(1) 生产企业为本身产品直接销售给用户的配送中心。在国内外，这种类型的配送中心很多。

(2) 流通企业建立的配送中心。作为本身经营的一种方式，流通企业建立配送中心以扩大销售。国内已建或拟建的生产资料配送中心，多属于这种类型。

(3) 流通企业和生产企业联合建立的销售型配送中心。此类配送中心是一种发展趋势。

3. 储存型配送中心

储存型配送中心是以储存功能为主，在充分发挥储存作用的基础上开展配送活动。从商品销售的角度来看，在买方市场条件下，企业商品的销售需要有较大的库存支持；在卖方市场条件下，生产企业需要储存一定数量的生产资料，以此保证生产连续运转，其配送中心需要有较强的储存功能。大范围配送的配送中心，需要有较大的库存支持，也是储存型配送中心。例如，美国福来明公司的食品配送中心的建筑面积为 7 万 m^2，其中，包括 4 万 m^2 的冷库、3 万 m^2 的杂货仓库，经营商品达 8 万多种。

4. 加工型配送中心

加工型配送中心主要功能的对商品进行流通加工，在配送中心对商品进行清洗、组装、分解、集装等加工活动。如在我国一些城市已广泛开展的配煤配送、水泥配送等都属于加工型配送中心。

（二）按配送中心归属分类

1. 自有型配送中心

自有型配送中心是指隶属于某一个企业或企业集团，通常只为本企业提供配送服务。连锁经营的企业常常建有这类配送中心，如美国沃尔玛公司所属的配送中心，就是公司独资建立并专门为本公司所属的连锁企业提供商品配送服务的自有型配送中心。

2. 公共型配送中心

共用型配送中心是以赢利为目的，面向社会开展后勤服务的配送组织。其特点是服务范围不限于某一个企业。在配送中心总量中，这种配送组织占有相当大的比例，并随着经济的发展其比例还会提高。

（三）按配送中心辐射服务范围分类

1. 城市配送中心

城市配送中心是以城市为范围内的用户提供配送服务的物流组织。其特点是多品种、小批量，配送距离短，要求反应能力强，提供门到门的配送服务，根据城市道路的特点，其运载工具常为小型汽车。另外，城市配送的对象多为连锁零售企业的门店和最终消费者，如我国很多城市的食品配送中心、菜篮子配送中心等都属于城市配送中心。

2. 区域配送中心

区域配送中心库存商品充分，辐射能力强，配送范围广，可以跨省、市开展配送业务。这种配送中心规模较大，客户较多，配送批量也较大。其服务对象经常是下一级的配送中心、零售商或生产企业用户，如前所述的美国沃尔玛公司的配送中心，建筑面积 12 万 m^2，每天可为 6 个州 100 家连锁店配送商品。

三、配送中心功能

配送中心是专门从事商品配送活动的经济组织,是将集货中心、分货中心和加工中心合为一体的现代化物流基地,因此,配送中心除具有传统的储存、集散、衔接等功能外,还具有分拣、流通加工、信息处理等功能

1. 储存功能

配送中心必须按照用户的要求,在规定的时间和地点把商品送到客户手中,以满足生产和消费的需要。因此,必须储存一定数量的商品以保证配送服务所需要的货源。无论何种类型的配送中心,储存功能都是重要的功能之一。

2. 集散功能

配送中心凭借其拥有的先进的物流设施和设备将分散的商品集中起来,经过分拣、配装、送达给多家客户。集散功能是配送中心的一项基本功能,通过集散商品来调节生产与消费,实现资源的合理配置,并由此降低物流成本。

3. 衔接功能

配送中心是重要的流通结点,衔接着生产和消费,通过配送服务,把各种商品运送到用户手中。同时,通过集货和储存商品,配送中心又有平衡供求的作用。

4. 分拣功能

配送中心服务对象众多,对配送服务的时间要求、数量要求及品种要求上差异很大,而配送中心必须满足用户的配送需求。因此,配送中心必须通过分拣作业完成商品的配货工作,为配送运输作好准备,以满足用户的不同需要。分拣功能是配送中心与普通仓库的主要区别。

5. 加工功能

配送中心为扩大经营范围和提高配送服务水平,按用户的要求根据合理配送的原则对商品进行分装、组装、贴标签等初加工活动,使配送中心拥有一定的加工能力。加工功能是配送中心提高经济效益和提高服务水平的重要手段,必须引起足够的重视。

6. 信息功能

配送中心不仅实现物的流通,而且也通过信息处理来协调各个环节的作业,协调生产与消费。信息化、网络化、自动化是配送中心的发展趋势,信息系统越来越成为配送中心的重要组成部分。

四、配送中心作业流程

配送中心的作业流程是以配送服务所需要的基本环节和工艺流程为基础的。功能不同的配送中心和商品特性的不同,其作业过程和作业环节会有所区别,但都是在基本流程基础上对相应的作业环节进行调整。

(一) 配送中心的基本作业流程

配送中心基本作业流程是配送中心为完成配送目标而进行的一系列作业的有序集合图,如图9-1所示。

1. 订单处理

配送中心与其他经营实体一样,有明确的经营目标和服务对象。因此,在配送中心开

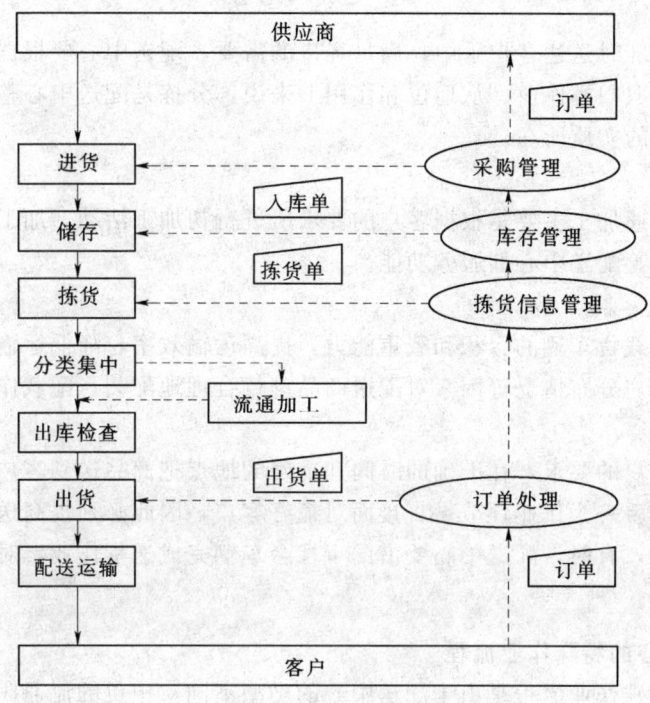

图 9-1 配送中心基本作业流程图

展配送活动之前，必须根据订单信息，对顾客分布情况、商品特性、商品品项数、顾客对配送时间要求等资料进行分析，以此确定所要配送的商品品种、规格、数量和时间等，并把信息传递给业务部门。

2. 进货

配送中心的进货主要包括订货、接货和验收入库三个环节：

(1) 订货。配送中心收到和汇总用户的订单之后，首先要确定商品的种类和数量，然后通过信息系统查询商品库存情况，如有现货，则转入分拣作业；如果没有现货或库存不能满足配送需要以及库存低于安全库存时，则要及时向供应商发出订单。对于商流和物流相分离的配送中心，订货工作由其客户直接向供应商下达采购订单，配送中心的进货工作从负责接受商品开始。

(2) 接货。当供应商接到配送中心或用户发出的订单之后，会根据订单的要求组织供货，配送中心则需要进行相应的人力、物力准备工作。

(3) 验收。商品到达配送中心后，由配送中心组织检验人员对到货商品进行验收，验收的内容包括数量、质量验收，其验收依据可参照仓储作业管理。

(4) 理货。经过验收的商品，按照商品特性、储存单位、拣货单位等要求，需要对商品进行拆箱、组合等理货作业。

3. 储存

为保证配送活动正常进行，配送中心具有储存的作业，不同类型的配送中心库存量相差很大。配销模式的配送中心需要储存大量的商品，以获得价格或数量方面的折扣。

模块二 物流信息系统概述

4. 分拣

为了保证商品准时送达客户手中，满足客户的需要，配送中心要根据客户订单要求对储存的商品进行拣取归类作业。从地位和作用上来说，分拣是配送中心整个作业流程的关键环节，配送活动的实质所在。

5. 流通加工

配送中心的流通加工主要是根据客户的要求所进行初加工活动，加工作业属于增值性经济活动，能够完善配送中心的服务功能。

6. 配装出货

为了充分利用载货车辆的容积和载重能力，提高运输效率，降低运输成本，配送中心按照配送线路、客户分布情况等因素对配送商品进行合理地配装、配载作业。

7. 送货

送货是根据客户的要求，在准确的时间和准确的地点把商品送到客户手中的作业。送货是配送中心的最后一个作业环节，直接面对最终客户，因此必须提高送货人员的服务质量。在配送实践中，有时，配送中心要借助于社会车辆完成送货作业，对此应引起足够的重视。

（二）配送中心的特殊作业流程

配送中心的特殊作业流程是由于配送中心的类型不同，担负的流通职责不同，提供的服务差异很大，其流程和配送中心基本作业流程相比有很大区别。

1. 转运型配送中心

转运型配送中心主要的功能是提供配货和送货活动，本身不需要储存场所，而是利用"公共仓库"来完成商品的补充。转运型配送中心的特点是商品周转快，临时性暂存为主，因此，不需要储存区域。实际上，在这类配送中心内部，其分拣、暂存、分货等作业是同时进行的。在配送实践中，配送生鲜食品的配送中心通常都是按照这样的作业流程开展活动的。其作业流程图如图9-2所示。

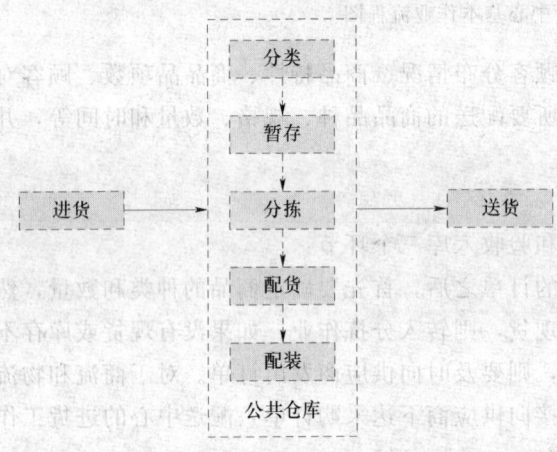

图9-2 转运型配送中心作业流程图

2. 加工型配送中心

加工型配送中心以流通加工为主，因此，在其作业流程中，储存作业和加工作业居主导地位。流通加工多为单品种、大批量加工作业，商品种类少，因此，通常不需要分拣作业环节，而是将加工好的商品放到专门的货位内，进行包装配货。图9-3为加工型配送中心流程图。

3. 分货型配送中心

分货型配送中心是以商品中转为主要职能的配送组织。在一般情况下，这类配送中心

项目9 配送中心信息系统

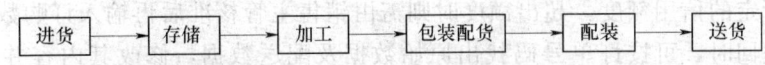

图9-3 加工型配送中心作业流程图

在配送商品之前都先要按照要求把单少品种、大批量的商品分堆，然后再将分好的商品配送到用户指定的接货点。其作业流程比较简单，无需拣选、配货、配装等作业程序，其作业流程如图9-4所示。

图9-4 分货型配送中心流程图

四、配送中心信息系统

配送中心管理信息系统（简称DCMIS），是对配送中心的进货、验收、入库、上架、拣货、加工、包装、配货、出货检验、装货、运输等的信息数据进行分析和处理的管理信息系统。

五、配送中心管理信息系统的体系结构

配送中心管理信息系统是对商品入出库、保管、货品集中、流通加工及配送等进行全面管理的信息系统。配送中心的物流操作作业是在计算机管理下进行的，以指示书的方式说明作业，配以物流控制、计算机控制的自动仓库，以及机械化分拣装置等来共同完成，还必须与总部和各分店的信息系统相协调才能实现其管理功能，其配送中心管理信息系统，主要由以下的各子系统构成。

1. 订单处理系统

订单处理系统主要包括两种作业，即客户询价、报价与订单接收、确认与输入。

（1）客户询价、报价与接收订单及处理。

客户可以利用电话、传真和计算机系统联网等方式进行订货，当接到订单后配送中心就开始了接受订货的工作。一天中可以多次接收订单，在确定的时刻截止后进行订单的相应处理并指示出库。

少批量多频度的订货使处理数据的件数、出库件数及配送件数增加了许多，为此配送中心的作业强度和物流成本会随之增加。

采用计算机系统联网的方式接收订货，客户的订单信息可以自动地转入到配送中心的管理信息系统，减少了订单输入的工作量并防止了错误的发生。

作为接收订货所必要的信息包括：客户名称、客户编号、订货日期、订货商品、数量、到货希望日期、到货地点、到货时间、包装形态等。

自动订单处理系统根据客户发送来的这些数据调用相应数据库，取得此项商品的报价历史资料、数量折扣、客户以往交易记录及客户折扣、商品供应价等数据，再由配送中心按其所需净利与运送成本、保管成本等来制订估价公式并计算销售价格。接着由报价单制作系统打印出报价单，经销售主管核准后即可送予客户，报价单经客户签回后即可成为正式订单。

在客户订购数据成为正式订单之前，销售人员还需核查在客户指定出货日期是否能如期出货。当销售部门无法如期配送时，可由销售人员跟客户协调，是否分批交货或延迟交货，然后按协调结果修改订单数据文件。销售人员还需检查客户付款状况及应收账款数是

否超出公司所定的信用额度，超出额度时则需由销售主管核准后再输入订购数据。

当商品退回时，可按订单号码找出原始数据及配送数据，修改其内容并标示退货记号，以备退货数据处理。另外，还要针对不同客户采用不同价格，保证重要客户的优先配送，缩短订货的周期。

（2）订货确认。

进行订货商品的核实，确认商品出库的可能性，做好出库准备。订货出库的可能性包括在库商品的核实，在途商品和已订货商品等。要考虑特急的订货和重要客户订货的优先顺序。

订单处理系统设计要点如下：

1）所需输入数据包括客户资料、商品规格资料、商品数量等。

2）日期及订单号码、报价单号码由系统自动填写，但可修改。

3）具备按客户名称、客户编号、商品名称、编号、订单号码、订货日期、出货日期等查询订单内容的功能。

4）具备客户的多个出货地址记录，可根据不同交货地点开立发票。

5）可查询客户信用。

6）具备单一订单或批次订单打印功能。

7）报价系统具备由客户名称、编号、商品名称、编号、最近报价日期、最近订货数据等查询该客户的报价历史。订购出货状况和付款状况等资料，作为对客户进行购买力分析及作用评估的标准。

8）可由销售主管或高层主管随时修改客户信用额度。

9）具备相似产品、可替代产品资料，当库存不足无法出货进，可向客户推荐替代产品，以争取销售机会。

10）可查询未结订单资料，以利出货作业的跟踪催款。

2. 入库系统

入库系统包括预定入库数据处理和实际入库作业。

预定入库数据处理为入库月台调度、入库人力资源及机具设备资源分配提供参考。其数据来自采购商品的预定入库日期、入库商品、入库数量等。

实际入库作业发生在供应商交货之时，输入数据包括采购单号、供应商名称、商品名称、商品数量等，可输入采购单号来查询商品名称、内容及数量是否符合采购内容并用以确定入库月台，然后由仓库管理人员指定卸货地点及摆放方式并将商品叠放于托盘上，仓库管理人员检验后将修正入库数据输入。

商品入库后有两种处理方式：立即出库或上架出库。

如果采用立即出库的方式，入库存系统需具备待出库数据查询，并联系接派车计划及出货配送系统，当入库数据输入后即访问相应数据库取出该商品待出货数据，将此数据转为出货配送数据，并修正库存可调用量。

如果采用上架入库再出库方式，入库系统需具备货位指定功能或货位管理功能。货位指定功能是指当入库数据输入时即可启动货位指定系统，计算入库商品所需货位大小，根据商品特性及货储存现状来指定最佳货位，货位的判断可根据诸如最短搬运距离、最佳储运分类等原则来选用。

货位管理系统则主要完成商品货位登记、商品跟踪,并提供现行使用货位报表、空货位报表等作为货位分配的参考。也可以不使用货位指示系统,由人工先行将商品入库,然后将储存位置登入相应数据库,以便商品出库存及商品跟踪。货位跟踪时可将商品编码或入库编码输入相应数据库来查询商品所在货位,输出的报表包括货位指示单、商品货位报表、可用货位报表、各时间段入库一览有、入库统计数据等。

货位指定系统还需具备人工操作的功能,以方便仓库管理人员调整货位。还能根据多个特性查询入库数据。商品入库后系统可用随即过账的功能,使商品随入库变化过入总账。入库处理的快速需要有技术的支持,如入库票据的条码化,通过手持条码输入终端进行验货等。入库作业还要考虑出库的效率和保管的效率,如在距离入口近的货区优先存放。

3. 出库系统

出库系统包括出库商品的查找、发出出库指示和核对。

出库系统是以各分店的补货数据为基础作出货前的准备工作,进行库存货品对照、库存查找及货品核对。出库系统包括库存查找和货品集中核对系统,要求查找快速、错误率低。能够及时输出库存查找清单,并与装货单相核对。

接收订单后需要对出库部门发出出库指示,出库后为了销售额等的统计,还要做出实际出库报表。

对于出库管理,有出库计划、出库指示和未能出库等内容,出库计划包括出库日期的指定,每个客户的订货汇总,分批发货和完成发货等内容。

出库指示是对出库部门输出各种出库用的票据。未能出库是掌握出库的实态,对预订出库还未出库的情况的管理。

4. 配货系统

配货作业是最重要的环节,对于各客户订单的商品名称、数量以及是否需要加工,到货时间和到货地点等信息进行与配货有关的处理,在防止配货错误的前提下,进行效率的作业指示。例如,每一个货位上设置配货表示器,在提示灯亮的指示和数量显示下,进行商品寻找作业,这样可以提高配货的效率并减少差错。

还可以通过打印配货清单的方式进行配货的作业处理。采用播种式配货方式时,配货清单是根据以商品为单位的出库数据汇总,与作业人员的作业区域相对应的商品分类进行输出。当商品保管为固定货位的情况下,可按商品保管的货位顺序进行打印。如果商品保管为随机货位时,考虑作业人员的负荷,通过计算平衡从哪个货位开始进行出库,由商品和货位的关系来确定配货清单的打印。

采用摘取式配货方式时,按照配送的客户以出库票据为单位进行配货清单的打印,并进行配货作业。当商品的数量少时,应用这种方式可以减少下一步分拣的过程,是提高配货效率的有效方法。

5. 库存管理系统

库存管理是配送中心管理信息系统的核心。库存管理的目标是提高库存精度,为配送中心提供实时准确的库存信息,合理地进行补货,削减损耗,使整个库存水平处于较低的

模块二 物流信息系统概述

状态,同时能满足各分销点的需要,保持一种动态平衡。

库存控制系统主要完成库存数量控制和库存量规划,以养活因库存积压过多造成的利润损失。它包括商品分类分级、采购批量及采购时间确定、库存跟踪管理以及库存盘点作业。前三者只需读取现有的数据文件来作内部运算。

商品分类分级就是按商品类别统计其库存量并按库存量排序和分类,作为仓库区域规划布置、商品采购、人力资源、工具设备选用的参考。商品分类分级还可按商品单价或实际库存金额进行排序。

采购时间和采购数量会影响资金的调度及库存成本,因此采购前就需要制订商品经济采购批量及采购时间。这就需要系统访问相应数据库来获得商品名称、商品单价、商品现有库存量、采购提前期及支送成本等数据来计算经济采购批量及采购时间;也可通过诸如安全库存量、经济采购量等其他方法来完成。

系统要输入的数据为商品名称。主要输出报表包括商品安全库存报表、商品经济批量报表、定期采购点核查报表、定期库存量统计报表等。

库存跟踪管理系统主要是延续入库作业处理中货位的管理,此系统不需输入太多的数据,主要是从现有的数据库中调用现有库存的储存位置、储存区域及分布状况,或由库存数据库中调用现有库存数据核查库存量等,系统主要生成的报表包括商品库存量查询报表、商品货位查询报表、积压货存量或货位报表等。

库存数量的管理与控制及货位的管理等作业依赖于库存数据和货位数据的正确性,因此需要盘点作业。盘点作业一般有两种盘点方式:定期盘点及循环盘点。盘点作业系统主要包括定期打印各类商品报表,待实际盘点后输入实际库存数据并打印盘盈盘亏报表、库存损失率分析报表等。定期盘点以季度、半年或年度为盘点时段,而循环盘点则在普通工作日针对某些商品进行盘点。

仓库管理人员在盘点前调用盘存清单打印系统,输入某类产品或某仓库名称、仓库某区域名称,此时系统调用相应数据库来检索该商品储放位置及数量或该区域所有商品的库存数及货位名数据,并打印盘点清单。然后仓库管理人员持此清单会同会计人员进行实际盘点,将盘点误差修正在盘点清单上,盘点后可将此数据由盘点数据库维护系统输入,修改相应数据库。此外盘点还可由仓库管理人员会同会计人员以及手持式数据搜集设备现场搜集库存数据,当某一区域盘点完毕或数据集满后,回办公室将数据输入计算机中,以批量方式修正相应数据库,或采用射频数据搜集设备,在盘点的同时将数据同步传回计算机加以处理。若采用这些设备,系统需具备数据接收、传送、转换等功能。最后由打印系统打印盘亏报表、库存损失率报表、废料盘存报表等。

库存控制系统须具备按商品名称、货位、仓库、批号等数据分类查询的功能,并设有定期盘点或循环盘点时设定功能,使系统在设定时间自动启动盘点系统,打印各种表单协助盘点作业。当同一种商品有不同储存时,系统应具备储存单位自动转换功能。在移库整顿或库存调整作业时,系统应具备大量货位库存数据批量处理功能。

6. 运输配送系统

运输配送系统的任务是完成供货商与配送中心之间、配送中心与各分店之间商品的运输配送业务,应能支持多品种、多次数、小批量配送的要求。

此作业阶段包括指定运送车辆实际装车、配送及配送途中的跟踪管理等作业。配送管理部门执行派车计划系统，首先由管理人员将当日预定出货订单汇总，先将客户按其配送地址划分区域，然后统计该区域出货商品的体积与重量，以体积最大者或重量最重者为首选配送条件来分配配送车辆的种类及派车数量，制订出车批次、装车及配送调度，并打印配送批次规划报告、批次配送调度报表等。自动规划的派车计划可人工修改。

确定配送车批次后由出货配送系统打印客户出货单，集货人员持出货单及批次调度报表将商品由拣取区取出并核定出商品内容，然后集中于出货月台前准备装车。此时出货配送系统可提供装车计划或配送路线选择系统来决定每辆车按订单的状车程序。配送路线选择系统可求得最短配送路径、最短配送时间或最低配送成本等最佳解，以决定配送顺序。商品装车后即由送货司机持出货单予以配送。

商品送达客户处后，出货单由送货司机缴回并输入数据。出货单还可以通过计算机网络直接传送至客户计算机系统中，由对方在收到商品后传回确认收货凭证。这就要求系统具备对外的数据传输、接收和转换功能。配送系统还可具备配送途中数据传输及控制的功能，来跟踪商品动向、控制车辆及车上设备；在配送中有意外情况发生时，还可通过通信系统重新设定配送模式所需的参数，重新取得新的配送途径并告之配送人员，使配送工作能顺利完成。

配送中心由于配送的客户数量较多，而每家分店配送商品的数量少、项目多，分店分布范围又广，故须具备较大数据处理能力。

【问题思考】
1. 简答配送中心的概念、类型和功能。
2. 什么是配送中心信息系统？
3. 试述配送中心信息系统体系结构。

【项目实训】
1. 实训目标
（1）使学生了解配送中心类型。
（2）使学生掌握配送中心功概念和功能。
（3）初步了解配送中心管理信息系统的主要功能模块。
2. 实训内容与要求
（1）实训内容。网上搜索配送中心以及配送中心管理信息系统相关网站进行学习。
（2）实训要求。每个同学要根据自己在网络搜索相关内容，写出一篇对配送中心管理信息系统认识报告。

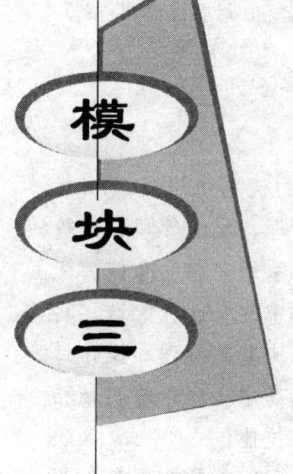

模块三 第三方物流系统实训

项目介绍

  本项模块是以国泰安科信息技术有限公司开发的第三方物流系统进行实训教学。系统以现代物流企业信息管理系统中的商务管理、仓储管理、配送管理、运输管理、商务结算管理、等实践过程为主要部分。学生可通过本系统完整的仓储、配送、运输、客户、商务等管理流程的操作，了解现代物流企业中的仓储、配送、运输、客户、商务等管理作业的基本功能和运作过程，从而将物流基础原理和操作过程与物流信息管理系统对物流业务的操作和控制结合起来，提高学生理论与实践相结合的能力，提高学生对物流信息管理系统的理解和实际操作技能。

  通过互动式教学、模拟性和实践性教学，让学生充分进行客户需求、商务解析、货物入库、在库、出库、配送作业操作、车辆调度处理等流程的实际演练，理解物流各个环节的操作原理和逻辑关系，以加深对物流管理流程、系统设计思想和企业业务模式的理解。

【主要功能模块】

  本系统主要有：商务管理、配送管理、仓储管理、运输管理和商务结算等功能模块。

1. 商务管理功能模块（表1）

表1   商务管理功能模块

功能模块	一级子功能	二级子功能
商务管理	基础数据	费用项目
		线路管理
		币种设置
		单位设置
		产地设置
		国家设置
		仓库资料
		库区设置
		自动划分仓位

续表

功能模块	一级子功能	二级子功能
商务管理	客户管理	仓储客户
		运输客户
		装卸公司
		仓储报价
		运输报价
		装卸报价
		客户账号
	合约管理	仓储合约
		运输合约
		装卸合约
	客户分析	库存分析
		客户业务分析（月）
		客户业务分析（年）
		客户收入分析（月）
		客户收入分析（年）
		仓储业务分析
		仓储收入分析
		总收入分析
	支付信息	付款情况
		收款情况

2. 配送管理功能模块（表2）

表2　　　　　　　配送管理功能模块

功能模块	一级子功能	二级子功能
配送管理	基本信息	币种设置
		单位设置
		产地设置
		国家设置
		工厂信息
		物料设置
	入仓管理	入仓作业单
		订车作业单
		入仓确认
		流程查询
		入仓查询

续表

功能模块	一级子功能	二级子功能
配送管理	订单管理	客户资料
		客户订单
		库存检查
		订单合并
		订单到拣货
	出仓管理	拣货作业单
		自动拣货
		装车作业单
		订车作业单
		出仓确认
		流程查询
		拣货查询
		装车查询
	统计查询	进出货物查询
		物料查询
		库龄查询
		入仓物料查询
		出仓物料查询

3. 仓储管理功能模块（表3）

表3　　　　　　仓储管理功能模块

功能模块	一级子功能	二级子功能
仓储管理	基本信息	仓库资料
		库区设置
		自动划分仓位
		存储比例
		资源管理
		装卸平台
		吞吐能力
	入仓管理	选择资源
		释放资源
		卸车作业
		验货作业
		安排仓位
		流程查询
		入仓查询

续表

功能模块	一级子功能	二级子功能
仓储管理	出仓管理	选择资源
		释放资源
		拣货确认
		装卸作业
		流程查询
		拣货查询
		装车查询
	加工处理	转仓处理
		费用录入
		仓库盘点
		盘点处理
	统计查询	实时库存
		历史库存
		转仓记录
		仓位占用量
		仓位占用统计
	资源查询	资源利用率
		占用资源率
		单号查询

4. 运输管理功能模块（表4）

表4　　　　　　运输管理功能模块

功能模块	一级子功能	二级子功能
运输管理	基本信息	客户信息
		车型设置
	承运信息	承运公司
		承运报价
		承运合约
		承运车辆
	线路优化	线路维护
		优化线路
	车辆调度	订车处理
		调度配载
	车辆监控	关键点管理
		车辆信息查询
	运输成本	员工工资
		车辆油耗
		运输费用
		维修费用

续表

功能模块	一级子功能	二级子功能
运输管理	统计查询	托运明细
		承运明细
		日常工作记录
		车辆信息汇总

【登录界面】

首次登录必须进行注册，注册后待指导老师审核通过，然后以学生身份进行登录操作，如图1所示。

图1　第三方物流教学软件登录界面

项目 10　商务管理操作

商务管理是第三方物流管理系统最重要的一项模块，是系统各功能模块的运行基础，包括基础数据、客户管理、合约管理和客户分析几个功能模块，如图 10-1 所示。学生通过实际操作，初步掌握第三方物流商务管理的操作流程以及各种基础数据的设定。

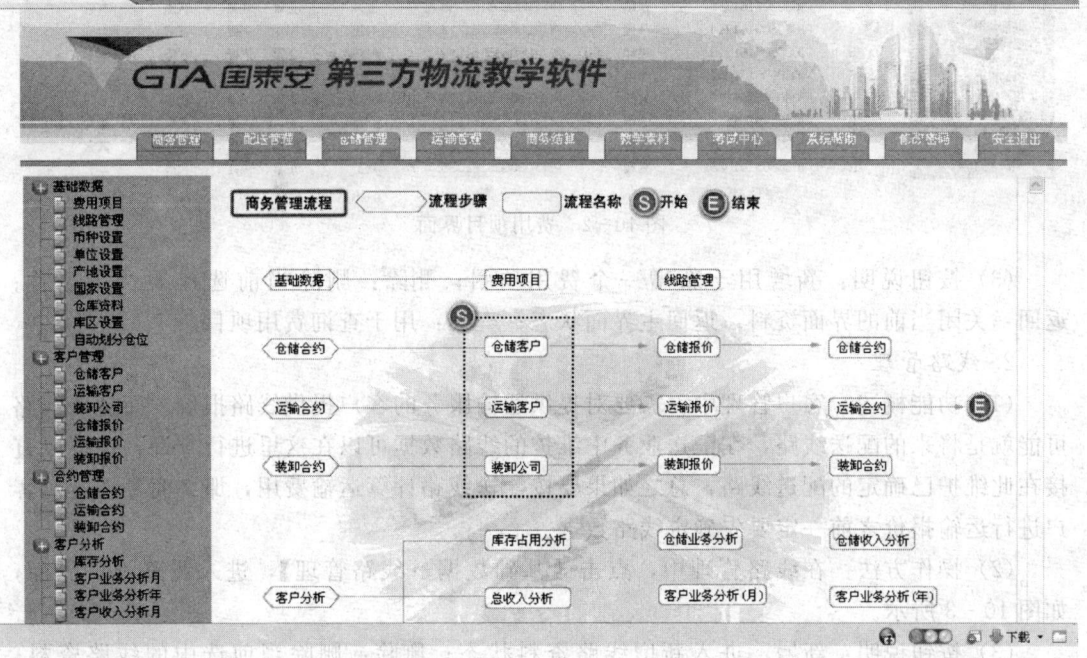

图 10-1　商务管理模块界面

【实训目的】

1. 熟悉第三方物流管理中的各种基础数据。
2. 熟悉第三方物流管理系统的各种基础数据的设定。
3. 熟练维护各种基础数据。

模块三 第三方物流系统实训

【实训内容与步骤】

一、基础数据

客户管理中的基础数据包括费用项目的设定、客户配送线路的维护、单位、币种、国家、仓库、区域、仓位等信息的设定。

1. 费用项目

(1) 功能概述：维护各种详细的费用名称及相关属性。

(2) 操作方法：点击菜单【基础数据→费用项目】，进入费用项目的新增模式，如图10-2所示。

图 10-2 费用项目界面

(3) 按钮说明：新增用于新增一个费用项目；删除：删除当前选择的费用名称；返回：关闭当前的界面资料，返回主界面状态；查询：用于查询费用项目。

2. 线路管理

(1) 功能概述：客户管理中，需要对提供运输服务的客户提供线路报价，而这个线路可能就是将来的配送线路，在配送业务中维护的线路数据可以在这里进行查询，也可以直接在此维护已确定的配送线路，总之如果要按配送线路计算运输费用，那么商务人员对客户进行运输报价之前一定要先确定线路数据。

(2) 操作方法：在线路管理中，点击【基础数据→线路管理】，进入线路维护界面，如图10-3所示。

(3) 按钮说明：新增：进入新增线路资料状态；删除：删除当前选中的线路资料；返回：关闭当前界面，返回上一级界面状态；查询：查询线路。

3. 币种设置

(1) 功能概述：管理系统中的币种的资料。

(2) 操作方法：点击【基本信息→币种设置】，进入维护系统的币种的资料，如图10-4所示。

(3) 按钮说明：新增：进入币种的新增模式；删除：删除当前选择的币种的资料；

项目10 商务管理操作

图10-3 线路管理界面

图10-4 币种设置界面

返回:关闭当前的界面资料,返回主界面状态;查询:查询币种。

4. 单位设置

(1)功能概述:管理系统中的单位的资料。

(2)操作方法:点击【基本信息→单位设置】,进入维护系统的单位的资料,如图10-5所示。

(3)按钮说明:新增:进入单位资料的新增模式;删除:删除当前选择的单位的信息;返回:关闭当前的界面资料,返回主界面状态;查询:查询单位。

5. 产地设置

(1)功能概述:管理系统中的产地资料。

(2)操作方法:点击【基本信息→产地设置】,进入维护系统的产地资料,如图10-6所示。

(3)按钮说明:新增:进入产地资料的新增模式;删除:删除当前选择的产地的信息;返回:关闭当前的界面资料,返回主界面状态;查询:查询产地。

6. 国家设置

(1)功能概述:新增、修改系统中国家的资料。

序号	单位编号	单位中文名称	单位英文名称	备注
1	UN080611095647	条	TIAO	
2	UN080611095603	张	ZHANG	
3	UN080611095531	艘	SOU	
4	UN080611095510	支	zhi	
5	UN080611095457	只	ZHI	
6	UN080611095414	个	Entries	
7	UN080605162559	台	platform	
8	UN080605162538	座	seat	
9	UN080605162517	辆	vehicle	
10	UN080605162424	架	rack	

总共 10 条记录

图 10－5　单位设置界面

序号	产地编号	产地名称	英文名称	备注
1	A080605162926	大连	dalian	
2	A080605162913	拉萨	lasha	
3	A080605162852	西藏	xizhang	
4	A080605162813	江门	jiangmen	
5	A080605162802	天津	tianjing	
6	A080605162753	北京	beijing	
7	A080605162745	上海	shanghai	
8	A080605162711	长沙	changsha	
9	A080605162659	武汉	wuhan	
10	A080605162649	深圳	shenzhen	

总共 11 条记录，显示第 1 条至第 10 条． [首页/上一页] 1，2 [下一页/末页]

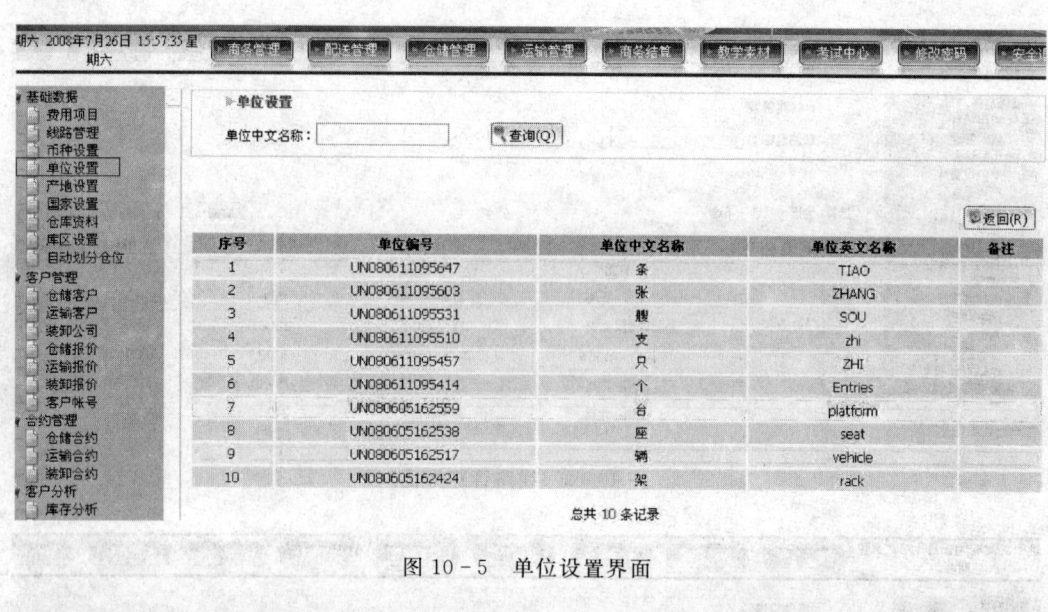

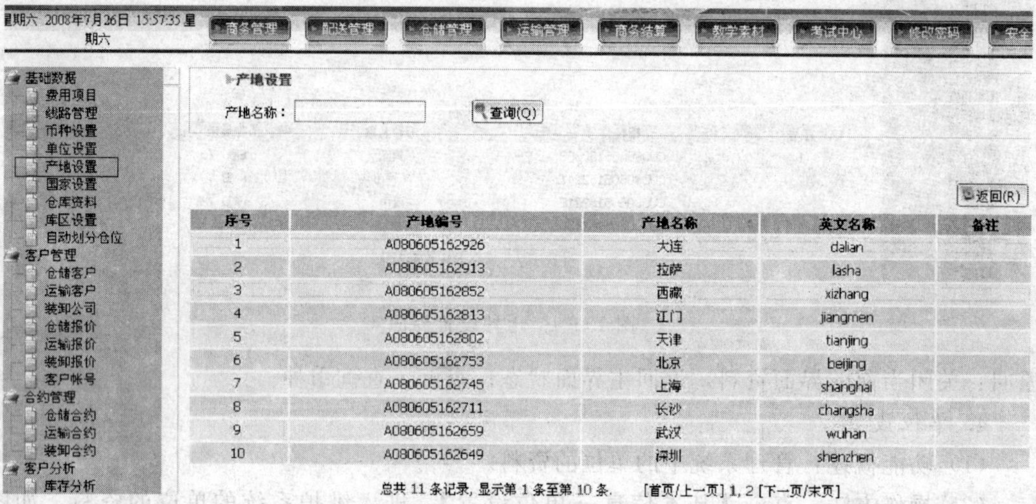

图 10－6　产地设置界面

(2) 操作方法：点击【基本信息→国家设置】，如图 10－7 所示。

(3) 按钮说明：新增：进入国家资料的新增模式；删除：删除当前选择的国家的信息；返回：关闭当前的界面资料，返回主界面状态；查询：查询国家。

7. 仓库资料

(1) 功能概述：新增、修改、删除仓库的基本资料，查询仓库编号进行优化管理。

(2) 操作方法：点击【基础数据→仓库资料】，如图 10－8 所示。

(3) 按钮说明：保存：保存新增或修改过的仓位基本资料；新增：进入仓库资料的新增模式；删除：删除当前选择的仓库的资料；返回：关闭当前的界面资料，返回主界面状态。

8. 库区设置

(1) 功能概述：新增、修改、删除仓库区域，查询区域编号进行优化管理。

项目10 商务管理操作

图 10-7 国家设置界面

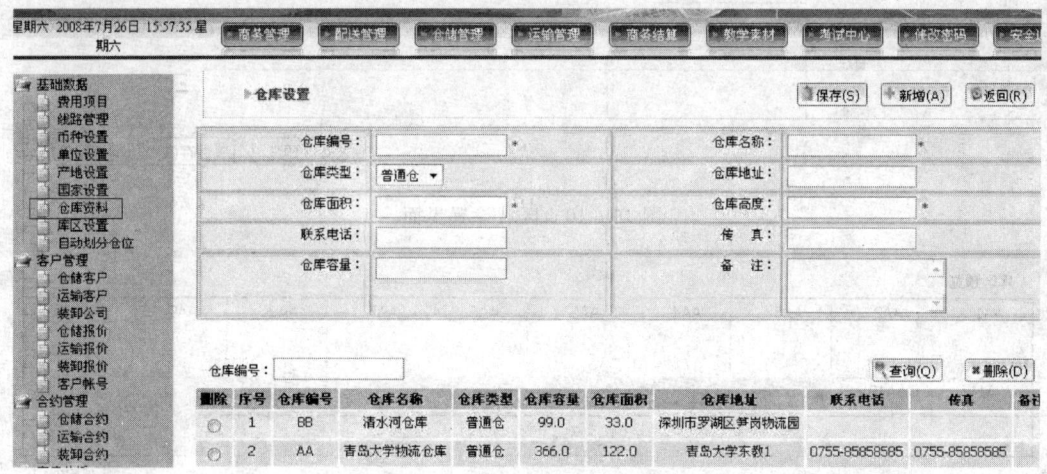

图 10-8 仓库设置界面

（2）操作方法：点击【基础数据→库区设置】，进行划分仓库区域，如图 10-9 所示；选择一个仓库，进入区域设置界面，如图 10-10 所示；设置区域大小，设置区域编号，点击库区预览，可查看区域划分结果如图 10-11 所示。

（3）按钮说明：新增：进入库区设置的新增模式；删除：删除当前选择的库区设置；返回：关闭当前的界面资料，返回主界面状态。

9．自动划分仓位

（1）功能概述：分配、浏览、区域仓位。

（2）操作方法：点击【基础数据→自动划分仓位】，进仓位设置。此时系统列出对应区域图示，如果区域内已设置了仓位信息则以白色＋区域编号显示；否则以紫色＋区域编号显示；如果对应区域仓位内以使用，则不能修改或调整区域的仓位：单仓面积显示方式。

模块三 第三方物流系统实训

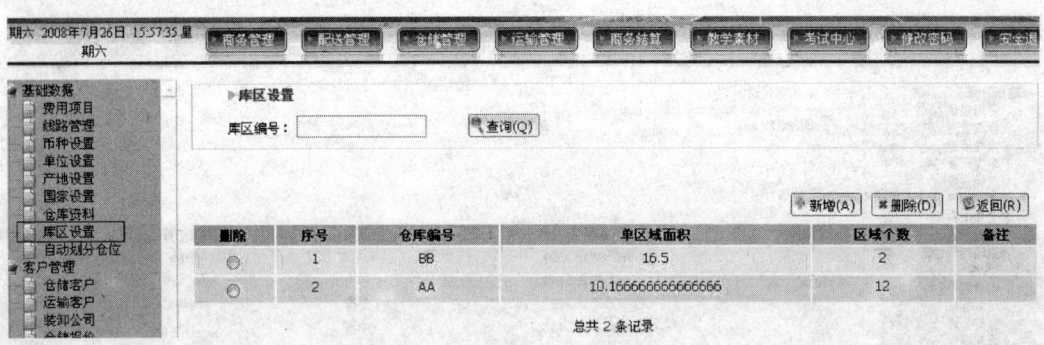

图10-9 仓库区域划分界面

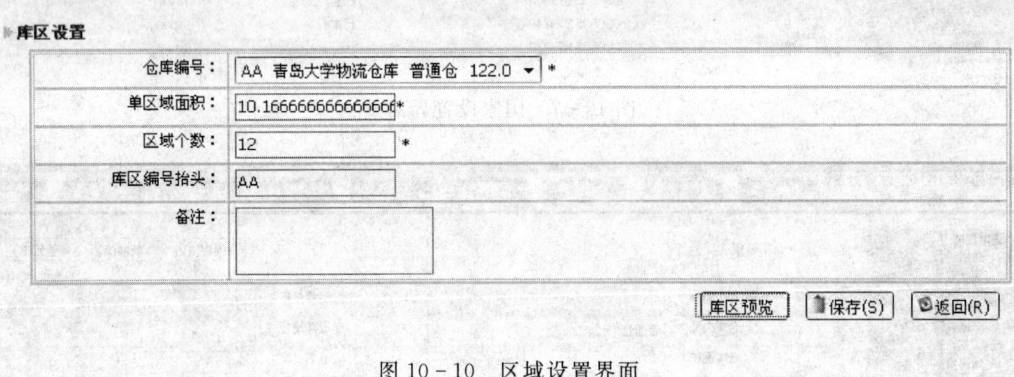

图10-10 区域设置界面

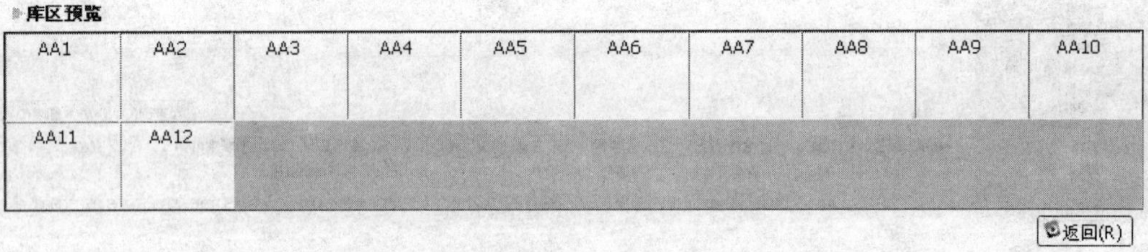

AA1	AA2	AA3	AA4	AA5	AA6	AA7	AA8	AA9	AA10
AA11	AA12								

图10-11 区域划分结果显示

点击【基础数据→自动划分仓位】，进入仓库列表界面，如图10-12所示；选择需要划分仓位的仓库，进入仓库已划分的区域列表界面，如图10-13所示；选择一个区域，

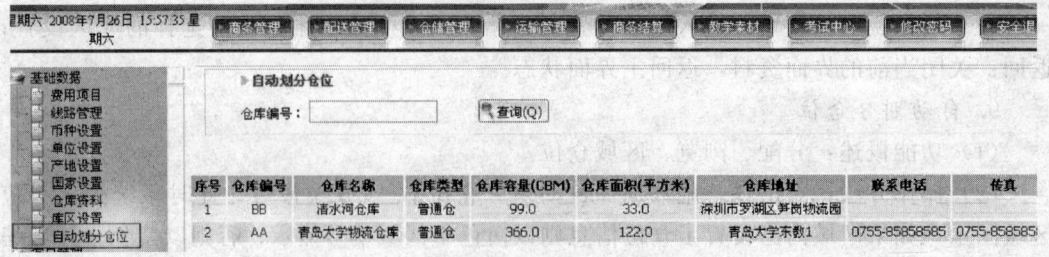

图10-12 仓库列表界面

进入选择区域的仓位划分界面,如图 10-14 所示;可进行仓位划分结果预览显示,如图 10-15 所示。

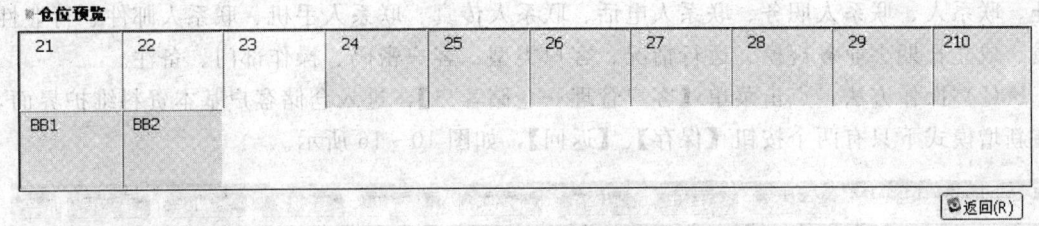

图 10-13 区域列表界面

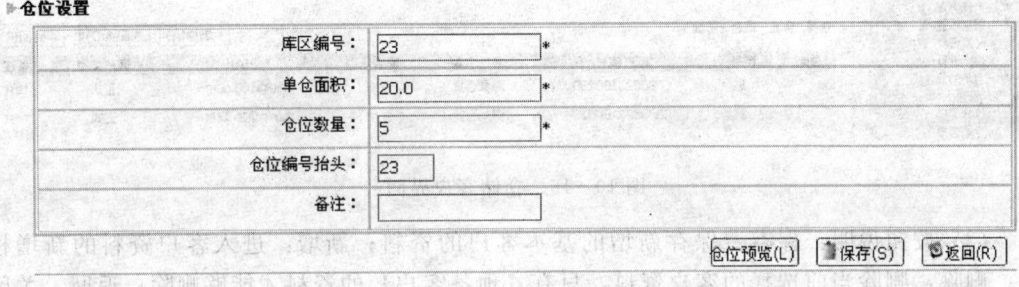

图 10-14 仓位划分界面

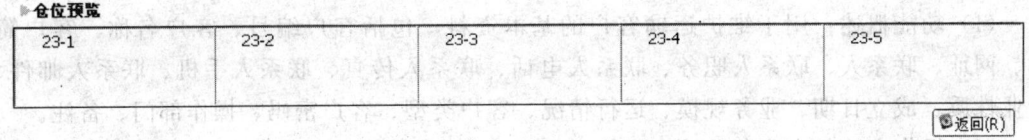

图 10-15 仓位划分预览界面

(3) 按钮说明:**保存**:保存新增或修改过的仓位设置;**返回**:关闭当前的界面资料,返回主界面状态。

二、客户管理

在物流公司,按费用属性来区分,通常分为两类:应收客户和应付客户,应收客户又主要包括物流公司的服务对象,而应付客户主要是物流公司的第三方合作伙伴。按具体业务来区分,应收客户主要包括:仓储客户(综合型的客户,要求提供全位物流服务)、运输客户(只需要提供运输服务的客户);而应付客户包括:装卸公司、报关公司、承运公司等。

该部分主要功能包括维护不同类型的客户资料,客户报价等。其中,客户资料包括仓储客户、运输客户、装卸公司等;客户报价包括仓储报价、运输报价、装卸报价、账号查询等;合约管理包括仓储合约、运输合约、装卸合约等。

该模块中主要是为了记录客户的开始来往信息,然后确定报价最后签定合约才能是仓储的客户,进入物流公司的下一个部门去操作完成。

1. 仓储客户

（1）功能概述：用于维护客户的基本资料，包括客户编号、客户名称、客户简称、网址、联系人、联系人职务、联系人电话、联系人传真、联系人手机、联系人邮件、行业性质、成立日期、业务规模、运行情况、客户类型、客户密码、操作部门、备注。

（2）操作方法：点击菜单【客户管理→仓储客户】，进入仓储客户基本资料维护界面，在新增模式下只有两个按钮【保存】、【返回】，如图10-16所示。

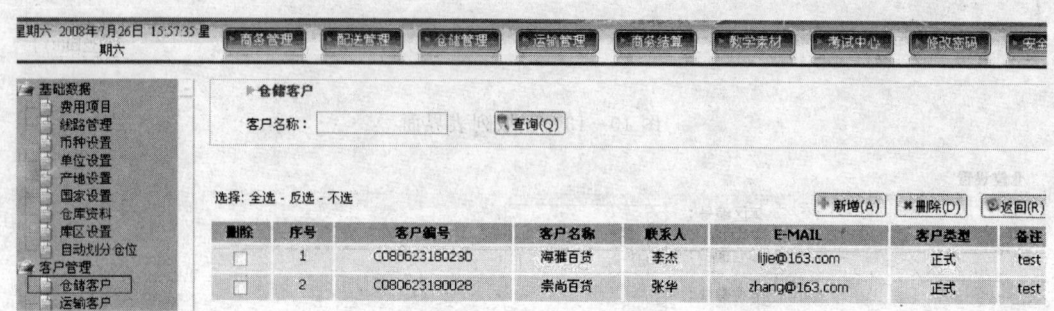

图10-16 仓储客户界面

（3）按钮说明：保存：保存新增的基本客户的资料；新增：进入客户资料的新增模式；删除：删除当前选择的客户资料，只有『预备客户』的资料才能够删除；返回：关闭当前的界面资料，返回主界面状态；查询：查询仓储客户。

2. 运输客户

（1）功能概述：用于维护运输客户的基本资料，包括客户编号、客户名称、客户简称、网址、联系人、联系人职务、联系人电话、联系人传真、联系人手机、联系人邮件、行业性质、成立日期、业务规模、运行情况、客户类型、客户密码、操作部门、备注。

（2）操作方法：点击菜单【客户管理→运输客户】，进入运输客户基本资料维护界面。如图10-17所示。

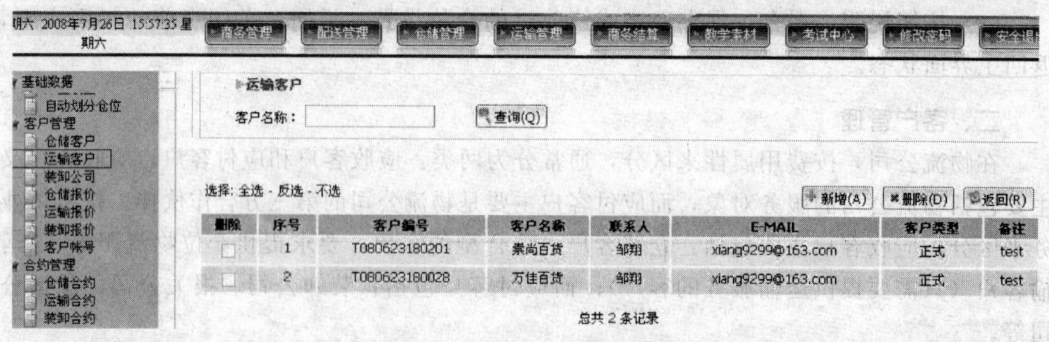

图10-17 运输客户界面

（3）按钮说明：保存：保存新增的基本客户的资料；新增：进入客户资料的新增模式；删除：删除当前选择的客户资料，只有『预备客户』的资料才能够删除；返回：关闭当前的界面资料，返回主界面状态；查询：查询运输客户。

3. 装卸公司

（1）功能概述：用于维护装卸客户的基本资料，包括客户编号、客户名称、客户简称、网址、联系人、联系人职务、联系人电话、联系人传真、联系人手机、联系人邮件、行业性质、成立日期、业务规模、运行情况、客户类型、客户密码、操作部门、备注。

（2）操作方法：点击菜单【客户管理→装卸公司】，进入装卸公司基本资料维护界面，在新增模式下只有两个按钮【保存】、【返回】，如图10－18所示。

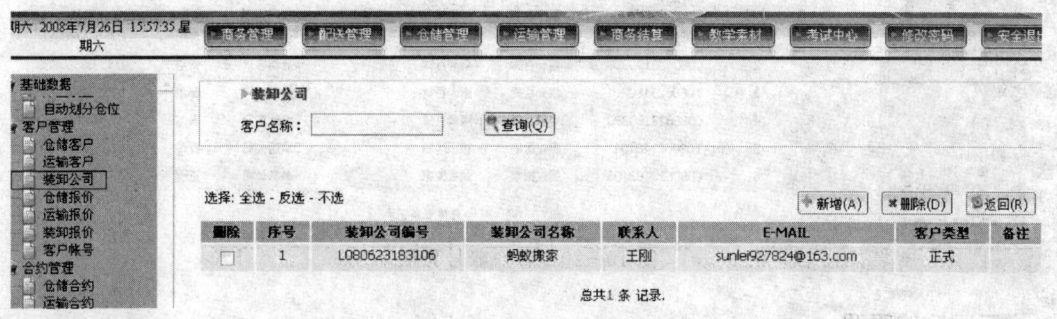

图10－18 装卸公司界面

（3）按钮说明：保存：保存新增的基本客户的资料；新增：进入客户资料的新增模式；删除：删除当前选择的客户资料；返回：关闭当前的界面资料，返回主界面状态；查询：查询装卸客户。

4. 仓储报价

（1）功能概述：针对仓储客户进行报价，以便合约的确认。

（2）操作方法：在下面的报价单号中，选择相关的报价清单的资料后，点击【明细】按钮，进入报价费用的详细维护界面。如图10－19所示。

图10－19 仓储报价界面

（3）按钮说明：保存：保存修改的费用数据资料；返回：关闭当前的界面资料，返回报价清单的主界面。

5. 运输报价

同仓储报价。

6. 装卸报价

同仓储报价。

模块三 第三方物流系统实训

7. 客户账号

统计客户账号资料，如图 10-20 所示。

图 10-20 客户账号界面

三、合约管理

用于管理已经确定和需要确定的合约的资料，将客户的报价转化为合约报价，修改客户的报价时间，维护包租客户的实际租用仓位情况。

1. 仓储合约

（1）功能概述：用于管理已经确定和需要确定的合约的资料。

（2）操作方法：点击【合约管理→仓储合约】菜单，选择查询出来的客户资料，如图 10-21 所示。

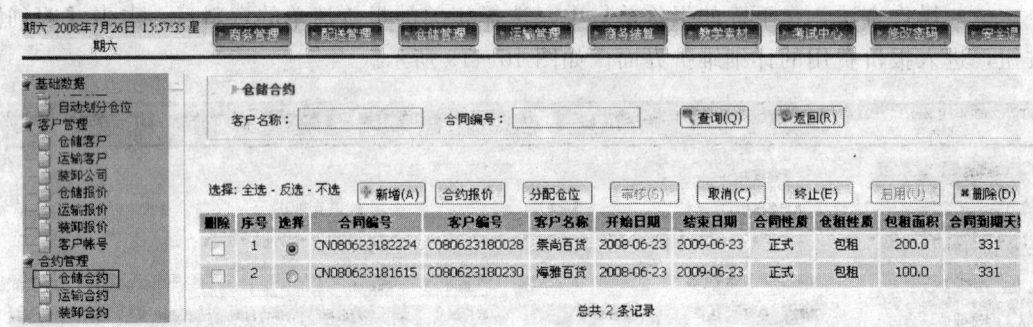

图 10-21 仓储合约界面

（3）按钮说明：**报价时间**：修改某个合约客户的报价清单的有效日期范围，具体内部操作参考【修改报价清单的报价时间】；**修改仓位**：只有包租合约客户才能操作，用于维护包租合约客户的包租仓位信息，具体内部操作参考【设置包租合约仓位】；**终止**：终止此合约；**返回**：退回到客户管理的客户合约清单状态下。

2. 修改报价清单

（1）功能概述：用于修改已经确定的合约的报价清单。

（2）操作方法：点击【合约管理→仓储合约】菜单，选择查询出来的客户资料，点击【合约报价】按钮后进入，如图 10-22 所示。

项目10 商务管理操作

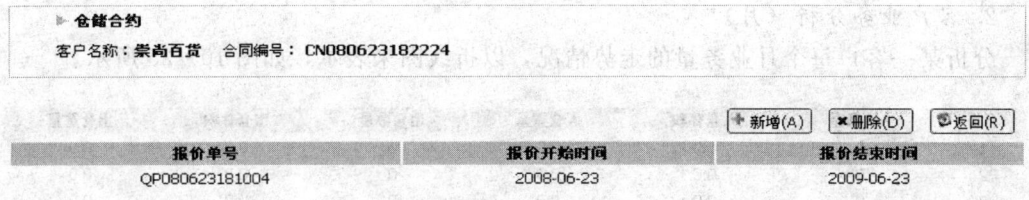

图10-22 仓储合约修改界面

(3) 按钮说明：保存：保存修改过资料；返回：退回到客户管理的客户合约清单状态下。

3. 设置包租合约仓位

(1) 功能概述：用于修改已经确定的合约的仓位资料。

(2) 操作方法：点击【合约管理→仓储合约】菜单，选择查询出来的客户资料，点击【分配仓位】按钮后进入，如图10-23所示。

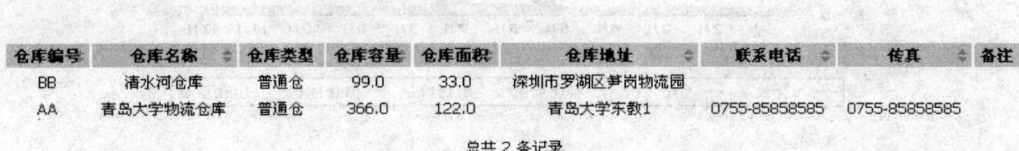

图10-23 库预览界面

四、客户分析

1. 库存分析

分析占有库存最多的排名前几位的客户，以饼图来表示，如图10-24所示。

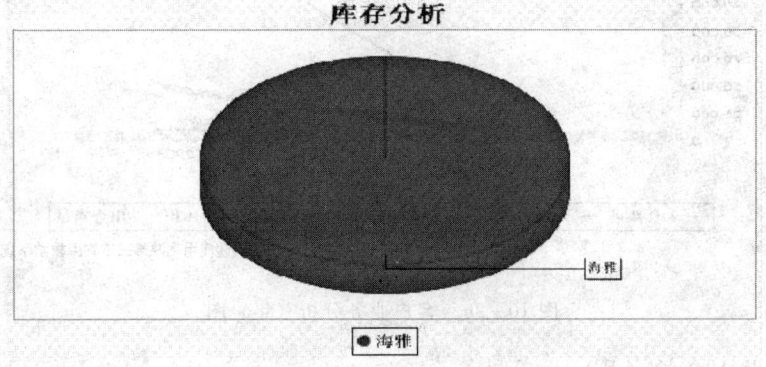

图10-24 库存分析图

2. 客户业务分析（月）

分析某一客户每个月业务量的走势情况，以折线图来表示，如图 10-25 所示。

月份	入仓数量	入仓体积	入仓重量	出仓数量	出仓体积	出仓重量
1	0	0.0	0.0	0	0.0	0.0
2	0	0.0	0.0	0	0.0	0.0
3	0	0.0	0.0	0	0.0	0.0
4	0	0.0	0.0	0	0.0	0.0

总共 12 条记录，显示第 1 条至第 4 条。　　[首页/上一页] 1, 2, 3 [下一页/末页]

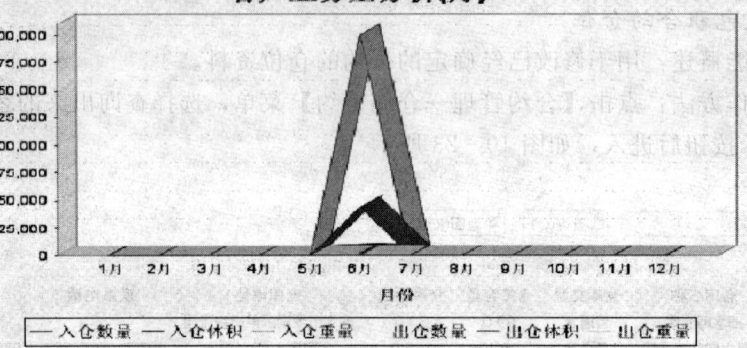

图 10-25　客户业务分析（月）图

3. 客户业务分析（年）

分析某一客户连续几年业务量的走势情况，以折线图来表示，如图 10-26 所示。

年份	入仓数量	入仓体积	入仓重量	出仓数量	出仓体积	出仓重量
2007	0	0.0	0.0	0	0.0	0.0
2008	1000	2000.0	200000.0	10	44000.0	440.0

总共 2 条记录

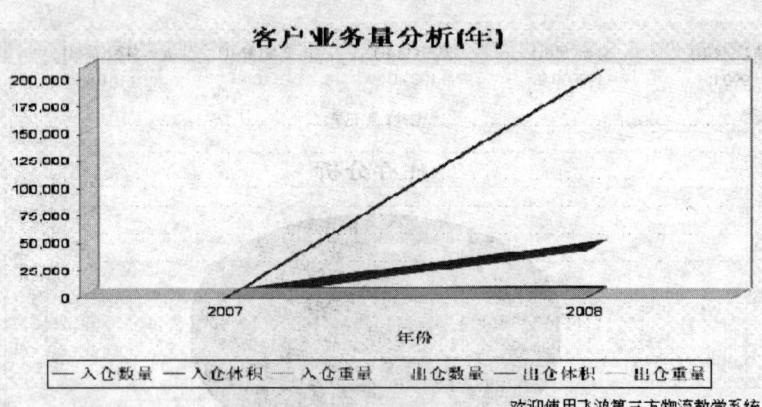

图 10-26　客户业务分析（年）图

4. 客户收入分析（月）

分析某一客户每个月对公司收入的贡献情况，以折线图来表示，如图 10-27 所示。

项目10 商务管理操作

月份	仓租	运输	装卸	加班	处理	其他
1	0.0	0.0	0.0	0.0	0.0	0.0
2	0.0	0.0	0.0	0.0	0.0	0.0
3	0.0	0.0	0.0	0.0	0.0	0.0
4	0.0	0.0	0.0	0.0	0.0	0.0

总共12条记录,显示第1条至第4条。　　[首页/上一页] 1, 2, 3 [下一页/末页]

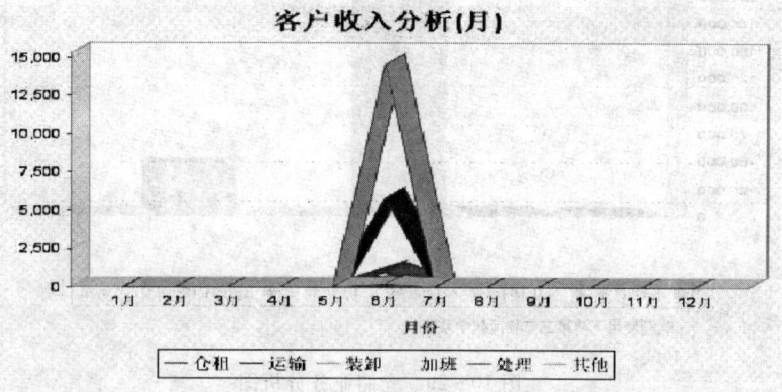

图10-27　客户收入分析（月）图

5. 客户收入分析（年）

分析某一客户连续几年对公司收入的贡献情况，以折线图来表示，如图10-28所示。

年份	仓租	运输	装卸	加班	处理	其他
2007	0.0	0.0	0.0	0.0	0.0	0.0
2008	1000.0	5848.0	14575.0	0.0	0.0	143.0

总共2条记录

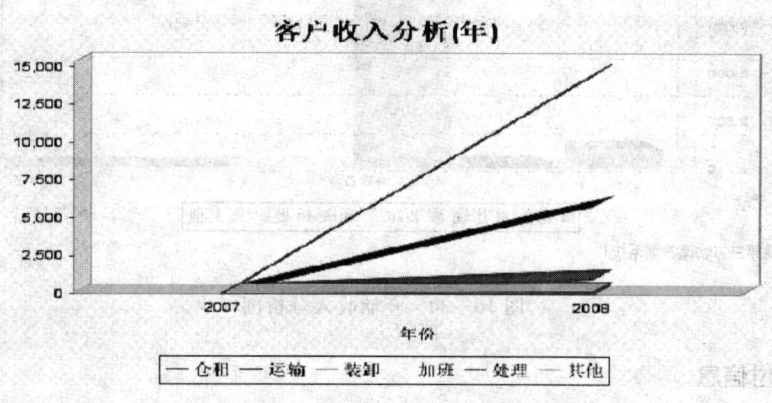

图10-28　客户收入分析（年）图

6. 仓储业务分析

分析所有客户在一个时间段内业务量的情况，以直方图来表示，如图10-29所示。

7. 仓储收入分析

分析所有客户在一个时间段内对公司收入的贡献情况，主要是仓储费用，以直方图来表示，如图10-30所示。

客户名称	入仓数量	入仓体积	入仓重量	出仓数量	出仓体积	出仓重量
海雅	1000	2000.0	200000.0	10	44000.0	440.0

总共1条 记录.

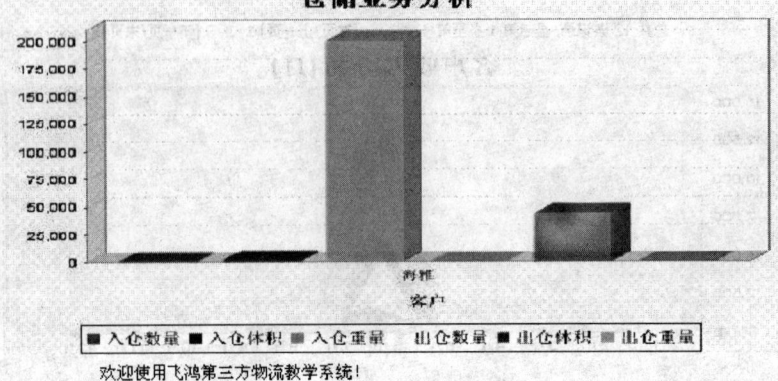

欢迎使用飞鸿第三方物流教学系统！

图10-29 仓储业务分析图

客户	仓租	运输	装卸	加班	处理	其他
海雅百货	1000.0	173.0	14575.0	0.0	0.0	88.0

总共1条 记录.

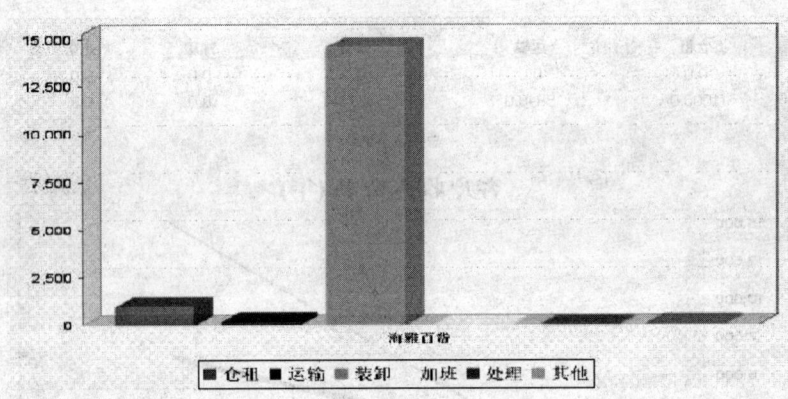

欢迎使用飞鸿第三方物流教学系统！

图10-30 仓储收入分析图

五、支付信息

查询各业务往来公司的支付状况。

项目 11 配送管理操作

项目介绍

配送业务在第三方物流系统中占有相当重要的地位,是第三方物流系统的核心部分,选择正确有效的配送方式和本着策略是降低现代企业物流成本的关键。虽然配送业务复杂多变,但总体上业务流程不变,该软件的配送模块在从总体业务出发,给出了配送最佳的理论实践,结合适当的上机实践就可让学生充分掌握配送知识。

学生可以根据老师分配的不同角色进行实际的模拟,也可以多人组成一个部门或公司一起进行整个物流公司中全方位的模拟。配送业务流程如图 11-1 所示。

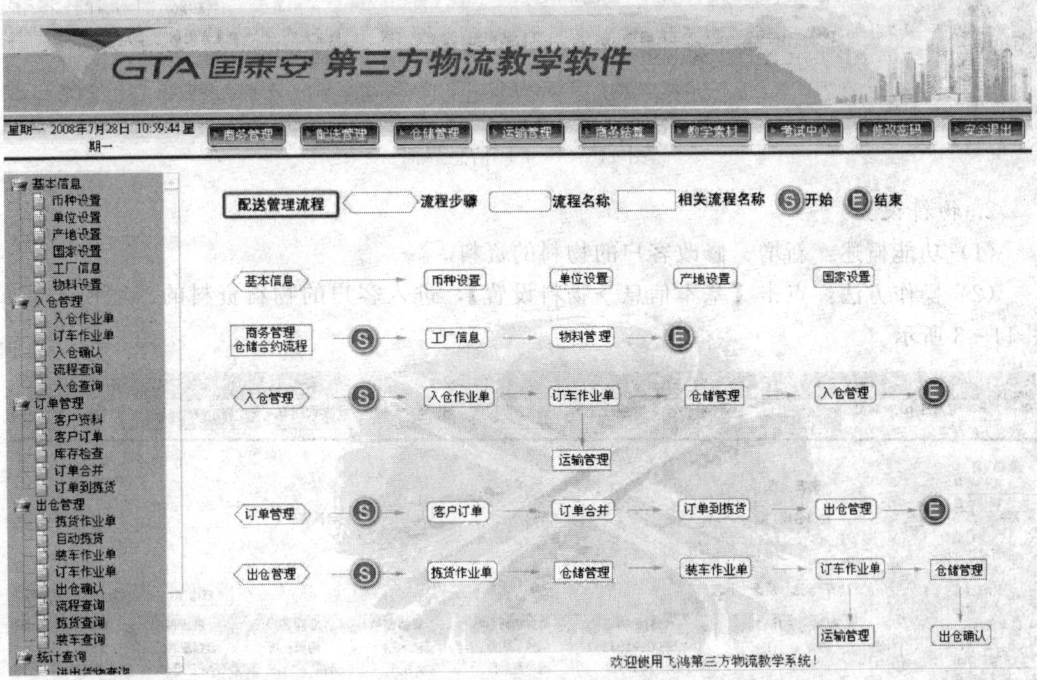

图 11-1 配送业务流程界面

模块三 第三方物流系统实训

【实训目的】
1. 熟悉配送管理基本模块。
2. 熟悉配送管理系统的各种基础数据的设定。
3. 熟练掌握配送管理系统各模块的基本操作流程。

【实训内容与步骤】

一、基本信息

基本信息包括、币种设置、单位设置、产地设置、国家设置、工厂信息、物料设置等，其中币种设置、单位设置、产地设置、国家设置具体操作方法请参照项目10商务管理。

1. 工厂信息

（1）功能概述：管理客户公司下属的供应商、购买商的相关的资料。

（2）操作方法：点击【基本信息→工厂信息】，进入客户资料的维护界面，如图11-2所示。

（3）按钮说明：新增：进入工厂信息的新增模式；删除：删除当前选择的供应商、购买商的资料；返回：关闭当前的界面资料，返回主界面状态。

图11-2 工厂信息界面

2. 物料设置

（1）功能概述：新增、修改客户的物料的资料。

（2）操作方法：点击【基本信息→物料设置】，进入客户的物料资料的新增模式，如图11-3所示。

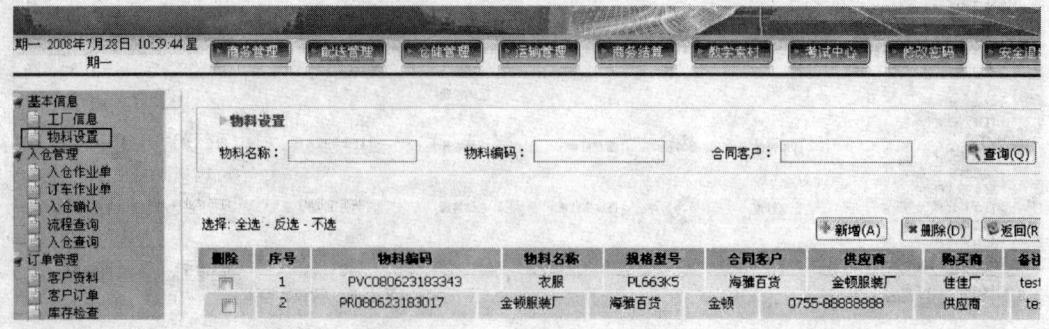

图11-3 物料设置界面

（3）按钮说明：**新增**：进入客户物料资料的新增模式；**删除**：删除当前选择的物料的资料；**返回**：关闭当前的界面资料，返回主界面状态。

二、入仓管理

入仓的过程是比较复杂的，首先收到客户的入仓货物清单和订车单，然后在系统里面打印出货物清单交给仓管员，同时将订车单转给运输部门，进行车辆的调度。货物到达，需要卸载货物，检查货物是否无误，确认无误之后才可以将货物放到某仓位。一切处理完毕，入仓完成。

根据这个流程，系统将入仓分为入仓作业、订车作业、卸车作业、验货作业、安排仓位和入仓确认6个步骤，流程如图11-4所示。

图11-4 入仓流程图

第一步入仓作业：入仓作业主要是将本次入仓的资料录入处理，打印出部件清单，以供仓管员验货核对。

第二步订车作业：订车作业是将客户的订车单传给运输部门，以便安排车辆（也可以客户自己安排车辆运输）。

第三步卸车作业：卸车作业过程中，系统会自动计算出本批货物的总体积和总重量，然后计算出卸车的工作量，从而产生卸车费用。

第四步验货作业：验货作业是用于记录货物入仓时的情况，验货员可以根据实际情况记录货物正常或者异常情况等。

第五步安排仓位：由于安排仓位需要和实际的操作经验相结合，因此仓管员将货物分配到具体的仓位之后，操作员再负责将该仓位进行录入。

第六步入仓确认：入仓确认之后本次入仓的货物才会加入到系统数据，即入仓确认之后才可以在系统里面查询或者操作本次入仓的货物。

以上6个步骤，其中入仓资料、配车、确认为配送部门的处理程序，而卸车、验货、分配仓位为仓储部门的处理程序。

1. 入仓作业单

（1）功能概述：本模块主要是将客户的入仓资料录入系统，进入入仓处理流程，流程相关业务在完成前，单列表中该业务环节标示为"N"，完成后标示为"Y"，如图11-5所示。

（2）操作方法：点击【入仓管理→入仓作业单】，进入入仓作业的处理模块。初始显示系统中所有入仓单的分页列表显示。

录入一份新的入仓单，入仓单分为表头和明细两部分。

入仓单表头：点击列表右上角的【新增】按钮，进入入仓单新增界面如图11-6所示。系统会自动产生一个入仓单号（这个单号可以更改），操作员需要选择本次入仓属于

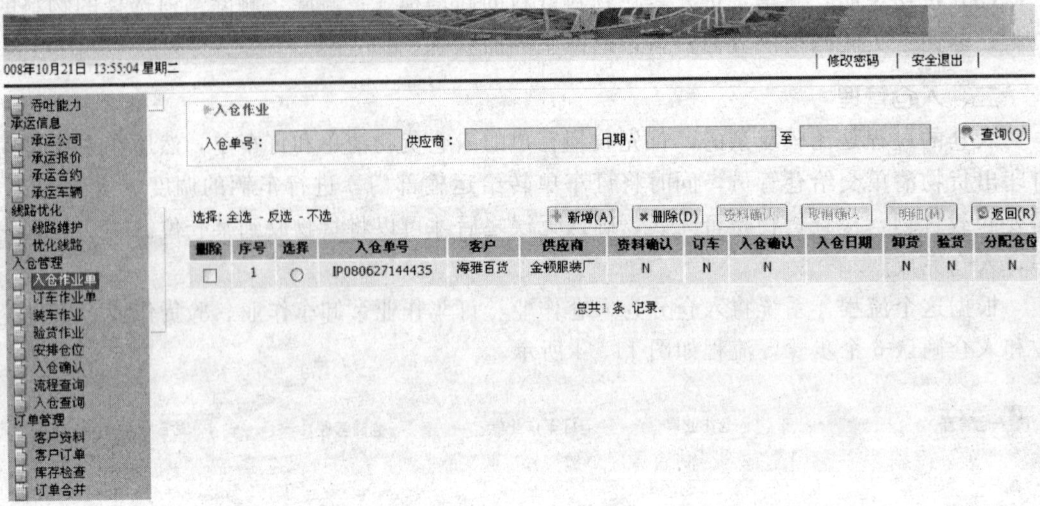

模块三 第三方物流系统实训

图 11-5 入仓作业界面 1

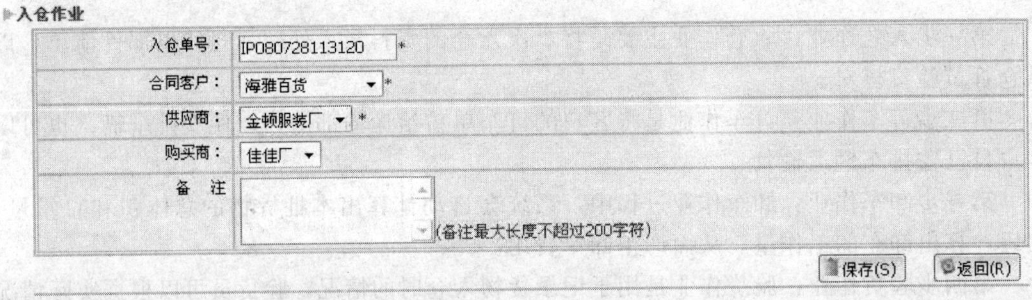

图 11-6 入仓作业界面 2

哪个合同客户,哪个供应商,哪个购买商等基本内容,点击【保存】,系统会自动关闭新增窗口返回列表界面,该入仓单即会在列表区显示出来。

修改表头:点击列表中需要修改的入仓单相应的功能按钮【编辑】,进入表头编辑界面,完成修改点击保存,如图 11-5 所示。

入仓明细:点击列表中入仓单相应的功能按钮【明细】,进入入仓明细录入界面,如图 11-7 所示。系统将自动列出所有属于该客户、该供应商、该购买商的部件,操作员只需要进行选择,然后输入入仓数量、PO 号、DO 号等,其余的信息系统自动显示(因为部件维护已经做好)。【保存】保存即可。返回入仓界面,入仓单部件清单已经输入完毕。点击【确认】,入仓资料输入完毕。

入仓单物料清单已经输入完毕。返回入仓作业单列表界面,点击所处理的单相应的【资料确认】按钮,进行资料确认,入仓资料输入完毕。

(3)按钮说明:新增:进入入仓表头的新增模式;编辑:进入入仓表头的修改模式;保存:保存新增、修改的入仓表头资料;删除:删除当前选择的入仓表头资料,只有在【资料未确认】状态下,该入仓单才能删除;资料确认:提交资料,将入仓单状态由【资料未确认】标记为【资料已确认】；明细：进入入仓资料的物料维护界面；返回：关闭当前的界面资料，返回主界面状态。

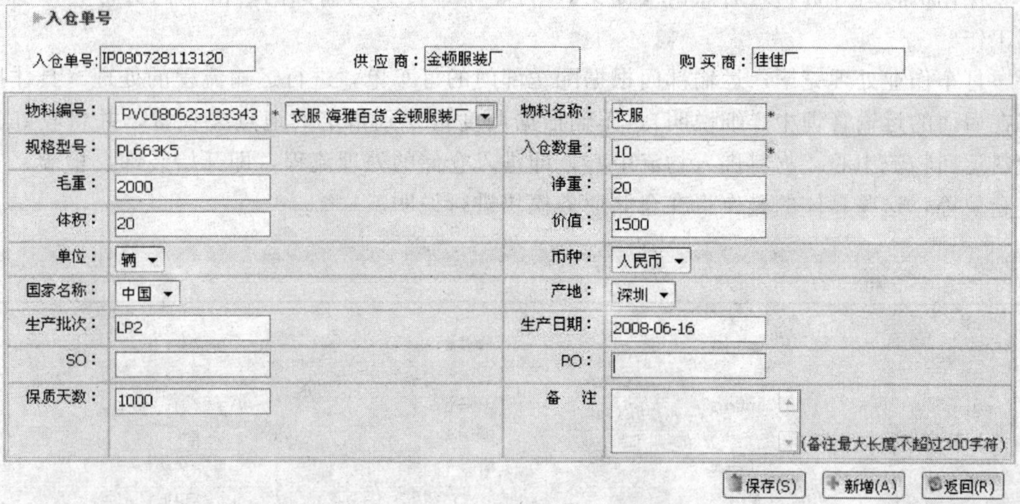

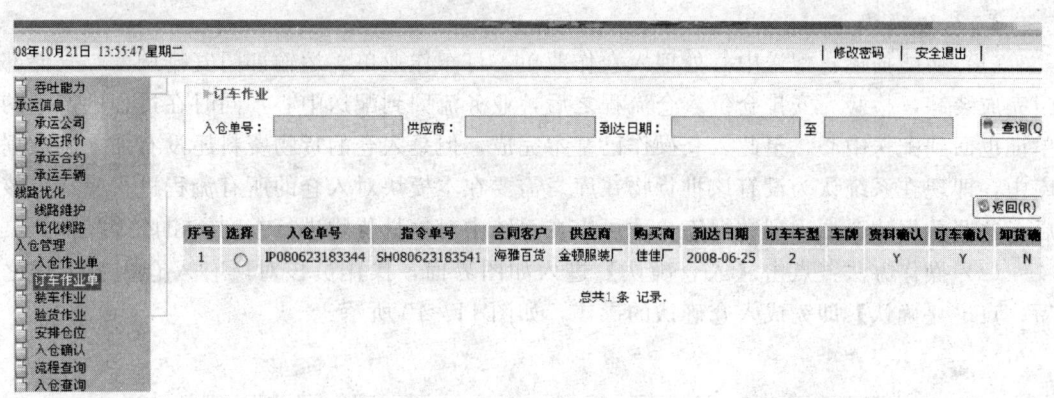

图11-7 入仓明细录入界面

2. 订车作业

入仓作业单处理完毕（入仓资料确认），进入第二步——点击【订车作业单】进入订车作业界面，如图11-8所示。

图11-8 订车作业界面

功能描述：货物入仓前的运输有两种情况：第一种是客户提供订车单，委托本公司运输。本公司可以安排自己的车辆承运或者选择外包的运输公司进行承运。第二种是客户自己运输。系统会根据货物的数量联系物料资料计算出本次入仓的总体积和总重量，然后根据计算出的数据安排车辆为何种吨车或者柜车，然后将订车单传到运输部门进行具体的车辆调度操作。

选择列表中未订车的入仓单，可以看到订车信息已经显示出来，除了指令单号是系统自动产生，总体积和总毛重由系统计算出以外，其余的资料都可以进行修改。订车性质分

模块三 第三方物流系统实训

为委托和客户两种,"委托"表示由本公司负责承运,会产生运输费用,"客户"则表示由客户自己运输,不产生运输费用,如图11-9所示。

操作员核对好资料之后点击【提交】,订车单即传到运输部门,由他们进行具体的调度工作。

订车作业处理完毕,运输部门根据配送部门的订车单,进行运输流程的处理(具体操作在后面的运输管理中详细说明),车辆根据调度指令到指定的地点去收货,并将收好的物料运回物流中心,物料进入物流中心,即进入仓储的处理流程,即开始装卸、检验、安排仓位等,这些具体的操作将在仓储业务模块进行说明。

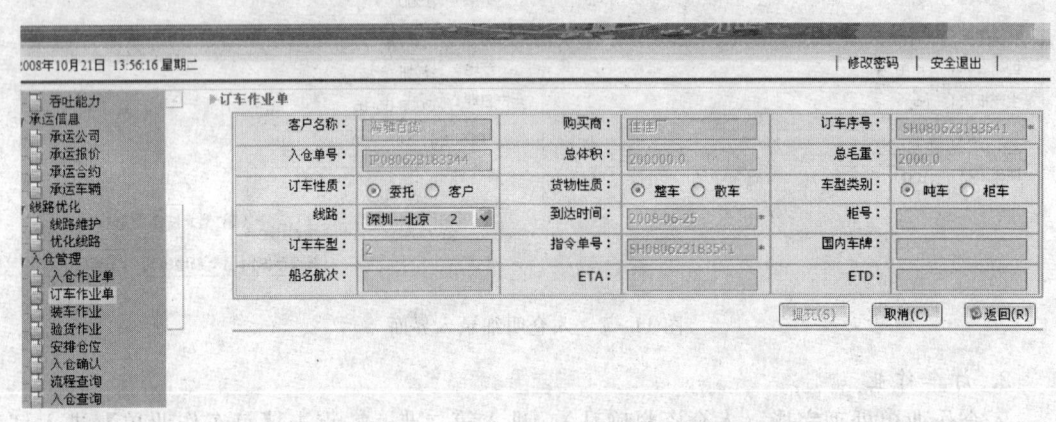

图11-9 订车作业提交界面

3. 入仓确认

(1) 功能描述:配送中心处理入仓作业单,订车作业单,运输部门安排调度,仓储部门完成装卸、检验、安排仓位入仓流程之后,业务流回到配送中心,同时在过程中产生的单证也回到配送中心,至此入仓操作已基本完成,但是入仓的货物资料还没有加入到数据库中,即现在系统认为没有该批货物在库。需要在本模块对入仓的所有流程进行确认审核后,这些数据才会加入到数据库,才可以在系统中对这批货物进行查询、出库等操作。

(2) 操作方法:点击【入仓确认】进入如图界面,操作员核对所有入仓资料无误之后,点击【确认】即完成入仓确认的操作,如图11-10所示。

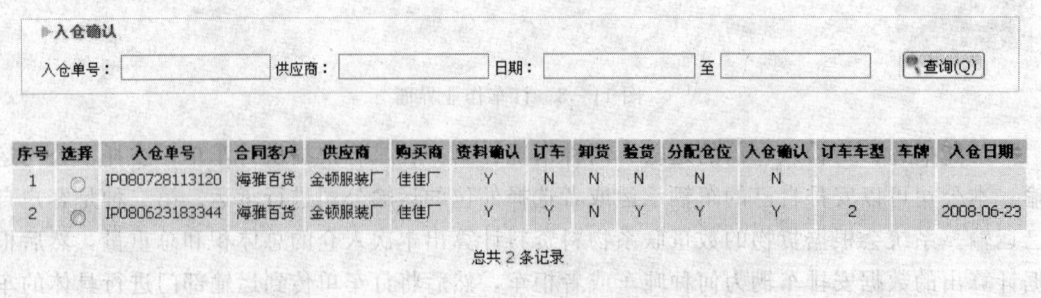

图11-10 入仓确认界面

4. 流程查询

对于入仓、出仓这样的业务处理,管理人员,或业务人员关注每一个环节的完成情况，系统可以通过流程来表示，这里的流程查询也仅仅是反映某一步骤是否完成。如图 11-11 所示。流程状态有两种："Y" — 该步骤已经完成，"N" — 该步骤未完成。

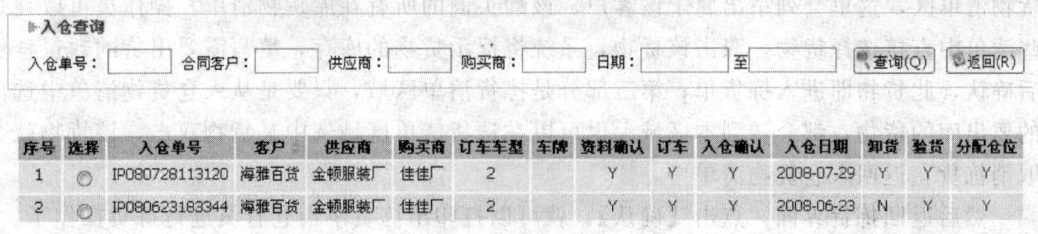

图 11-11 流程查询界面

5. 入仓查询

（1）功能概述：用于查询，入仓货物资料。

（2）操作方法：点击【入仓管理→入仓查询】，进入入仓资料的清单模式，如图 11-12 所示。

（3）按钮说明：返回：关闭当前的界面资料，返回主界面状态；查询：查询符合条件的入仓清单。

图 11-12 入仓查询

三、出仓管理

1. 拣货作业

（1）功能描述：出仓之前，会收到客户的出仓清单或称订单，根据实际情况，可以进入订单处理流程。或者客户的出仓清单是通过网上下单进行，那么进入订单处理流程审核客户出仓清单，直接产生拣货指令，然后仓管员根据指令进行拣货。

另一种情况是调度员在系统外部进行订单的处理操作，生成适合系统的出仓清单，并将相应资料录入系统，操作员需要把出仓货物清单交给仓管员，由仓管员将货物准备好。

系统将拣货操作独立出来，操作员在出仓操作时不用进行货物的录入操作，系统将拣货单上的货物调过来，操作员只需要在这里进行选择就好了。该操作大大地减少了操作员的工作量，也大大地降低了出错的几率。

（2）操作方法：拣货操作界面分为列表区和编辑区两个部分。列表区会列出所有拣货单，编辑区主要是维护拣货单资料，如图 11-13 所示。

首先，点击【新增】按钮，进入新增拣货单模式，系统会自动产生拣货单号（可以修

图 11-13 拣货操作界面

改），操作员只需要选择客户和购买商的名称即可，然后点击【保存】，拣货单即产生，此时在列表区可以看到产生的拣货单。

其次，选中拣货单，点击【明细】，进入部件录入界面。界面分为三个部分：第一部分是查询条件录入区，如果客户有要求具体出哪一批货物，操作员就可以在这里录入查询的条件，然后就可以在入仓货物清单区域得到该批货物，进行拣货操作；第二部分是入仓货物清单区，这里会列举出属于该客户、该购买商的所有在库货物清单，操作员可以在这些清单中直接选择货物，双击该货物，系统将提示货物的库存，填写需要出货的数量，然后确认，此货物即进入拣货单；第三部分是拣货清单区域，只要是从入仓货物清单中选出的要出库的货物，都会转到本区域。也可以在选货清单区域选中某货物双击，该货物就会取消拣货，返回入仓货物清单中。

然后返回拣货界面，点击【确认】，就可以打印出拣货单给仓管员进行拣货操作了。

2. 自动拣货

客户下达拣货清单时，不指定货物的具体批次信息，仅给出出仓的货物，货物数量，以及出库原则。该模块针对这样的实际情况，可以自动选择出库批次。

3. 装车作业

功能描述：出仓操作和入仓操作的流程是比较类似的，不过出仓操作要简单一些。首先，接到客户的出货清单，操作员根据此清单在系统里面打印出选货单（见出仓选货），交给仓管员进行选货。同时，将订车单交给运输部门，进行车辆的调度。选货完毕，将货物装上车，然后就可以将货物运出了。直到运达目的地，此次出仓才算完成。

根据这个流程，系统将出仓分为以下 5 个流程，除了拣货作业外，剩下的 4 个步骤都与入仓操作的相关步骤操作相似，下面将分别加以说明。

（1）拣货作业：拣货作业单录入、单证打印，其中拣货作业单分为表头和明细两部分，拣货的范围是从库存中选择物料（见出仓选货）。

（2）装车资料：装车资料录入、单证打印，其中装车资料分为表头和明细两部分，装车的物料范围是已经过拣货操作存放于集货区中的物料。

（3）订车：订车作业单录入，根据出仓资料、配送线路、选择车型、车牌等信息向运输部门发出订车指令。

(4) 出仓装卸：录入出仓装卸作业单，即输入出仓装卸作业量。

出仓作业分为以上 5 个步骤，其中拣货作业单录入、装车资料录入、订车作业单录入、出仓确认为配送部门的处理程序，而拣货单证打印、装车资料单证打印、出仓装卸为仓储部门的处理程序。

装车资料：

对于每一次出仓，都需要打印出一份出仓单。本模块主要是产生一份出仓单，然后将出仓部件填入该单。本操作是装车作业的初始操作。

4. 订车作业

(1) 功能描述：与入仓配车一样，订车也有委托和客户两种选择。如果是委托，表示客户要求由我们帮他们运输，有运输费用产生；如果是客户，表示客户将自己派车运输，不用产生运输费用。系统会将定车资料传到运输部门，由运输部门负责调度车辆。

(2) 操作方法：系统已经将本次出仓货物的总体积和总重量计算出来，并根据这些数据给出了一个建议车型。由配车界面可知，很多资料系统都已经自动提取给我们，操作员只需要对相关资料进行选择，然后点击【提交】，该订车单就会传到运输部门，如图 11 - 14 所示。

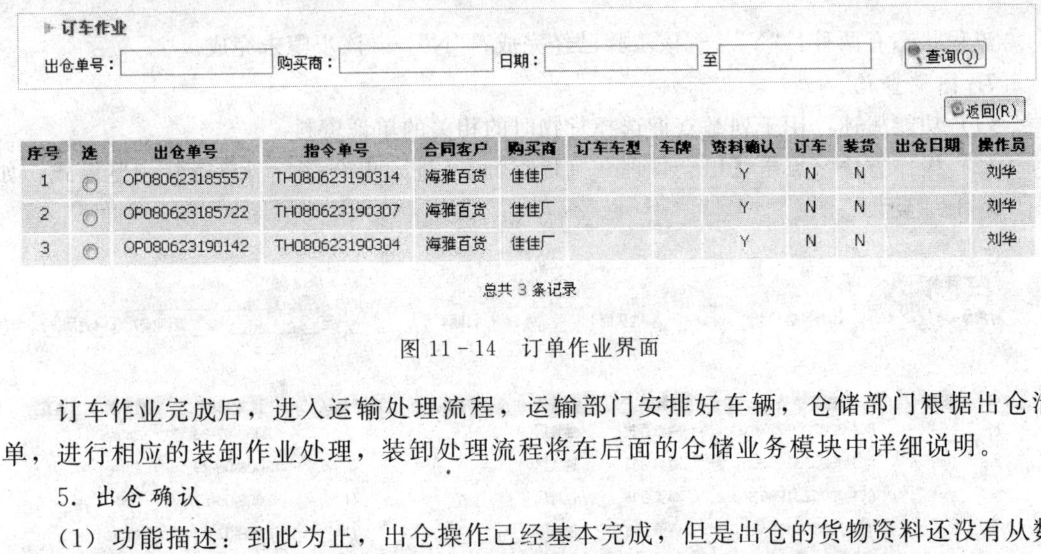

序号	选	出仓单号	指令单号	合同客户	购买商	订车车型	车牌	资料确认	订车	装货	出仓日期	操作员
1	○	OP080623185557	TH080623190314	海雅百货	佳佳厂			Y	N	N		刘华
2	○	OP080623185722	TH080623190307	海雅百货	佳佳厂			Y	N	N		刘华
3	○	OP080623190142	TH080623190304	海雅百货	佳佳厂			Y	N	N		刘华

总共 3 条记录

图 11 - 14 订单作业界面

订车作业完成后，进入运输处理流程，运输部门安排好车辆，仓储部门根据出仓清单，进行相应的装卸作业处理，装卸处理流程将在后面的仓储业务模块中详细说明。

5. 出仓确认

(1) 功能描述：到此为止，出仓操作已经基本完成，但是出仓的货物资料还没有从数据库中扣除，即现在系统认为该批货物仍然在库。需要在本模块对出仓的所有流程进行确认，这些数据才会从数据库里面扣除。

(2) 操作方法：点击【出仓确认】进入如图 11 - 15 所示界面，操作员核对所有出仓资料无误之后，点击【确认】即完成出仓确认的操作。

6. 流程查询

对于入仓、出仓这样的业务处理，管理人员，或业务人员关注每一个环节的完成情况，系统可以通过流程来表示，这里的流程查询也仅仅是反映某一步骤是否完成。如图 11 - 16 所示。

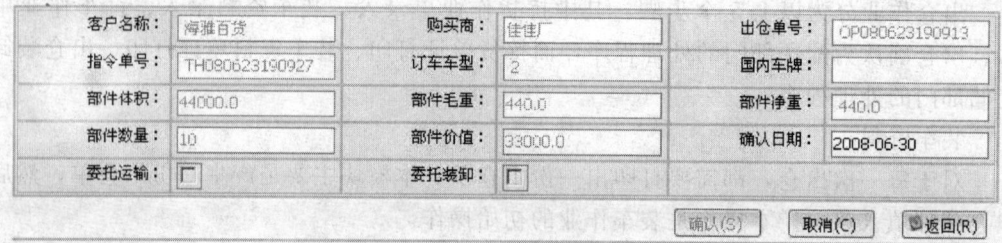

图 11－15 出仓确认界面

序号	出仓单号	合同客户	购买商	资料确认	订车	装货	出仓确认	订车车型	车牌	出仓日期	操作员
1	OP080730173925	海雅百货	佳佳厂	N	N	N	N				刘华
2	OP080623190913	海雅百货	佳佳厂	Y	Y	Y	Y	2		2008-06-30	刘华

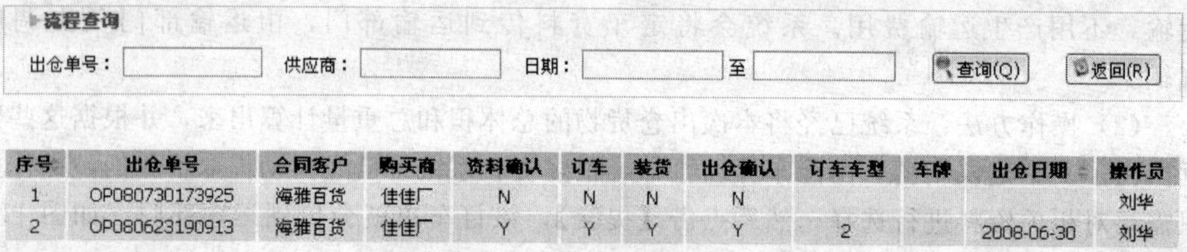

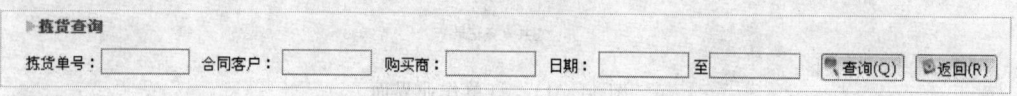

图 11－16 流程查询界面

流程状态有两种："Y" — 该步骤已经完成；"N" — 该步骤未完成。

7. 拣货查询

(1) 功能概述：用于列举查询选择货物时的相关的单证资料。

(2) 操作方法：点击【出仓管理→拣货查询】，进入出仓拣货清单资料浏览模式，如图 11－17 所示。

序号	选择	拣货单号	合同客户	购买商	资料确认	选货确认	拣货日期	操作员	备注
1	○	ROP080730173751	海雅百货	佳佳厂	Y	Y	2008-07-30	刘华	
2	○	ROP080623190206	海雅百货	佳佳厂	Y	Y	2008-06-23	刘华	
3	○	ROP080623190012	海雅百货	佳佳厂	Y	N	2008-06-23	刘华	
4	○	ROP080623185621	海雅百货	佳佳厂	Y	N	2008-07-30	刘华	
5	○	ROP080623185020	海雅百货	佳佳厂	Y	N	2008-06-23	刘华	

总共 5 条记录

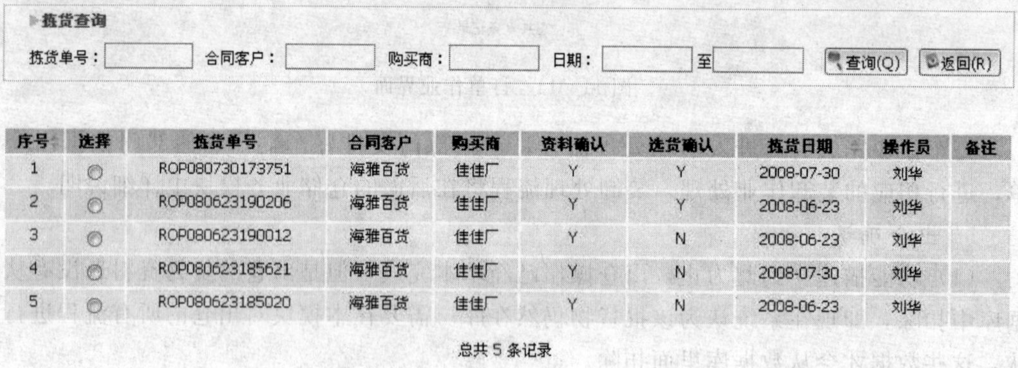

图 11－17 出仓拣货清单资料浏览界面

(3) 按钮说明：查询：查询符合当前条件的拣货清单资料；返回：关闭当前的界面资料，返回主界面状态。

8. 装车查询

(1) 功能概述：用于列举查询货物出仓时的相关的单证资料。

项目11 配送管理操作

(2) 操作方法：点击【出仓管理→装车查询】，进入出仓清单资料模式，如图11-18所示。

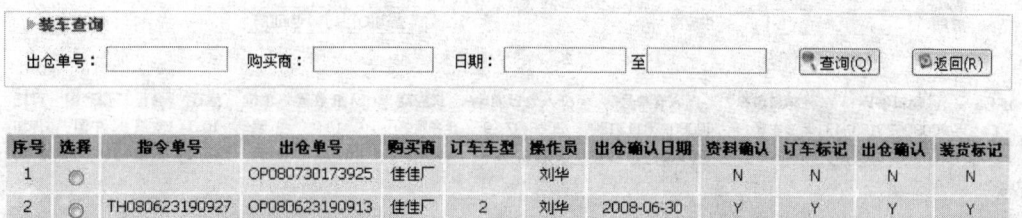

图11-18 出仓清单资料界面

(3) 按钮说明：查询：查询符合当前条件的出仓清单资料；返回：关闭当前的界面资料，返回主界面状态。

四、统计查询

1. 进出货物查询

(1) 功能概述：用于列举查询进出货物的相关的单证资料。

(2) 操作方法：点击【统计查询→进出货物查询】，进入货物查询清单资料模式，如图11-19所示。

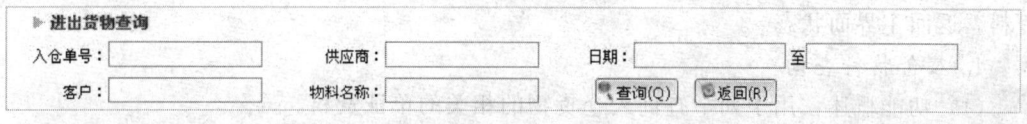

图11-19 货物查询清单资料界面

(3) 按钮说明：查询：查询符合条件的进出货物清单信息；返回：关闭当前的界面资料，返回主界面状态。

2. 物料查询

(1) 功能概述：用于列举查询货物的相关的单证资料。

(2) 操作方法：点击【统计查询→物料编号查询】，进入货物查询清单资料模式，如图11-20所示。

(3) 按钮说明：查询：查询符合条件的货物清单信息；返回：关闭当前的界面资料，返回主界面状态。

3. 库龄查询

(1) 功能概述：用于列举查询仓库货物的库存状况的单证资料。

(2) 操作方法：点击【统计查询→库龄查询】，进入仓位库存查询清单资料模式，如图11-21所示。

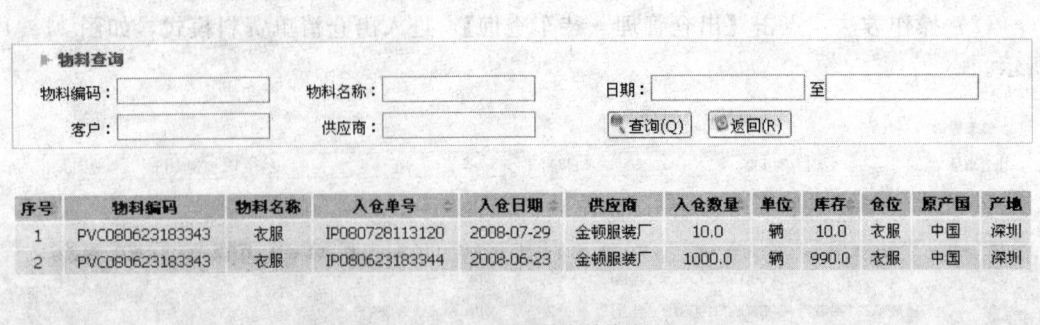

图 11-20 货物查询清单资料界面

图 11-21 仓位库存查询清单资料界面

(3) 按钮说明：查询：查询各个仓位的货物库存的清单信息；返回：关闭当前的界面资料，返回主界面状态。

4．入仓物料查询

(1) 功能概述：用于列举查询入仓货物的相关的单证资料。

(2) 操作方法：点击【统计查询→入仓部件查询】，进入入仓部件查询清单资料模式，如图 11-22 所示。

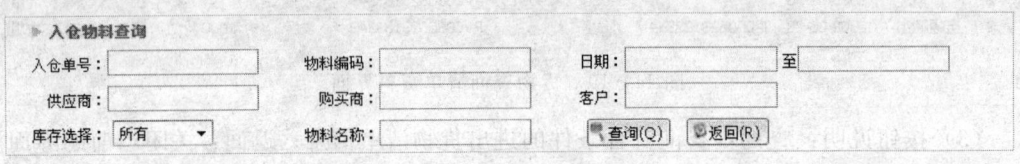

图 11-22 入仓部件查询清单资料界面

(3) 按钮说明：查询：查询符合条件的入仓部件清单信息；返回：关闭当前的界面资料，返回主界面状态。

5．出仓物料查询

(1) 功能概述：用于列举查询出仓货物的相关的单证资料。

(2) 操作方法：点击【统计查询→出仓部件查询】，进入出仓部件查询清单资料模式，如图 11-23 所示。

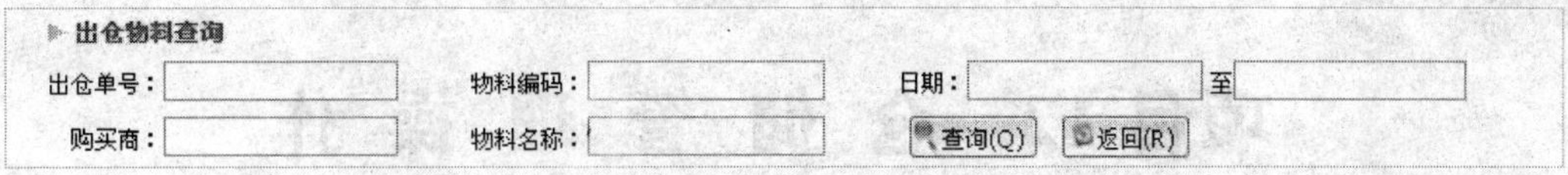

项目11 配送管理操作

序号	出仓单号	合同客户	购买商	出仓日期	物料编码	物料名称	数量	单位	规格型号	生产批次
1	OP080623190913	海雅百货	佳佳厂	2008-06-30	PVC080623183343	衣服	10	辆	PL663K5	LP2

图11-23 出仓部件查询清单资料界面

（3）按钮说明：查询：查询符合条件的出仓部件清单信息；返回：关闭当前的界面资料，返回主界面状态。

项目12 仓储管理操作

仓储管理系统主要是以现代物流企业信息管理系统中的仓储管理、统计报表等实践过程为主要部分，系统功能主要包括基本信息、客户管理、入库管理、订单管理、出仓管理、加工处理、统计查询、资源查询、商务结算、客户分析等功能模块，每个功能模块里面又包含其相应的子功能模块。

学生通过本系统管理流程的操作，了解现代物流企业中的仓储作业的基本功能和运作过程，从而提高学生仓储管理实际操作技能。本项目业务流程如图12-1所示。

图12-1 仓储管理业务流程界面

【实训目的】

1. 熟悉仓储管理基本模块。
2. 熟悉仓储管理系统的各种基础数据的设定。
3. 熟练掌握仓储管理系统各模块的基本操作流程。

【实训内容与步骤】

一、基本信息

1. 仓库资料

（1）功能概述：新增、修改、删除仓库的基本资料，查询仓库编号进行优化管理。

（2）操作方法：点击【基本信息→仓库资料】，进入仓位基本资料的新增模式，如图12-2所示。

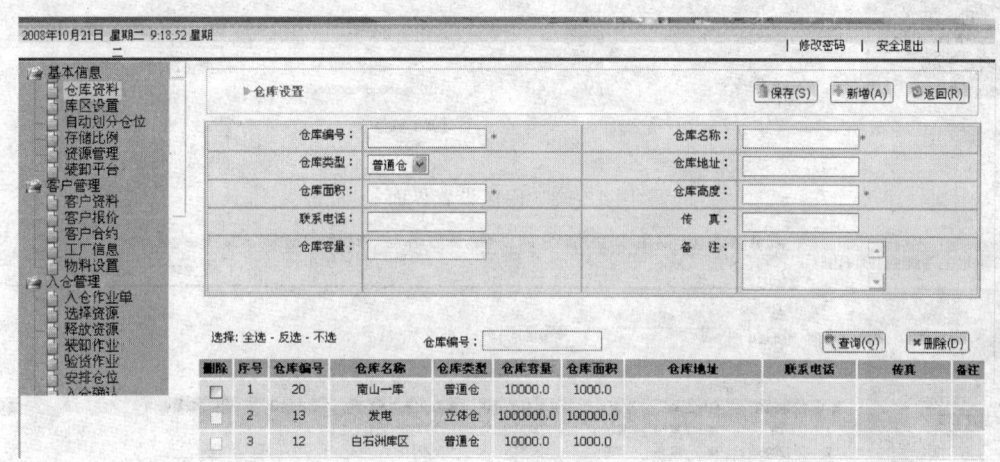

图12-2 仓位基本资料界面

（3）按钮说明：保存：保存新增或修改过的仓位基本资料；新增：进入仓库资料的新增模式；删除：删除当前选择的仓库的资料；返回：关闭当前的界面资料，返回主界面状态。

2. 库区设置

（1）功能概述：新增、修改、删除仓库区域，查询区域编号进行优化管理。

（2）操作方法：点击【基础信息→库区设置】，如图12-3所示。

（3）按钮说明：保存：保存新增或修改过的库区设置；新增：进入库区设置的新增模式；删除：删除当前选择的库区设置；返回：关闭当前的界面资料，返回主界面状态。

说明：在新增仓库区域信息保存之后，系统将自动计算出该仓库的区域编号以及仓库区域图示；如果仓库区域内已设置了库位信息，则对应的仓库区域将不能执行删除、修改操作；在生成仓库区域数量时：1~99个，如超过此范围，系统不予以接受，此时应修改当前区域的面积，以调整区域个数。

3. 自动划分仓位

（1）功能概述：分配、浏览、区域仓位。

（2）操作方法：点击【基础数据→自动划分仓位】，进仓位设置。此时系统列出对应区域图示，如果区域内已设置了仓位信息则以白色＋区域编号显示；否则以紫色＋区域编号显示；如果对应区域仓位内以使用，则不能修改或调整区域的仓位：单仓面积显示方式。

1）点击【基础数据→自动划分仓位】，进入仓库列表界面，如图12-4所示。

2）选择需要划分仓位的仓库，进入仓库已划分的区域列表界面，如图12-5所示。

3）选择一个区域，进入选择区域的仓位划分界面，如图12-6所示。

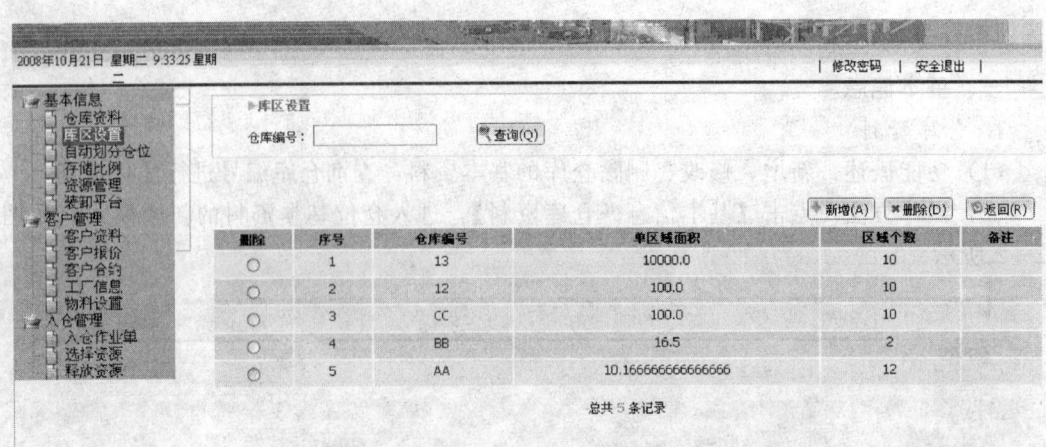

图 12-3 库区设置界面

图 12-4 仓库列表界面

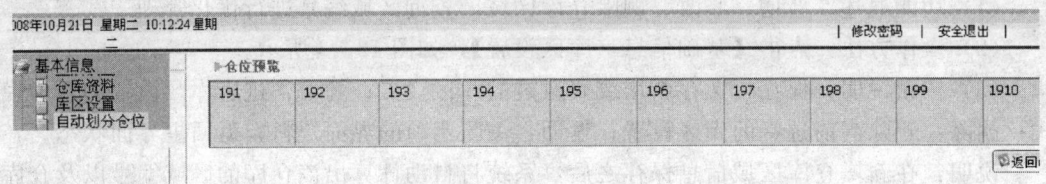

图 12-5 区域列表界面

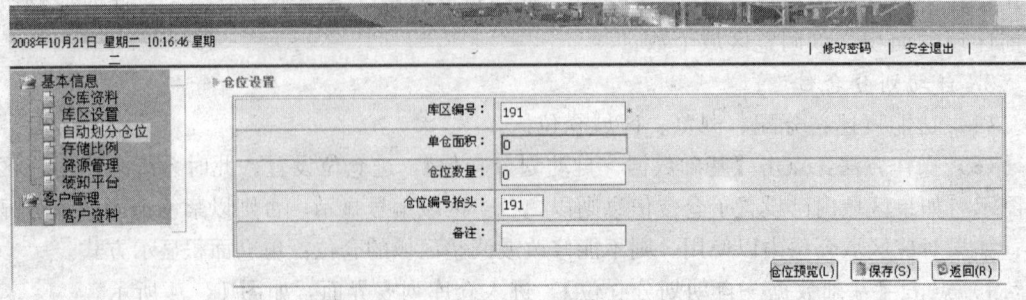

图 12-6 仓位划分界面

项目12 仓储管理操作

4）仓位划分结果，如图12-7所示。

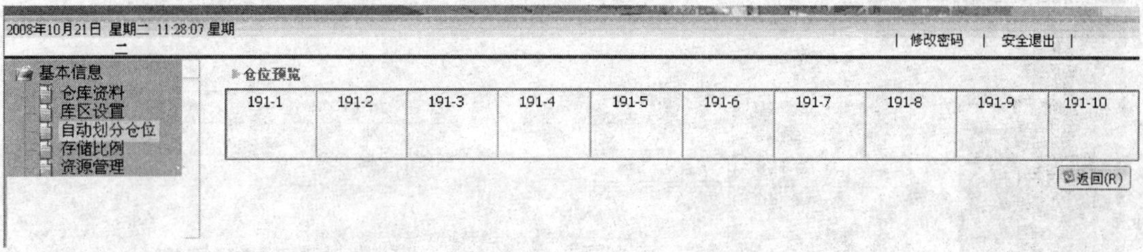

图12-7 仓位预览界面

(3) 按钮说明：保存：保存新增或修改过的仓位设置。返回：关闭当前的界面资料，返回主界面状态。

在生成仓库区域仓位时数量时：1～999个（编号格式：SW01001001—SW01001999），如超过此范围，系统不予以接受，此时用应修改当区域单仓位的面积，以调整区域个数。

4．存储比例

(1) 功能概述：设定仓库的存储比例。

(2) 操作方法：点击【基础数据→存储比例】，进入存储比例列表界面，如图12-8所示。

图12-8 存储比例设置界面

5．资源管理

(1) 功能概述：用于管理、添加、修改、删除仓库人员或设备信息。

(2) 操作方法：点击菜单【客户管理→资源管理】，进入仓储客户基本资料维护界面，在新增模式下只有两个按钮【保存】、【返回】，如图12-9所示。

(3) 按钮说明：保存：保存新增的仓库资源的资料；新增：进入仓库资源的新增模式；删除：删除当前选择的仓库资源；返回：关闭当前的界面资料，返回主界面状态；查询：查询仓库资源。

6．装卸平台

(1) 功能概述：平台信息的新增、修改、删除、查询。

(2) 操作方法：点击菜单【客户管理→装卸平台】，进入装卸平台界面，在新增模式下只有两个按钮【保存】、【返回】，如图12-10所示。

(3) 说明：保存：保存新增的装卸平台的资料；新增：进入装卸平台的新增模式；删除：删除当前选择的装卸平台；返回：关闭当前的界面资料，返回主界面状态；查询：查询装卸平台信息。

模块三 第三方物流系统实训

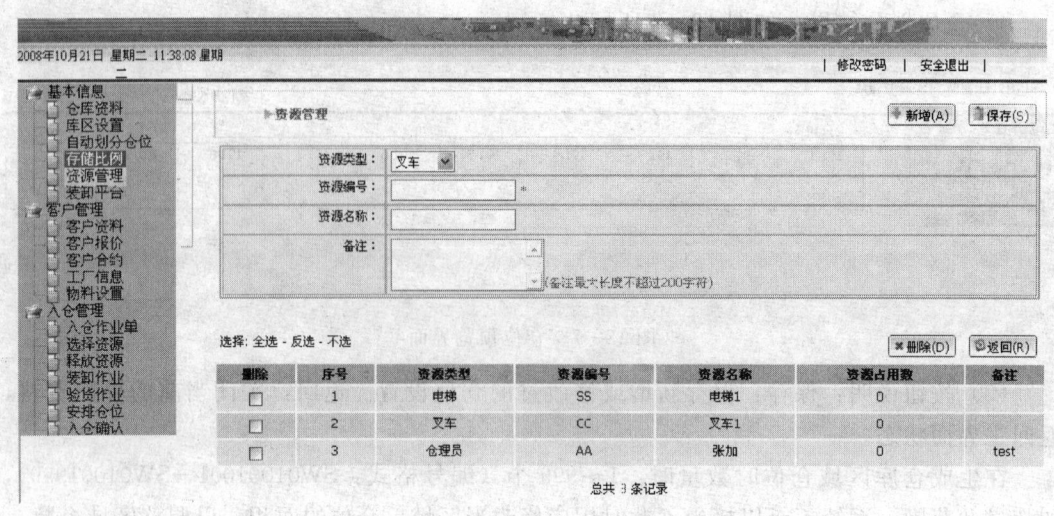

图 12-9 客户基本资料维护界面

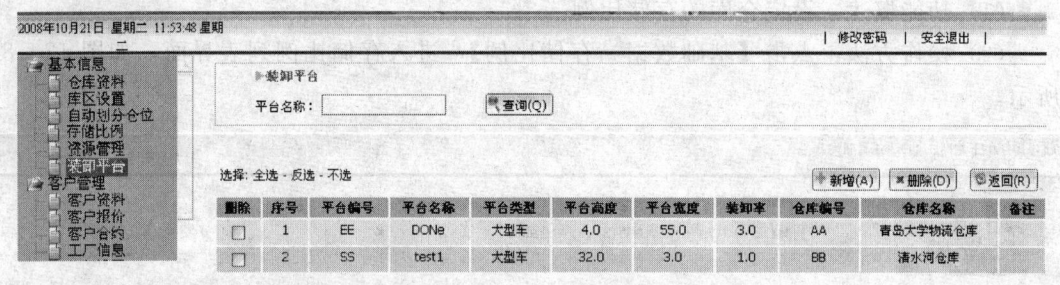

图 12-10 装卸平台界面

7. 吞吐能力

维护装卸平台信息，是为了计算仓库的吞吐能力。输入装卸作业量，及装卸车辆类型，系统可以测算出：作业量的设置是否合理；车辆是否能在选定的仓库进行装卸；要在规定时间内完成装卸工作，需要几个适合的装卸口打开；在最短时间内完成装卸工作，需要哪几个适合的装卸口打开；在耗费人力最少的要求下完成装卸工作，选择哪一个装卸平台。操作界面如图 12-11 所示。

从图中可以看出，系统根据作业量，测算出仓库装卸方案。

二、入仓管理

入仓管理一般分为选择资源、释放资源、装卸作业、验货作业、安排仓位和入仓确认车等6个步骤，如图 12-12 所示。

1. 入仓作业单

（1）功能概述：本模块主要是将客户的入仓资料录入系统，进入入仓处理流程，流程相关业务在完成前，单列表中该业务环节标示为"N"，完成后标示为"Y"，如图 12-13 所示。

项目 12 仓储管理操作

图 12-11 吞吐能力界面

图 12-12 入仓管理界面

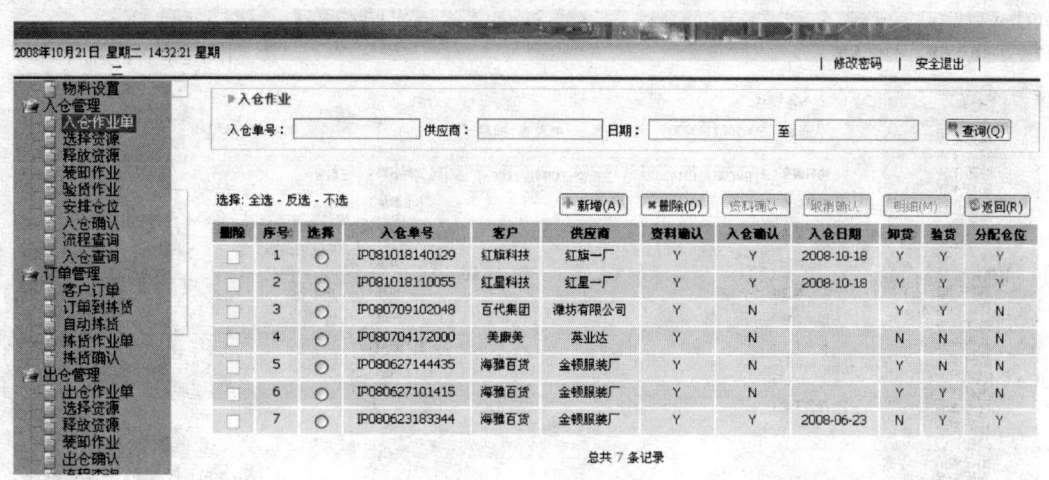

图 12-13 入仓作业单界面

(2) 操作方法：点击【入仓管理→入仓作业单】，进入入仓作业的处理模块。初始显示系统中所有入仓单的分页列表显示。录入一份新的入仓单，入仓单分为表头和明细两部分。

1) 入仓单表头：点击列表右上角的【新增】按钮，进入入仓单新增界面如图 12-14 所示，系统会自动产生一个入仓单号（这个单号可以更改），操作员需要选择本次入仓属于哪个合同客户，哪个供应商，哪个购买商等基本内容，点击【保存】，系统会自动关闭新增窗口返回列表界面，该入仓单即会在列表区显示出来。

修改表头：点击列表中需要修改的入仓单相应的功能按钮【编辑】，进入表头编辑界面，完成修改点击保存。

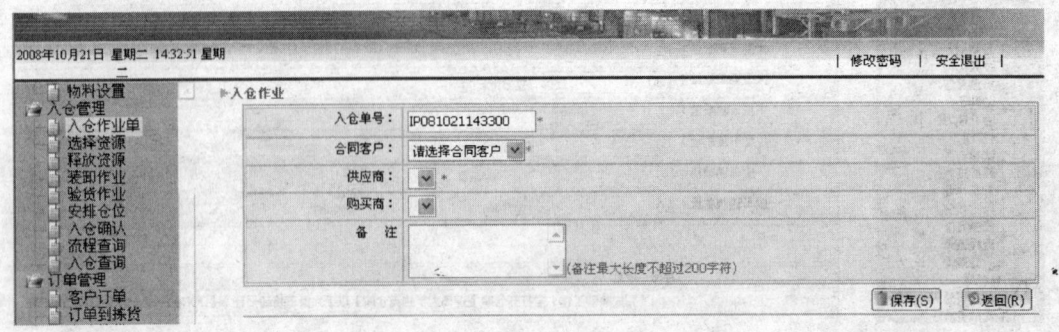

图 12-14 入仓单新增界面

2) 入仓明细：点击列表中入仓单相应的功能按钮【明细】，进入入仓明细录入界面，如图 12-15 所示。系统将自动列出所有属于该客户、该供应商、该购买商的部件，操作员只需要进行选择，然后输入入仓数量、PO 号、DO 号等，其余的信息系统自动显示（因为部件维护已经做好），【保存】保存即可。返回入仓界面，入仓单部件清单已经输入完毕。点击【确认】按钮，入仓资料输入完毕。

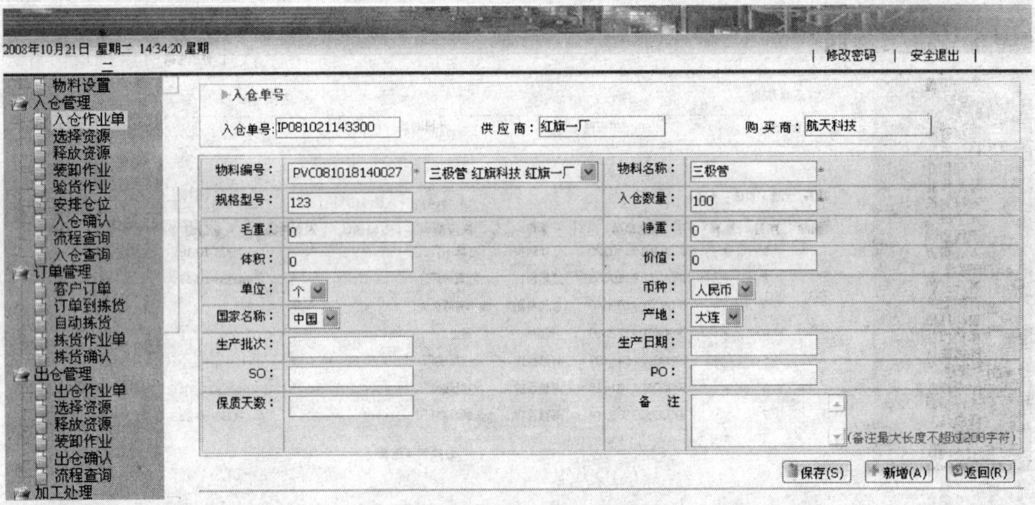

图 12-15 入仓明细录入界面

入仓单物料清单已经输入完毕。返回入仓作业单列表界面，点击所处理的单相应的【资料确认】按钮，进行资料确认，入仓资料输入完毕。

(3) 按钮说明：新增：进入入仓表头的新增模式；编辑：进入入仓表头的修改模式；保存：保存新增、修改的入仓表头资料；删除：删除当前选择的入仓表头资料，只有在【资料未确认】状态下，该入仓单才能删除；资料确认：提交资料，将入仓单状态由【资料未确认】标记为【资料已确认】；明细：进入入仓资料的物料维护界面；返回：关闭当前的界面资料，返回主界面状态。

项目 12 仓储管理操作

2. 选择资源

(1) 功能描述：在仓储作业中，装卸作业之前，仓库调度人员要安排完成作业所需要的资源：仓管员、电梯、叉车等人力物力资源。系统将这个步骤定位选择资源，如图 12-16 所示。

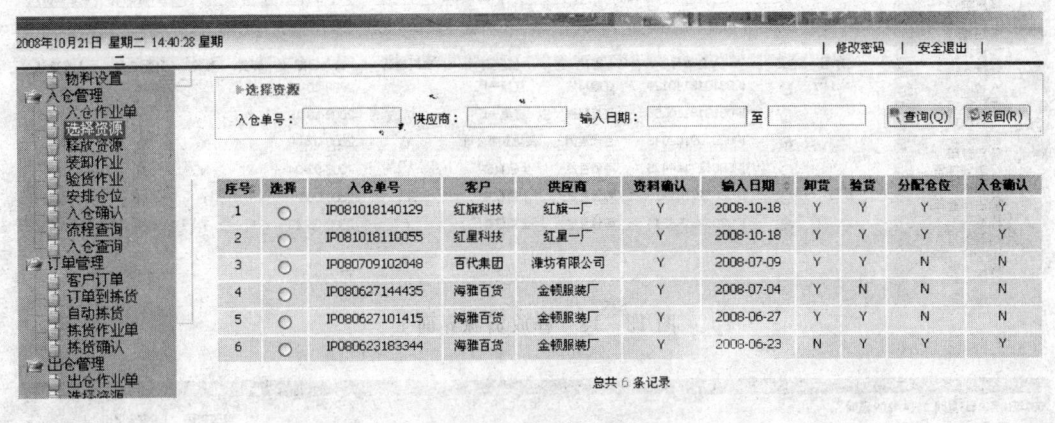

图 12-16 选择资源界面

(2) 操作方法：选择需要操作的作业单如下：选择资源，点击保存，可以看到相应资源的占用数加 1。在此分配资源后，仓库操作完成后，即安排完仓位，所有选择的资源将自动释放，如图 12-17 所示。

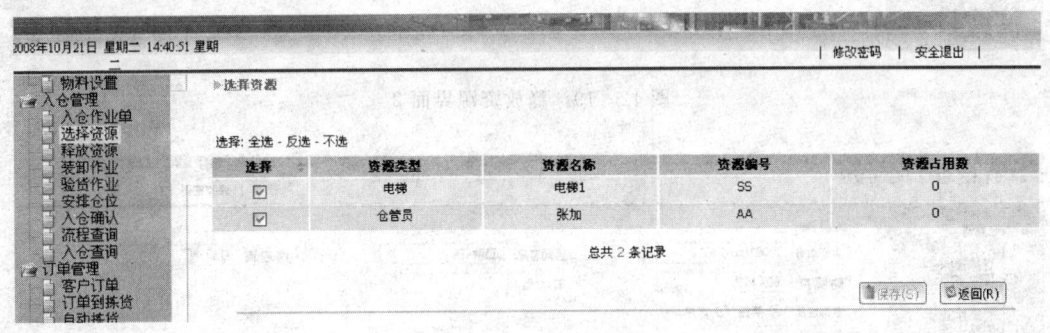

图 12-17 选择资源保存

3. 释放资源

(1) 功能描述：当相应人力物力资源完成仓库装卸作业后，我们要对其进行释放，以便其他作业分配资源，如图 12-18 所示。

(2) 操作方法：选择需要操作的作业单，选择资源，点击释放，可以看到相应资源的占用数减 1，如图 12-19 所示。

4. 装卸作业

(1) 功能描述：货物准备好之后，需要装货上车或下车。本模块主要就是记录装卸工作量，并计算装卸费用。与入仓装卸一样，出仓装卸也有装卸性质和付款性质的区别，其具体意义与入仓装卸一样，详情请参看入仓装卸。

(2) 操作方法：出仓装卸主要是装货操作，系统已经将货物的总体积和总重量计算出来，操作员只需要对装卸性质进行选择，如图 12-20 所示。

图 12-18 释放资源界面 1

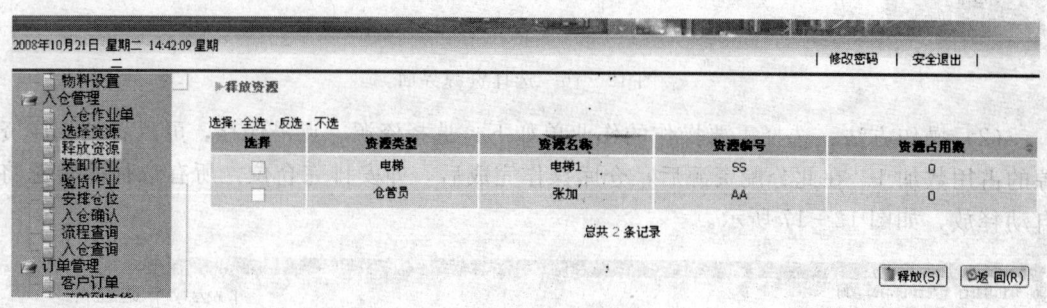

图 12-19 释放资源界面 2

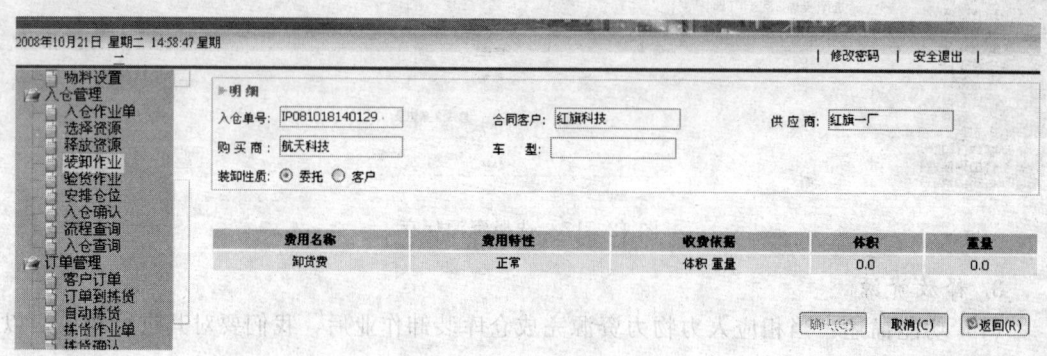

图 12-20 装卸作业界面

装卸性质分为委托、客户和代理三种。委托表示由本公司工作人员进行装卸操作，会产生装卸费用；客户表示由客户自己进行装卸工作，不产生装卸费用；代理则表示客户委托我们装卸，我们再将装卸交给外包的装卸公司进行操作，这样会产生两种费用，一是客户付给我们的费用（应收费用），还有一个就是我们付给装卸公司的费用（应付费用）。

操作员根据实际选择相应的装卸性质和付款性质，然后点击【确认】保存资料，系统即计算出费用。

项目12 仓储管理操作

5. 验货作业

（1）功能描述：在实际操作中，验货都是比较重要的一步。我们需要了解货物进入本公司仓库之前的状况是否与客户描述相符，如果有什么异常，例如数量不对（多或者少），有损坏等，都需要与客户及时联系，以免到出货的时候出现争议。

（2）操作方法：卸车完毕，需要进行验货操作。点击【验货作业】进入验货操作界面，如图12-21所示。本界面会显示本次入仓的所有部件明细。操作员可以选中部件之后（单选或者全部一起选择），在下面选择货物的状态。系统已经列出了比较常见的一些状态，例如正常、多收、少收等，如果出现的异常在这些选项之外，可以在后面的备注里进行说明。货物状态选择完毕，点击【确认】即可。

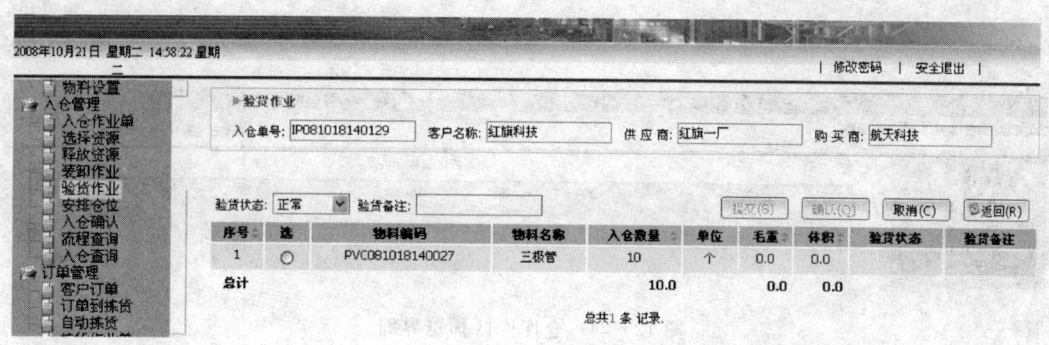

图12-21 验货作业界面

6. 安排仓位

（1）功能描述：验货完毕，就应该将货物放到仓库里面。由于货物的摆放需要仓库人员凭经验操作，一般来说，是由仓管员放置完毕之后通知操作员分配的仓位，如图12-22所示。

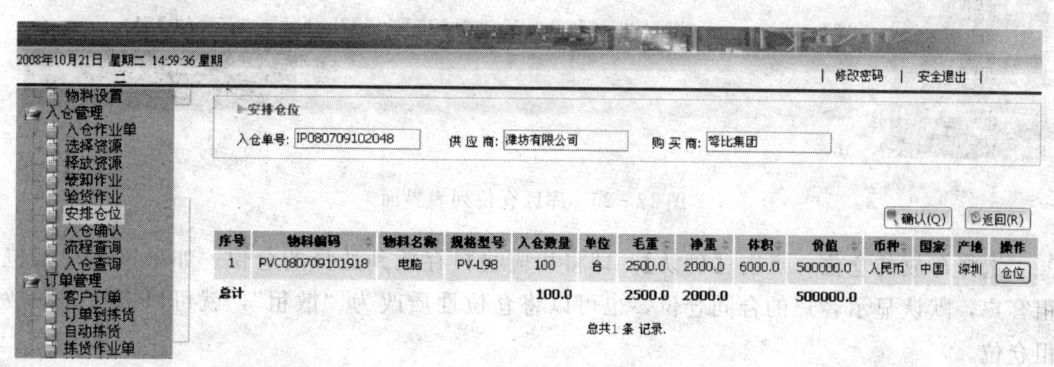

图12-22 安排仓位界面

（2）操作方法：

1）操作员点击未分配仓位的作业单即进安排仓位操作界面。点击每一个操作记录的【仓位】，进入仓位选择界面如图12-23所示。

2）选择仓库编号，进入该仓库库区预览，如图12-24所示。

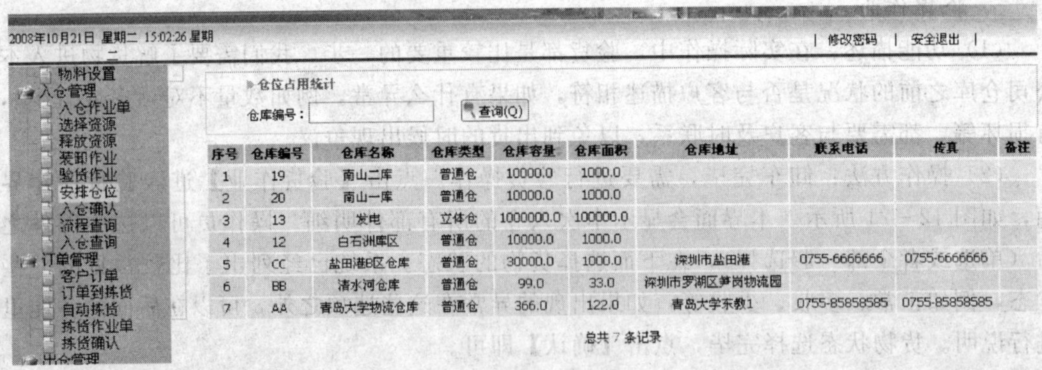

模块三 第三方物流系统实训

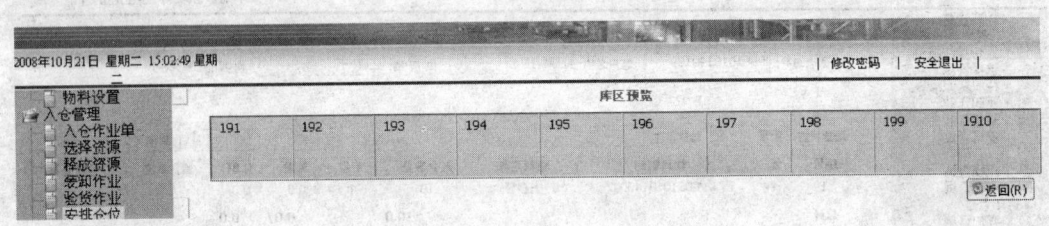

图 12-23 仓位选择界面

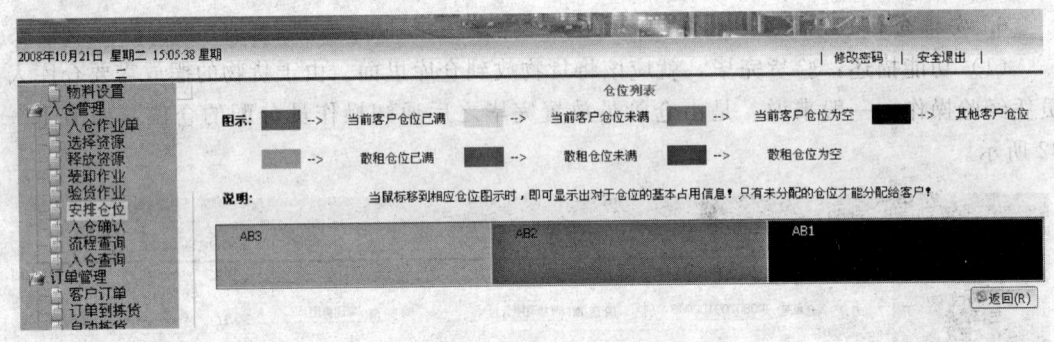

图 12-24 仓库库区预览界面

3）选择库区，进入该库区仓位列表，如图12-25所示。

图 12-25 库区仓位列表界面

选择存放的仓位，点击【确认】，即将相应物料存放到选择的仓位。如果该客户是包租客户，默认显示客户的合同仓位，也可以将仓位性质改为"散租"，就可以选择分配散租仓位。

从仓位列表中，可以看到每一个仓位有一个标准存货量、存储比例、最大存储量、使用量。系统规定使用量不可超过最大存放量，如果超出最大存储量，系统将给出处理提示"超过仓位最大容量限制，系统将拆分当前入仓明细记录"，点击确定，系统还会再次提问是否拆分，选择取消，系统将不进行任何操作。如果选择确定，系统将对入仓明细记录进行拆分，拆分规则，是按当前选择仓位的剩余空间进行拆分。

对所有的入仓明细记录安排仓位完毕，点击【确认】，分配仓位成功。如果后续流程

项目 12　仓储管理操作

未完成,可取消本次仓位分配操作,或点击【删除】按钮,删除已分配的仓位。

7. 入仓确认

(1) 功能描述:配送中心处理入仓作业单,订车作业单,运输部门安排调度,仓储部门完成装卸、检验、安排仓位这些入仓流程之后,业务流回到配送中心,同时过程中产生的单证也回到配送中心,至此入仓操作已基本完成,但是入仓的货物资料还没有加入到数据库中,即现在系统认为没有该批货物在库。需要在本模块对入仓的所有流程进行确认审核,这些数据才会加入到数据库,才可以在系统里面对这批货物进行查询、出库等操作。

(2) 操作方法:点击【入仓确认】进入如图界面,操作员核对所有入仓资料无误之后,点击【确认】即完成入仓确认的操作,如图12-26所示。

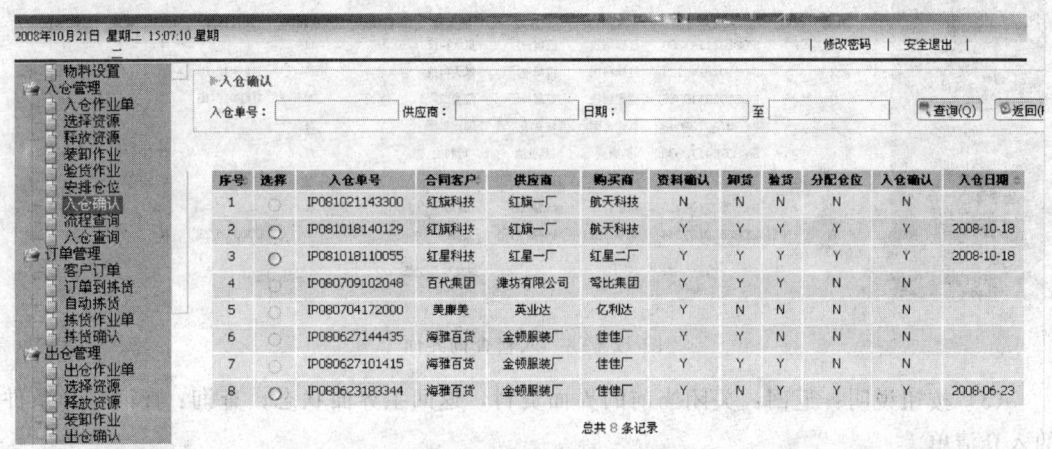

图 12-26　入仓确认界面

8. 流程查询

对于入仓、出仓这样的业务处理,管理人员,或业务人员关注每一个环节的完成情况,系统可以通过流程来表示,这里的流程查询也仅仅是反映某一步骤是否完成,如图 12-27 所示。

图 12-27　流程查询界面

流程状态有两种："Y"－该步骤已经完成;"N"－该步骤未完成。

9. 入仓查询

(1) 功能概述：用于查询，入仓货物资料。

(2) 操作方法：点击【入仓管理→入仓查询】，进入入仓资料的清单模式，如图12-28所示。

图12-28 入仓查询界面

(3) 按钮说明：返回：关闭当前的界面资料，返回主界面状态；查询：查询符合条件的入仓清单。

项目13 运输管理操作

运输管理系统是根据真实大型运输企业的流程设计,主要功能模块有基本信息、客户管理(运输客户)、承运信息、线路优化、车辆调度、车辆监控、运输成本、统计查询、商务结算、客户分析等主要功能模块,每一个主功能模块下有许多子功能模块。通过本系统完整的仓储、配送、运输、客户、商务、结算等管理流程的操作,了解现代物流企业中的仓储、配送、运输、客户、商务、结算等管理作业的基本功能和运作过程,从而将物流基础原理和操作过程与物流信息管理系统对物流业务的操作和控制结合起来,学生理论实践相结合的能力和对物流信息管理系统的理解和操作技能。

学生可以根据老师分配的不同角色进行实际的模拟,也可以多人组成一个部门或公司一起进行整个物流公司中全方位的模拟,可以从客户管理、承运信息、车辆监控、车辆调度、运输成本、统计查询等多方面去模拟操作。整个运输业务操作流程如图13-1所示。

【实训目的】
1. 熟悉运输管理基本模块。
2. 熟悉运输管理系统的各种基础数据的设定。
3. 熟练掌握运输管理系统各模块的基本操作技能。

【实训内容与步骤】

一、基本信息

1. 客户信息

该运输系统中客户的来源一方是本身物流公司内部的运输配送,另一方面是与外面的企业形成直接客户联系关系。

(1)功能概述:管理运输客户下的发货人、收货人的相关的资料。
(2)操作方法:点击【基本信息→客户信息】,进入运输客户对应发货人、收货人的资料列表界面,如图13-2所示。
(3)按钮说明:**删除**:删除当前选择的供应商、购买商的资料;**返回**:关闭当前的界面资料,返回主界面状态。

模块三 第三方物流系统实训

图 13-1 运输管理业务流程界面

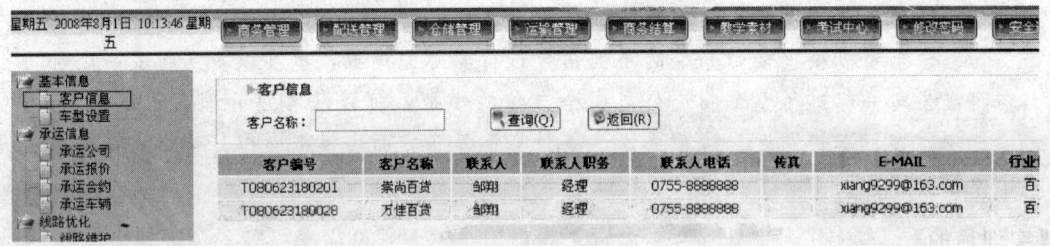

图 13-2 客户信息界面

2. 车型维护

（1）功能描述：定义系统的车辆类型，车辆按类别分为：吨车（3t、5t、8t、10t）、柜车（20′、40′）。

（2）操作方法：点击【基本信息→车型维护】，进入车型资料列表界面，如图 13-3 所示。

（3）按钮说明：删除：删除当前选中的车型资料；返回：关闭当前界面，返回主界面状态。

二、承运信息

主要由承运公司→承运报价→承运合约三部分组成，是运输业务的基础部分。

1. 承运公司

（1）功能描述：用于维护承运公司信息。

（2）操作方法：点击【基本资料→承运公司】，进入承运公司资料列表界面，如图 13

项目13 运输管理操作

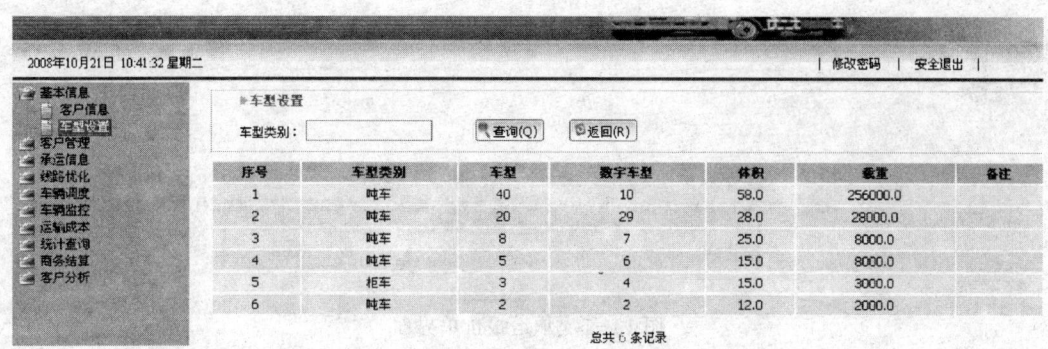

图13-3 车型维护界面

-4所示。选中承运公司,在编辑界面对其进行修改,或者直接在编辑区新增承运公司资料。

(3)按钮说明:查询:输入承运公司名称,查询该公司的相关资料;新增:进入新增承运公司资料状态;删除:删除当前选中的承运公司的资料;返回:关闭当前界面,返回主界面状态。

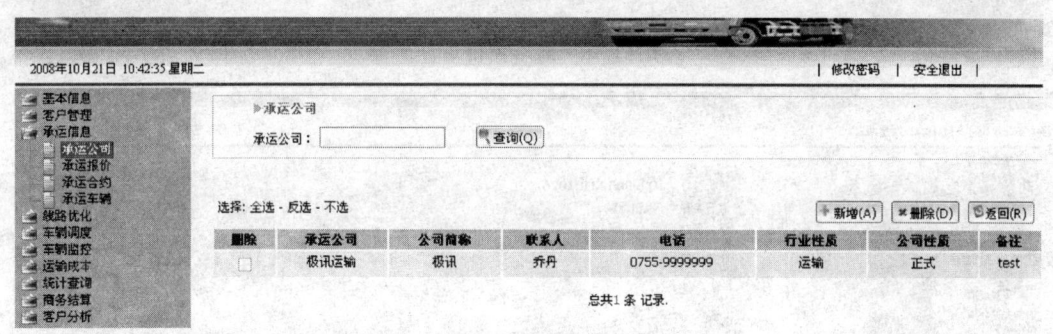

图13-4 承运公司资料列表界面

2. 承运报价

(1)功能描述:将运输公司作为特殊客户处理,承运报价给出运输公司各线路、不同车型的运输报价。类似于客户报价,包括报价单号、报价明细;根据承运公司名称查询承运公司。

(2)操作方法:点击【运输业务→承运报价】,进入承运报价维护界面。选中需要维护的承运公司,系统会自动弹出报价单界面,如图13-5所示。

(3)按钮说明:保存:保存新增或修改过的报价单。返回:关闭当前界面,返回上一级界面状态。

1)新增报价单,如图13-6所示。

2)修改报价单,如图13-7所示。

a)操作方法:报价单有两种状态:已确认、未确认,根据状态显示不同的按钮。已确认的报价可以取消确认、查询报价明细,未确认的报价可以修改报价明细、确认报价。确认报价时系统自动将报价插入合约报价,取消确认时系统自动删除合约报价。

模块三 第三方物流系统实训

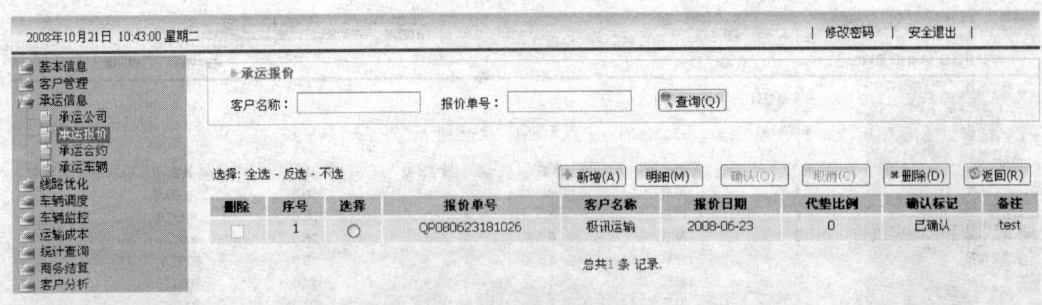

图 13-5 承运报价单界面

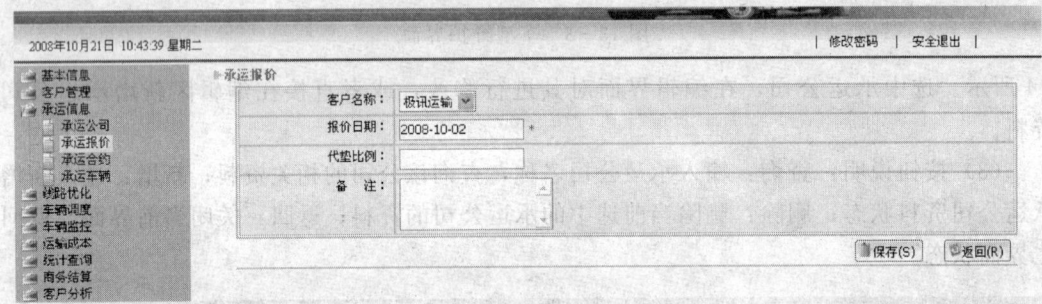

图 13-6 新增报价单界面

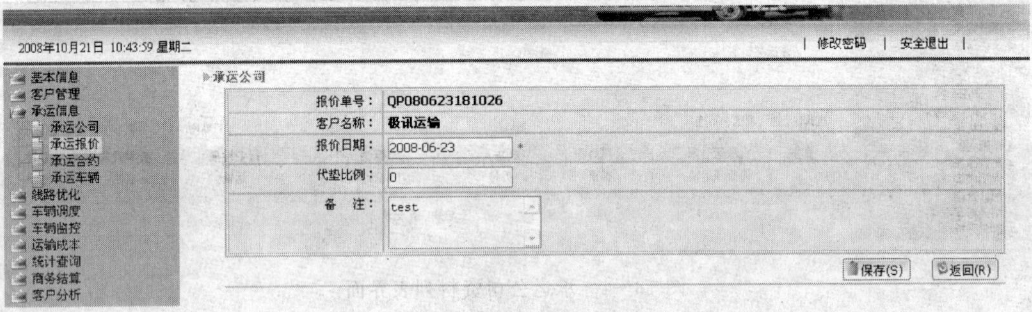

图 13-7 修改报价单界面

没有明细的报价单号不能确认，报价确认时要求维护报价的开始日期、结束日期，同时可以存在多份报价，要求已确认的报价日期段不能交叉（否则结算时将存在不同的报价单）。

b）按钮说明：保存：保存增加或修改的报价单。删除：删除当前选中的报价单资料。返回：关闭当前界面，返回上一级界面。

3）报价明细维护。

功能描述：维护报价明细。

4）线路报价。

a）功能描述：对不同的线路进行报价。

b）操作方法：点击【运输业务→承运报价】，进入承运报价界面，选中承运公司，点击【明细】，进入报价资料界面，点击【线路报价】，进入线路报价状态。如图13-8所示。

项目13 运输管理操作

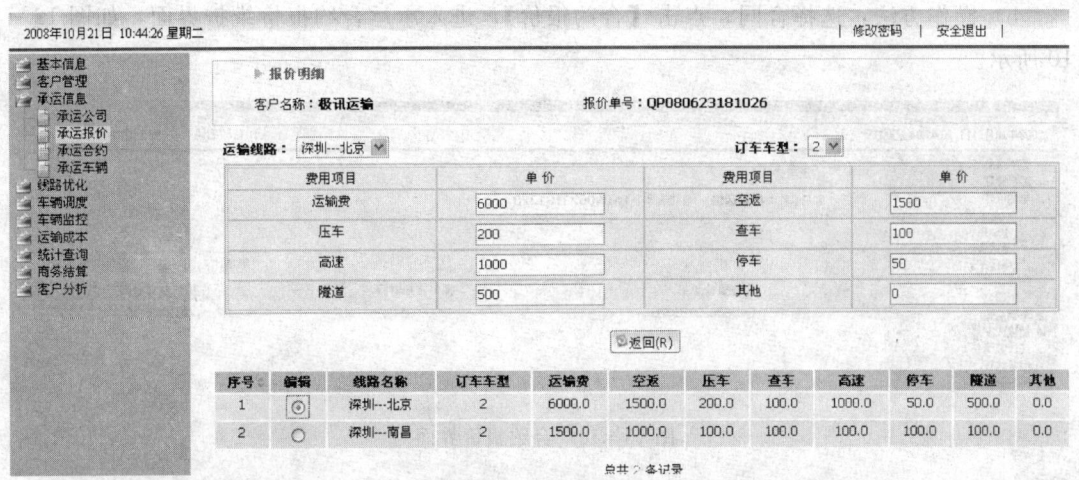

图 13-8 报价明细界面

c）按钮说明：保存：保存新增或修改过的库区设置。新增：进入库区设置的新增模式。删除：删除当前选择的库区设置。返回：关闭当前的界面资料，返回主界面状态。功能对运输客户中不同客户的货物进行配送。

3. 承运合约

（1）功能描述：类似于客户合约，承运合约只允许修改合约的开始日期、结束日期，报价的开始日期、结束日期；根据承运公司名称查询承运公司。

（2）操作方法：点击【运输业务→承运合约】，进入承运合约维护界面，如图13-9所示。

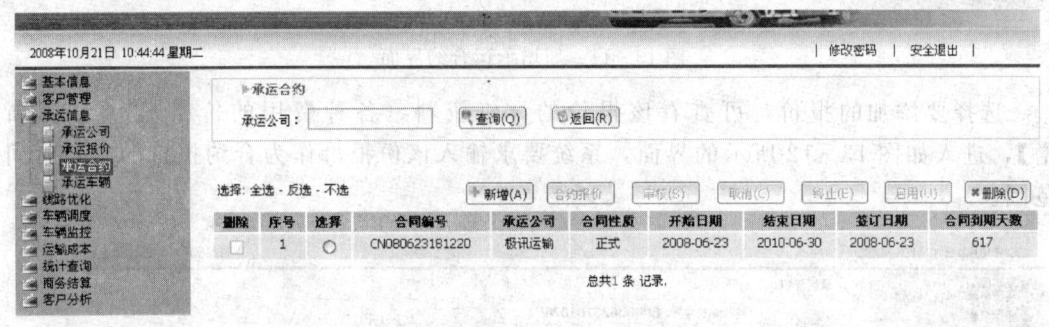

图 13-9 承运合约界面

（3）按钮说明：查询：根据承运公司名称查询合约以及报价有效期；返回：关闭当前的界面资料，返回主界面状态；新增：添加确定承运公司的合约；合约报价：点击进入个月报价维护界面；审核：审核合约及其报价；取消：取消审核合约及其报价；终止：终止合约及其报价；启用：启用合约及其报价；删除：删除一个已经存在的承运合约。

1）合约报价：

a）功能描述是从前面的承运报价中选择已经确认的报价，作为合约报价，可完成合约报价的新增，删除。

b) 操作方法：选择合同，点击【合约报价】，进入承运合约报价维护界面，如图13-10所示。

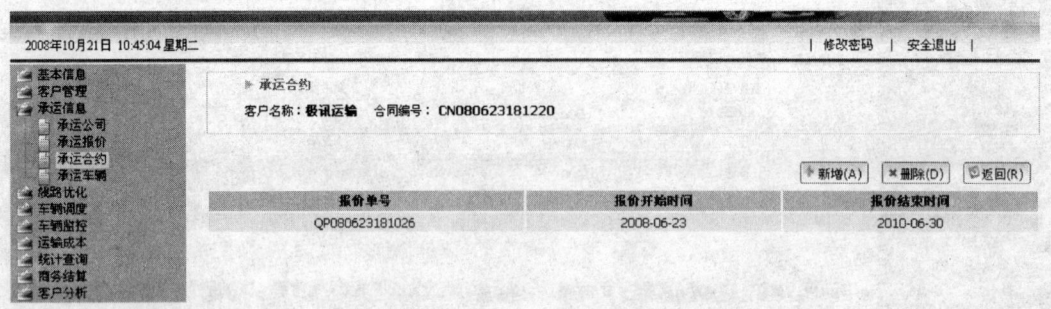

图13-10　合约报价界面

c) 按钮说明：新增：选择已经确认的承运报价作为合约报价；删除：删除一个已经存在的承运合约报价；返回：关闭当前的界面资料，返回主界面状态。

2) 点击新增进入如图13-11所示。

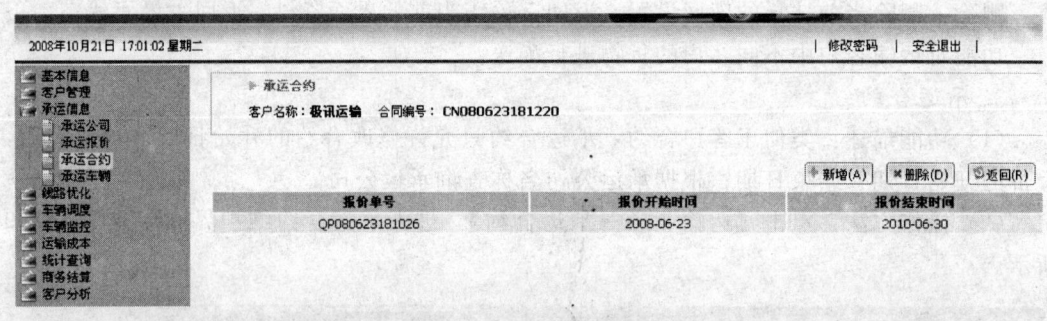

图13-11　新增承运合约界面

选择要添加的报价，可查看该报价的详细资料（各种费用的价格），点击【新增】，进入如图13-12所示的界面，系统要求输入该份报价作为合约报价的有效时间范围。

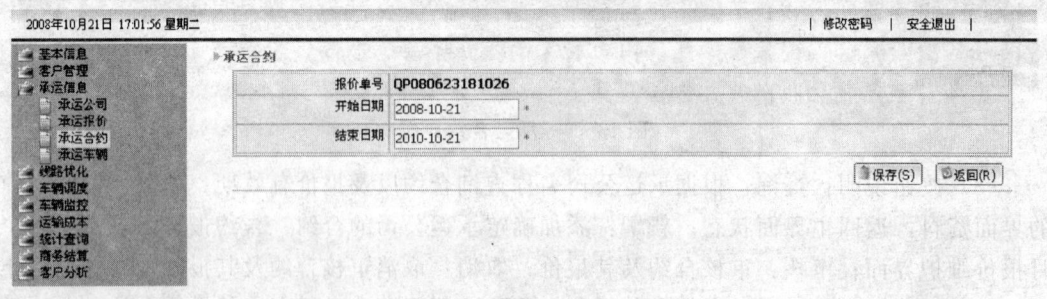

图13-12　添加的报价界面

4. 承运车辆

(1) 功能描述：维护承运车辆的相关信息，如图13-13所示。

项目13 运输管理操作

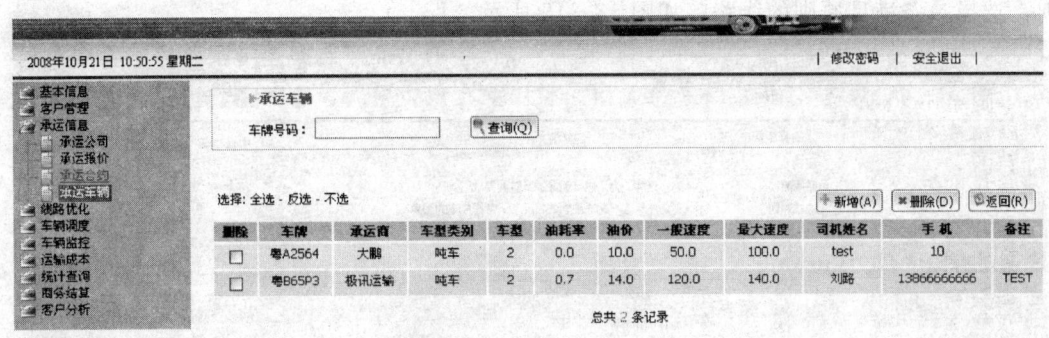

图13-13 承运车辆界面

(2) 按钮说明：查询：查询车辆信息；新增：新增车辆信息；删除：删除车辆信息；返回：关闭当前的界面资料，返回主界面状态。

三、线路优化

主要针对于干线公路运输的线路优化。干线运输不同于城市配送，它所涉及的范围更广泛，主要是大批量，少批次的运输，在这个运输过程中，同样存在如何降低成本，如何提高效率的问题。在实际中管理者重点关注两个方面的问题：成本问题、及时性问题，所以系统确定两个原则：成本原则和时间原则，线路优化的结果可以为物流公司运输线路报价提供参考。

1. 线路维护

(1) 功能描述：新增、修改、删除、查询各线路信息，如图13-14所示。

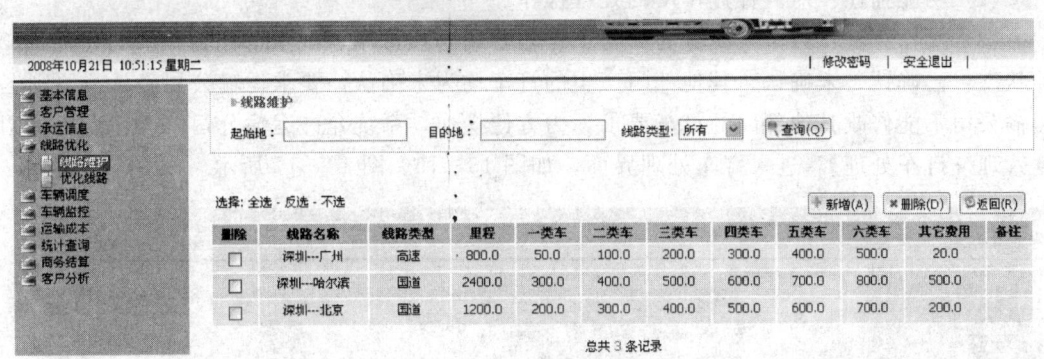

图13-14 线路维护界面

(2) 按钮说明：查询：查询线路信息；新增：线路新增，线路可以从已经存在的配送线路中选择，也可以输入新的线路，新的线路输入后，系统将自动加入到配送线路中去；删除：删除当前线路信息；返回：关闭当前的界面资料，返回主界面状态。

2. 线路优化

对于确定两点的一条干线，做公路运输时，可能存在多种走法，走高速、走国道、走县乡道等。而这几种线路，从起点到目的点，路程不一样，过路过桥费不一样，根据线路及车辆，计算走每一条线路，需要花费多少时间，花费多少费用，再根据选择的优化原

· 167 ·

则，选择一条满足原则的线路，如图13-15所示。

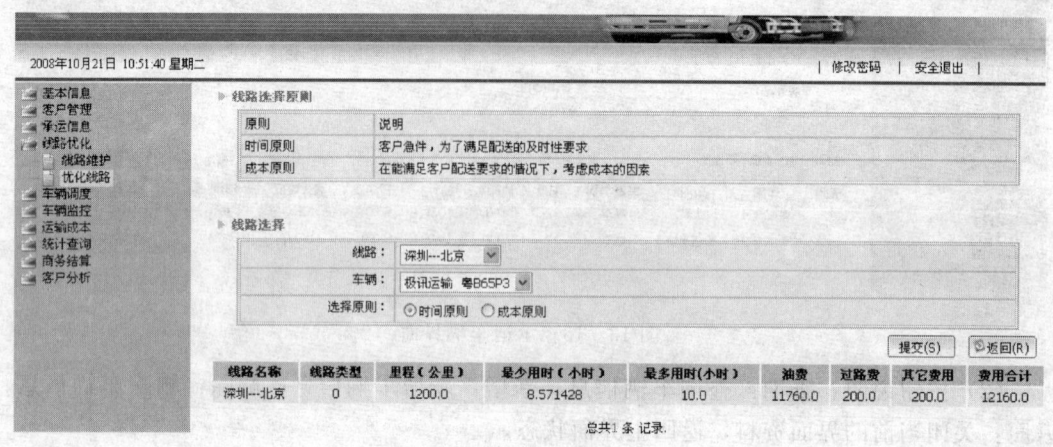

图13-15 线路优化界面

四、车辆调度

车辆调度管理：车辆查询（车辆基本信息以及目前状态的查询）；定车处理（新增、修改、删除定车单，查询、确认定车信息）；调度配载（车辆状态、位置的查询；托运操作的执行和确认；托运单据、货物清单的打印）；费用处理（运输费用的录入、确认以及查询）。

1. 订车处理

（1）功能描述：对各种订车单的处理操作。

（2）操作方法：订车来源分为2类：运输公司自主订车、配送部门订车。订车单有2种状态：已确认、未确认。其他部门产生的订车均为未确认，要求运输公司确认，原则上运输公司不能修改其他部门的订车要求，为方便操作，系统允许运输公司修改。点击【调度管理→订车处理】，进入订车处理界面，如图13-16、图13-17所示。

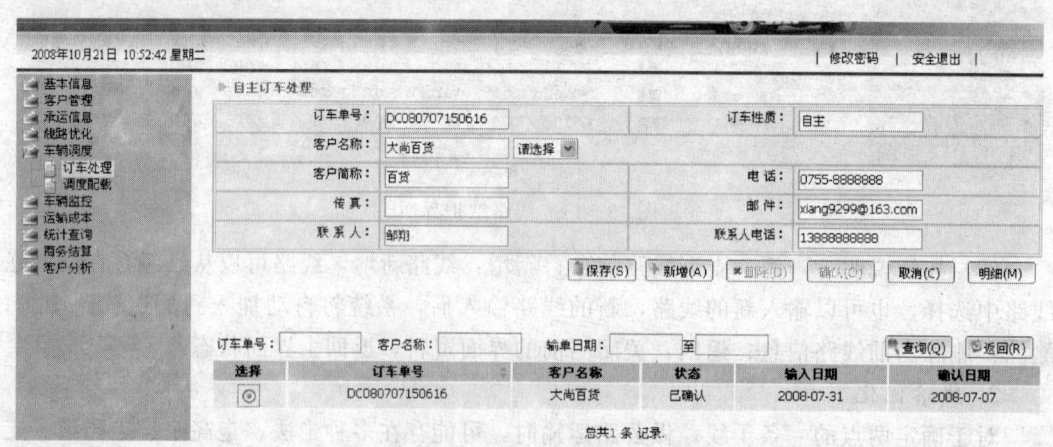

图13-16 自主订车处理界面

项目 13 运输管理操作

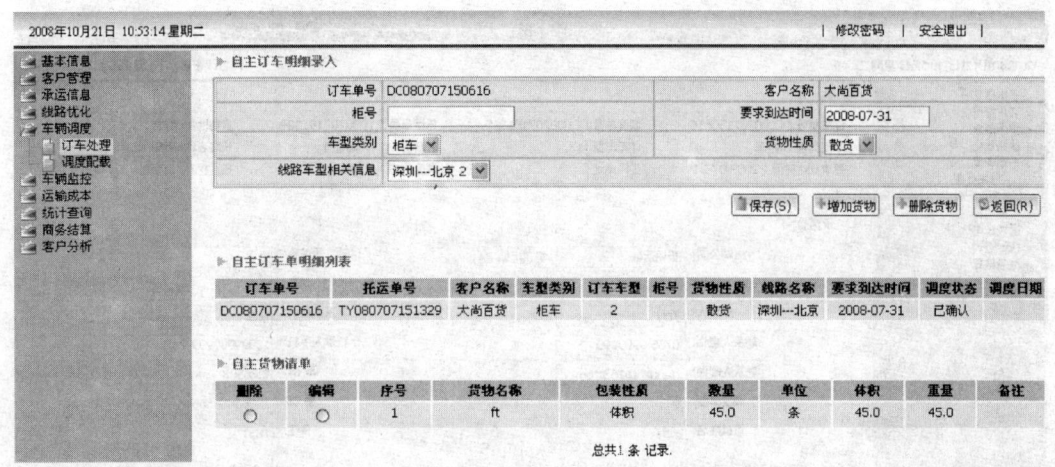

图 13-17 自主订车明细录入界面

未确认的订车单可以修改、删除，已确认的订车单可以查询不能修改、删除，有订车明细及货物清单的订车单才能确认，调度未确认的订车单能取消订车确认。

(3) 按钮说明：**保存**：保存新增或修改过的定车资料；**新增**：进入运输产生定车单状态；**删除**：删除当前选中定车单；**确认**：定车单内容确定之后，确认该定车单有效；**取消**：取消已经确认的订车单；**明细**：添加定车单中运输的货品。

2. 调度配载

(1) 功能描述：根据订车单号、客户名称、调度时间段查询订车已确认的订车单，如图 13-18 所示。

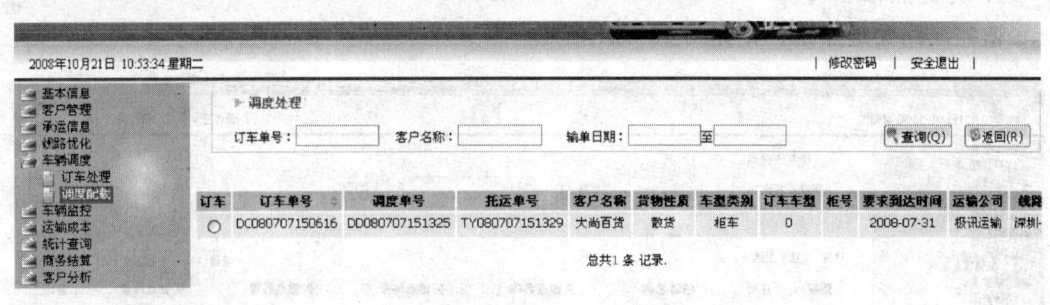

图 13-18 调度处理界面

(2) 操作方法：点击【调度管理→调度配载】，点击待调度订车单号，进入调度界面，如图 13-19、图 13-20 所示。

五、车辆监控

由于车辆监控调度是我们物流环节一个重要的环节，在没有 GPS 车载硬件设备相配合的情况下，软件设计了车载模拟监控模块，该模块具有以下功能：通过综合物流系统直接对模拟车辆发送监控调度指令，通过物流系统查询车辆的最新状态（车辆当前所在位置，车辆载货，车辆是否闲置），避免重复分配车辆。

模块三 第三方物流系统实训

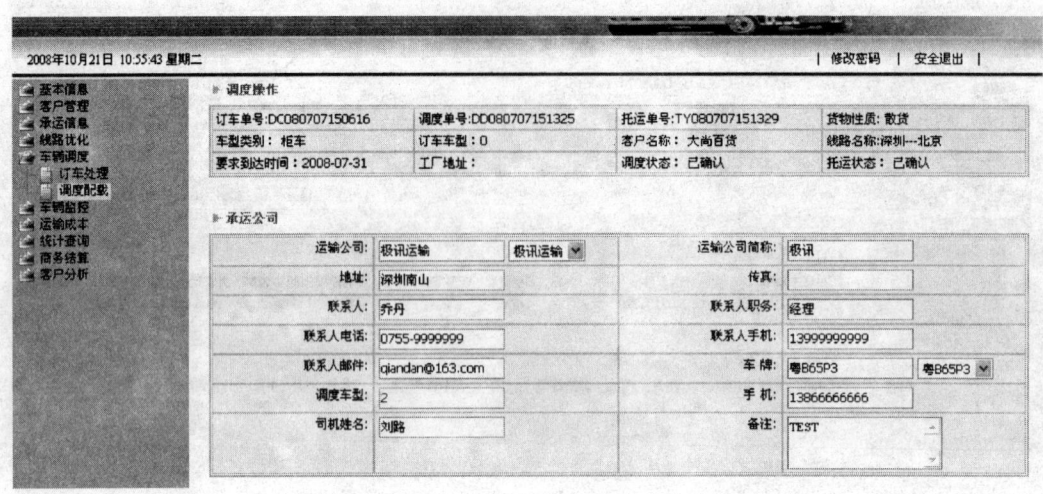

图 13-19 调度界面

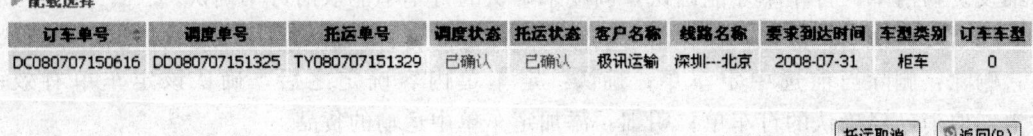

图 13-20 配载选择界面

1. 关键点维护

监控线路关键点维护，如图 13-21 所示。

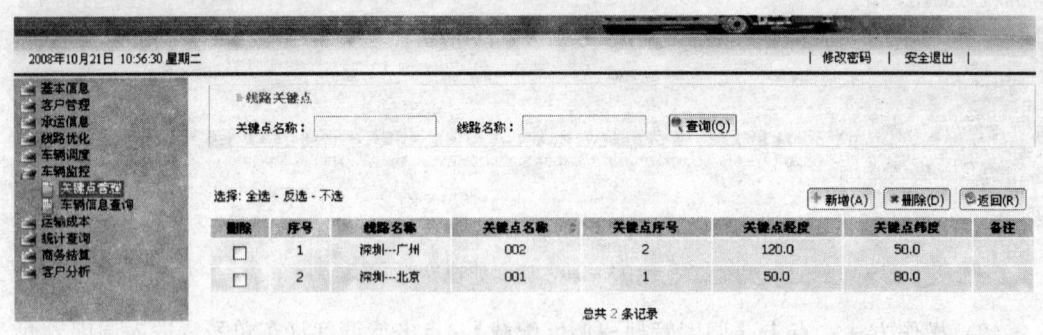

图 13-21 线路关键点维护界面

维护线路中的关键监控点，通过电子地图查询关键点经纬度。

选择【新增】，新增一个指定线路的关键点，点击记录单选，可以删除线路关键点，点击关键点所在的行车线路，进入线路关键点编辑界面，如图 13-22 所示。

2. 车辆信息查询

查询车辆当前信息，如图 13-23 所示。

· 170 ·

项目13 运输管理操作

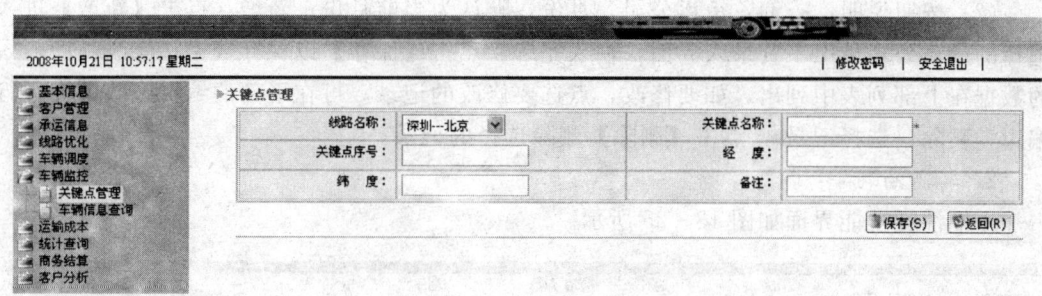

图13-22 线路关键点编辑界面

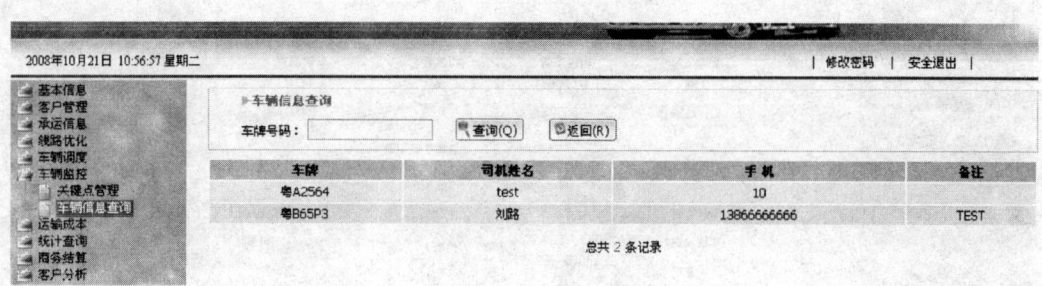

图13-23 车辆信息查询界面

六、运输成本

在运输的成本中,重点关注三个方面的成本:员工工资、车辆油耗、车辆维修费用。系统对这部分费用进行记录处理,以便统计部门统计运输费用及经营状况。

1. 员工工资

(1) 功能描述:功能实现对人员工资进行查询、新增、修改和删除功能,如图13-24所示。

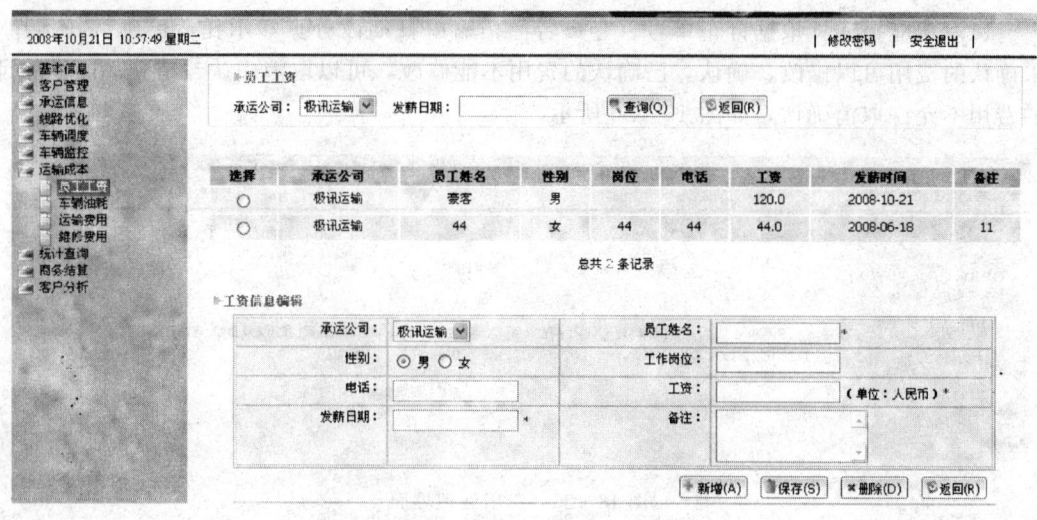

图13-24 员工工资界面

（2）按钮说明：查询：承运公司、月份，默认为当前月份；新增：点击【新增】进入选择的运输公司员工工资录入界面，输入完毕，点击【保存】以保存数据；修改：已输入的数据在上部列表中列出，如要修改，点选要修改的记录，可在下部的编辑区域里面进行编辑；删除：选择记录，点击【删除】删除选择的记录。

2. 车辆油耗

车辆油耗功能界面如图13-25所示。

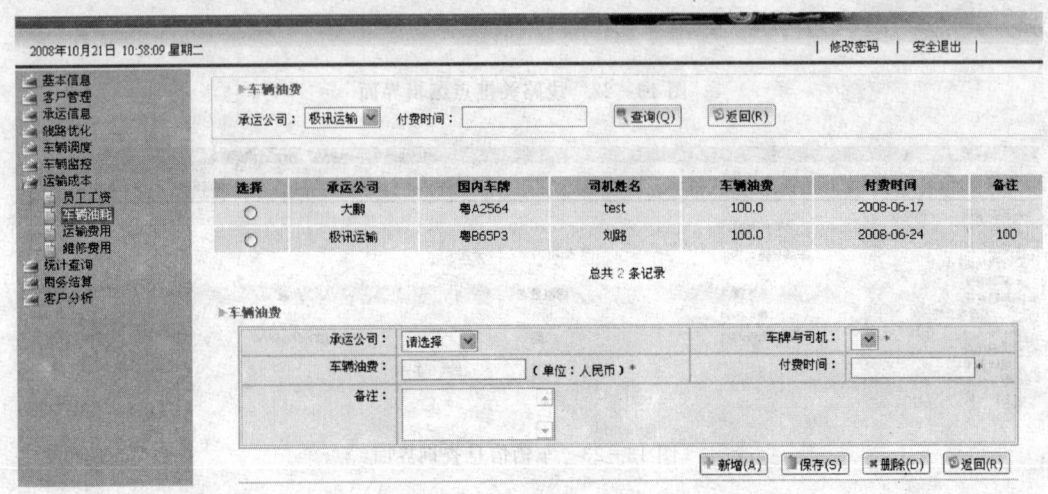

图13-25 车辆油耗功能界面

按钮说明：查询：承运公司、月份，默认为当前月份；新增：点击【新增】进入选择的运输公司车辆油耗录入界面，输入完毕，点击【保存】保存数据；修改：已输入的数据在上部列表中列出，如要修改，点选要修改的记录，可在下部的编辑区域里面进行编辑；删除：选择记录点击【删除】删除选择的记录。

3. 运输费用

（1）功能描述：根据订车单号、客户名称、输单日期段分页显示托运已确认托运单，未确认的费用可以修改、确认，已确认的费用不能修改，可以取消确认，结算部门已验证的费用不允许取消确认，如图13-26所示。

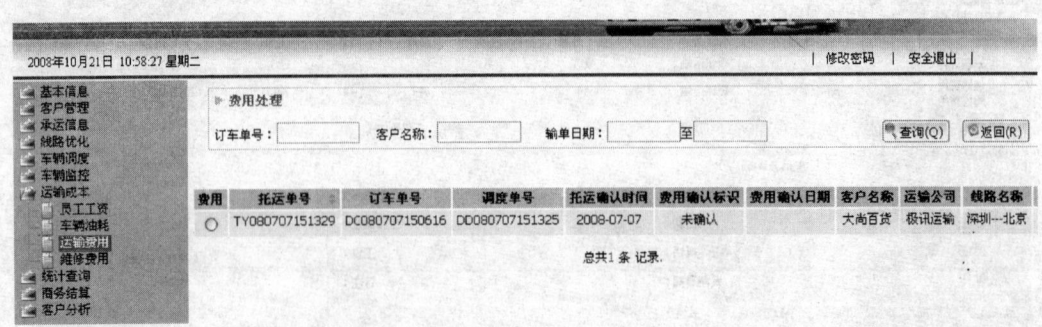

图13-26 费用处理界面

项目13 运输管理操作

(2) 操作方法：选择托运单，点击修改如图 13-27 所示，可以修改托运费用，系统自动列出合约的费用（运输费、空返、查车、压车）及非合约费用（高速、停车、隧道、其他），自动计算运输费，显示合约费用的合约价格，操作员输入实际金额。

图 13-27　自主订加费用处理界面

4. 维修费用

维修费用如图 13-28 所示。

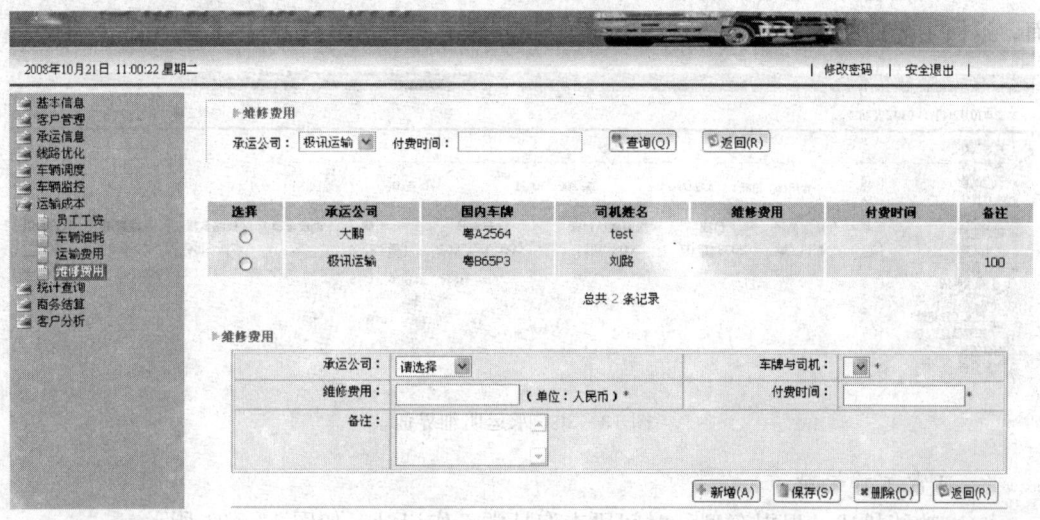

图 13-28　维修费用界面

按钮说明：查询：承运公司、月份，默认为当前月份；新增：点击【新增】进入选择的运输公司车辆修理费用录入界面,输入完毕,点击【保存】保存数据;**修改**:已输入的数据在上部列表中列出,如要修改,点选要修改的记录,可在下部的编辑区域里面进行编辑;**删除**:选择记录点击【删除】删除选择的记录。

七、统计查询

1. 托运明细

(1) 功能描述:根据时间段,列出所有的托运信息、托运费用,如图13-29所示。

(2) 操作方法:点击【统计查询→托运明细】,进入托运明细查询界面。

(3) 按钮说明:**查询**:根据时间段查询各托运公司的费用清单;**返回**:关闭当前界面,返回主界面状态。

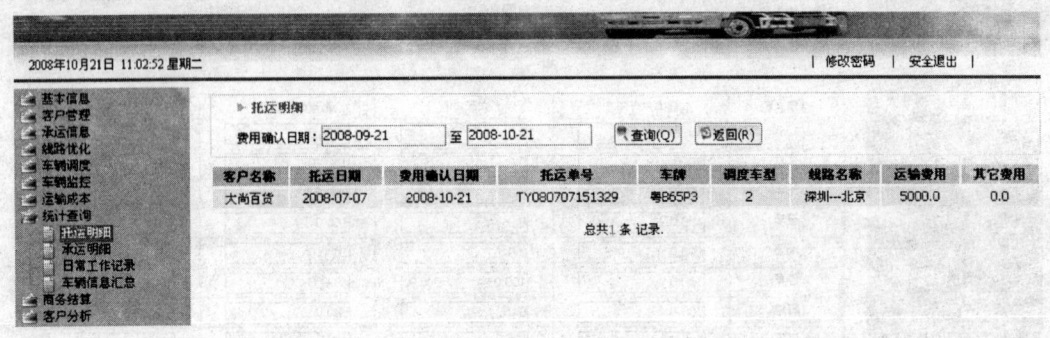

图13-29 托运明细界面

2. 承运明细

(1) 功能描述:根据时间段,列出所有的承运信息、承运费用,如图13-30所示。

(2) 操作方法:点击【统计查询→承运明细】,进入承运明细查询界面。

(3) 按钮说明:**查询**:根据时间段查询各承运公司的费用清单;**返回**:关闭当前界面,返回主界面状态。

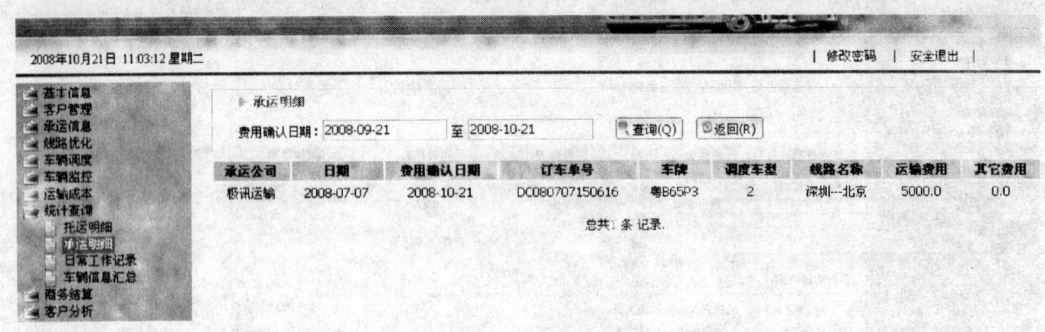

图13-30 承运明细界面

3. 日常工作记录

(1) 功能描述:根据车型、时间段查询日常工作记录,如图13-31所示。

(2) 操作方法:点击【统计查询→日常工作记录】,进入日常工作记录查询界面。

(3) 按钮说明:**查询**:根据车型、时间段查询各承运公司的日常工作记录;**返回**:关闭当前界面,返回主界面状态。

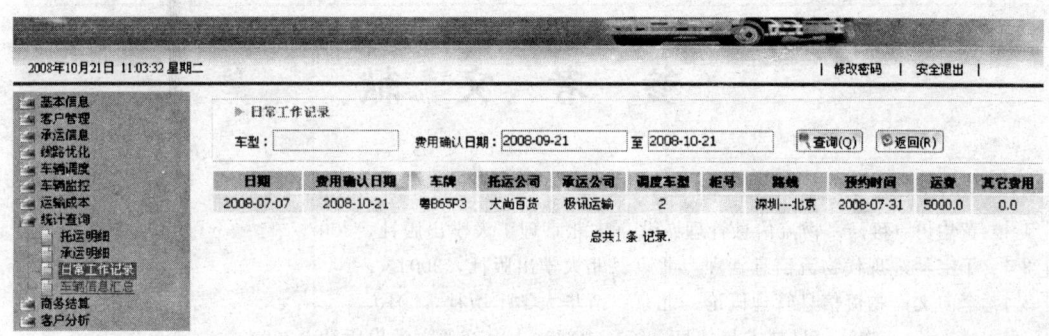

图13-31 日常工作记录界面

4. 车辆信息汇总

(1) 功能描述:根据时间段查询车辆信息汇总,如图13-32所示。

(2) 操作方法:点击【统计查询→车辆信息汇总】,进入车辆信息汇总查询界面。

(3) 按钮说明:查询:根据时间段查询各承运公司的车辆信息汇总;返回:关闭当前界面,返回主界面状态。

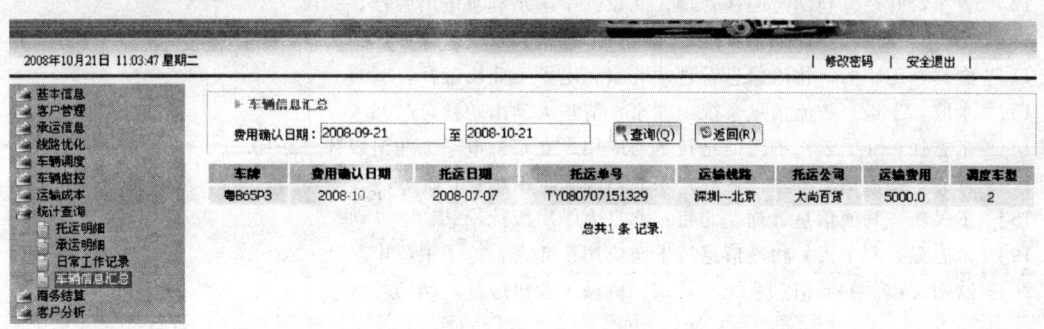

图13-32 车辆信息汇总查询界面

参 考 文 献

[1] 黄均勇，蒋云. 物流信息管理. 北京：北京理工大学出版社，2007.
[2] 于宝琴. 现代物流信息管理. 北京：北大学出版社，2004.
[3] 李向文. 物流信息管理概论. 北京：清华大学出版社，2010.
[4] 姚志英. 物流信息技术与信息系统. 上海：上海交通大学出版社，2008.
[5] 王微怡. 物流信息管理. 上海：上海交通大学出版社，2008.
[6] 谈慧. 物流信息管理. 大连：大连理工大学出版社，2008.
[7] 林自葵. 物流信息管理. 北京：清华大学出版社，2006.
[8] 鲍吉龙，江锦祥. 物流信息技术. 北京：机械工业出版社，2003.
[9] 翁心刚. 第三方物流实务. 北京：中国物资出版社，2009.
[10] 潘尤兴. 现代物流管理. 北京：机械工业出版社，2011.
[11] 张旭梅，伊辉勇. 物流信息管理. 重庆：重庆大学出版社，2008.
[12] 曹军，叶靖. 仓储与配送管理. 北京：中国水利水电出版社，2011.
[13] 佟勇臣. 现代物流信息管理. 北京：中国水利水电出版社，2010.
[14] 金真，王小丽. 物流信息管理. 北京：电子工业出版社，2008.
[15] 李波，王谦. 物流信息系统. 北京：清华大学出版社，2008.
[16] 米志强，邓子云. 物流信息技术与应用. 北京：电子工业出版社，2010.
[17] 尹涛. 物流信息管理. 吉林：东北财经大学出版社，2009.
[18] 王汉新. 物流信息管理. 北京：北京大学出版社，2010.
[19] 米志强，邓子云. 物流信息技术与应用. 北京：电子工业出版社，2010.
[20] 欧阳文霞. 物流信息系统. 北京：机械工业出版社，2005.